Vorwort

A I

Gewinnen Sie mit der hemmer-Methode:

Betrachten Sie Jura als ein Strategiespiel. Jura kann spielerisch erlernt werden. So macht der Lernprozess mehr Spaß! Es kommt vor allem auf den richtigen Gebrauch der Wörter an. Gute juristische Sprache kann trainiert werden.

Gerade Karteikarten bieten die Möglichkeit, vorbildhaft zu lernen. Knapp, präzise und zweckrational im Hinblick auf das Examen werden die wichtigsten examenstypischen Problemfelder vermittelt. Die Karteikarten sind auf anspruchsvollem Niveau. Umfassend werden die Spezifika der jeweiligen Rechtsgebiete aufbereitet und möglichst verständlich erklärt.

Jede Karteikarte ist logisch und durchdacht aufgebaut:

- Die **Einleitung** führt zur Fragestellung hin und verschafft Ihnen den Überblick über die Problemstellung.
- Die **Frage oder der zu lösende** Fall konkretisiert den jeweiligen Problemkreis.
- Die **Antwort** informiert umfassend und in prägnanter Sprache.
- Die **hemmer-Methode** ist ein modernes Lernsystem und erklärt letztlich, was und wie Sie zu lernen haben. Gleichzeitig wird background vermittelt. Die typischen Bewertungskategorien eines Korrektors werden miterklärt.

Juristisches Repetitorium hemmer

examenstypisch • anspruchsvoll • umfassend

So lernen Sie, Ihre imaginären Gegner (Ersteller und Korrektor) besser einzuschätzen und letztlich so zu gewinnen.

Gehen Sie mit den Karteikarten spielerisch um. Setzen Sie sich nicht sofort unter Erfolgs- und Wissensdruck. Lesen Sie die Karten mehrfach, sortieren Sie nach und nach die richtig gelösten und inhaltlich bekannten Karteikarten aus. So können Sie den Kampf gegen das Vergessen für sich entscheiden.

Die lockere Variante: Es bietet sich auch an, in einer Arbeitsgemeinschaft die Karteikarten durchzugehen und so gerade fürs Mündliche zu üben. Auf diese Art wird der Spaßfaktor erhöht. Je höher die Motivation, umso besser dann die Ergebnisse.

Lernen Sie auch nicht zu easy, das Examen ist bekannterweise nicht gerade leicht. Wir sind für unser Anspruchsniveau bekannt. Den Anforderungen des Examens trägt das Karteikartenprogramm Rechnung. Reduzieren Sie so Ihre Angst vor dem Examen. Gehen Sie dann auch mit dem sicheren Gefühl ins Examen, sich richtig vorbereitet zu haben.

Gehen Sie nun ans Durcharbeiten der Karten. Sie werden sehen, es wird Ihnen Spaß machen. Für Resonanz sind wir dankbar.

Hemmer Wüst

Inhaltsverzeichnis

Themenverzeichnis

Themenverzeichnis

Themenverzeichnis

Themenverzeichnis

SchR-AT

C IV

Themenverzeichnis

Themenverzeichnis

SchR-AT

C VI

Themenverzeichnis

Themenverzeichnis

Stichwortverzeichnis

A

Stichwortverzeichnis

B

C

D

E

F

K

L

M

N

T

U

W

Z

Das Schuldverhältnis ist eine Sonderverbindung zwischen zwei oder mehreren Personen, kraft welcher der Gläubiger vom Schuldner eine Leistung zu fordern berechtigt ist (vgl. § 241 I BGB).

Gemäß § 241 II BGB kann das Schuldverhältnis nach seinem Inhalt jeden Teil auch zur Rücksicht auf die Rechte, Rechtsgüter und Interessen des anderen Teils verpflichten (sog. leistungsunabhängige Nebenpflichten). Es besteht also ein über den allgemeinen Rechtsverkehr hinausgehendes Näheverhältnis zwischen den Beteiligten, das besondere Pflichten auslöst. Schuldverhältnisse entstehen entweder durch Rechtsgeschäft, regelmäßig durch Vertrag (§ 311 I BGB) oder kraft Gesetzes.

1. **Nennen Sie die wichtigsten gesetzlichen Schuldverhältnisse!**
2. **Was müssen Sie beim Vorliegen eines gesetzlichen Schuldverhältnisses bedenken?**

1. **Klausurrelevante gesetzliche Schuldverhältnisse sind:**

- die **Geschäftsführung ohne Auftrag gem. §§ 677 ff. BGB**
- die **ungerechtfertigte Bereicherung gem. §§ 812 ff. BGB**
- das Recht der **unerlaubten Handlungen gem. §§ 823 ff. BGB**

  Beachte: Erst durch die deliktische Handlung entsteht das Schuldverhältnis; d.h. § 278 BGB findet als schuldrechtliche Norm Anwendung im Rahmen der Abwicklung des Anspruchs, nicht aber im Hinblick auf die Entstehung; hier gilt § 831 BGB.

- das **Eigentümer-Besitzer-Verhältnis, §§ 987 ff. BGB** (dagegen nicht der Anspruch aus § 985 BGB selbst; hierbei handelt es sich um einen dinglichen Herausgabeanspruch, bei dem die Anwendbarkeit der Vorschriften des allgemeinen Schuldrechts erst einer besonderen Prüfung bedarf; vgl. Hemmer/Wüst, SachenR II, Rn. 156 ff.)
- das **Erbschaftsbesitzerverhältnis, §§ 2018 ff. BGB**
- die *§§ 741 ff. BGB*, also das Verhältnis der Mitglieder einer Bruchteilsgemeinschaft untereinander,
- das gesetzliche Begleitschuldverhältnis zum Nießbrauch und zur Grunddienstbarkeit gem. *§§ 1030 ff. bzw. §§ 1018 ff. BGB*
- außerdem die Gastwirtshaftung nach *§ 701 BGB* und das Verlierer-Finder-Verhältnis gem. *§§ 965 ff. BGB*

2. Bei Vorliegen eines gesetzlichen Schuldverhältnisses sind die **Vorschriften des allgemeinen Schuldrechts anwendbar**, insbesondere kommen bei Pflichtverletzungen **Schadensersatzansprüche aus § 280 I BGB** in Betracht, sofern keine Spezialregelungen bestehen (z.B. §§ 678, 818 II, 989 BGB). Aufgrund der Schwächen des Deliktsrechts ist diese Anspruchsgrundlage für den Gläubiger häufig günstiger:

- das Verschulden von Hilfspersonen wird über § 278 S. 1 BGB zugerechnet (keine Exkulpation)
- bzgl. der Beweislast findet § 280 I S. 2 BGB Anwendung
- ersatzfähig sind auch reine Vermögensschäden (für die nach § 823 I BGB nicht gehaftet würde)

hemmer-Methode: Streitig ist, ob das nachbarschaftliche Gemeinschaftsverhältnis als Schuldverhältnis zu qualifizieren ist. Dies wird von der ganz h.M. zu Recht abgelehnt, weil es sich lediglich um einen sozialen Kontakt handelt. Diese Frage besitzt als Grenzfall besondere Klausurrelevanz, sollte Ihnen also bekannt sein. Lesen Sie dazu ausführlich Tyroller, „Ausgleichsansprüche im Nachbarrecht“, Life&Law 02/2014, 138 ff., sowie BGH, Life&Law 09/2018, 595 ff.

I. Grundbegriffe des Schuldrechts

Relativität des Schuldrechts

Die Rechte und Pflichten aus einem Schuldverhältnis betreffen nur die daran Beteiligten, also Gläubiger und Schuldner. Der Gläubiger kann demnach die schuldrechtliche Leistung nur von dem Schuldner, nicht aber von Dritten verlangen. Aus diesem Grund bezeichnet man die aus einem Schuldverhältnis erwachsende Forderung als **relatives Recht**.

Im Gegensatz dazu stehen die absoluten Rechte. Diese wirken gegenüber jedermann. Typisches Beispiel eines absoluten Rechts ist das Eigentum.

1. **A hat an B eine Truhe verkauft. Ehe B die Truhe abholen kann, überlegt A es sich anders. Er verkauft und übereignet die Truhe an den C, der von dem vorangegangenen Geschäft nichts weiß. Kann B die Truhe von C herausverlangen?**
2. **Abwandlung: B hat die Truhe dem A geliehen, dieser gibt sie unbefugt an C weiter. Kann B die Truhe nach Ablauf der vereinbarten Leihzeit von C herausverlangen, auch wenn er selbst nicht Eigentümer ist?**

1. Grundfall:

Da der Erstkäufer B noch kein Eigentum an der Truhe erworben hatte, **scheidet der Herausgabeanspruch nach § 985 BGB aus**. Der schuldrechtliche Übereignungs- und Besitzverschaffungsanspruch aus § 433 I S. 1 BGB wirkt ausschließlich gegenüber dem Schuldner A, nicht gegenüber C als am Vertrag unbeteiligten Dritten. Da auch für einen Anspruch aus § 826 BGB gegen C (etwa wegen bewusster Schädigung des B) keine Anhaltspunkte vorliegen, **kann B die Truhe nicht herausverlangen**. Ihm bleibt **lediglich der Schadensersatzanspruch aus §§ 275 IV, 280 I, III, 283 BGB gegen A**, soweit ein Tatbestand des § 275 BGB eingreift. Hat A bei dem zweiten Verkauf einen besonders guten Preis ausgehandelt, kann B über § 285 I BGB das stellvertretende commodum (Abtretung des Kaufpreisanspruches bzw. Herausgabe des erlangten Kaufpreises) verlangen.

2. Abwandlung:

Wäre B Eigentümer, könnte er die Truhe nach § 985 BGB von C herausverlangen, dieser hätte gegenüber B kein Recht zum Besitz i.S.d. § 986 I BGB. **Da B aber nicht Eigentümer ist, hat er lediglich einen schuldrechtlichen Anspruch auf Rückgabe der verliehenen Truhe aus § 604 I BGB**. Wegen der Relativität des Schuldrechts würde der Anspruch eigentlich nur gegenüber seinem Vertragspartner A, nicht aber gegen C wirken. Hier hilft § 604 IV BGB weiter: Zum Schutz des Verleihers wird der Grundsatz der Relativität durchbrochen, B hat auch gegen C, dem A die Truhe überlassen hat, einen schuldrechtlichen Herausgabeanspruch.

hemmer-Methode: Von dem Grundsatz der Relativität gibt es, wie gesehen, auch Ausnahmen. Dazu gehören zum einen die gesetzlichen Vorschriften zur Überleitung von Verträgen, z.B. in den §§ 566, 581 II, 593b, 613a, 1056 BGB.

In den §§ 604 IV, 546 II BGB wird dagegen nur die Wirkung eines einzelnen Anspruchs aus dem Schuldverhältnis auf Dritte erstreckt.

Auch nach § 986 II BGB wirkt das Schuldverhältnis, aus dem der Besitzer sein Besitzrecht ableitet, gegenüber dem neuen Eigentümer.

Dritte können zum anderen auch durch einen Vertrag zugunsten Dritter oder einen Vertrag mit Schutzwirkung in ein fremdes Schuldverhältnis miteinbezogen werden, ohne selbst am Vertragsschluss beteiligt zu sein. Wenn ein Dritter nicht am Schuldverhältnis beteiligt ist, aber vertragliche Ansprüche geltend gemacht werden, sollten Sie daher im Kopf immer diese Ausnahmen durchgehen!

Das schuldrechtliche Verpflichtungsgeschäft hat auf die Wirksamkeit des Erfüllungsgeschäfts grundsätzlich keinen unmittelbaren Einfluss. Das Erfüllungsgeschäft ist abstrakt, d.h. es hat ohne Rücksicht auf das Bestehen einer causa zunächst einmal Bestand. Fehlt es an einem zugrunde liegenden Verpflichtungsgeschäft, so ist das rechtsgrundlose Erfüllungsgeschäft über das Bereicherungsrecht rückabzuwickeln.

Lösen Sie dazu folgenden kleinen Fall:

V verkauft und übereignet dem minderjährigen M ein teures Moped, M leistet auf den Kaufpreis zunächst eine Anzahlung. Die Eltern des M verweigern, als sie von dem Geschäft erfahren, die Genehmigung. Daraufhin verlangt V, der die Minderjährigkeit des M nicht kannte, das Moped von M wieder heraus.

Welche Ansprüche haben V und M?

1. <u>Ansprüche des V</u>:

Anspruchsgrundlage könnte § 985 BGB sein. Dazu müsste V noch Eigentümer sein. Fraglich ist, ob die Übereignung des Mopeds an M an dessen Minderjährigkeit scheitert. Anders als der schuldrechtliche Kaufvertrag, bei dem sich auch M zu einer Leistung (Kaufpreiszahlung) verpflichtet, ist die **Übereignung des Mopeds für M lediglich rechtlich vorteilhaft i.S.d. § 107 BGB**. Damit ist die **Übereignung** auch ohne Einwilligung der Eltern **wirksam**, V hat sein **Eigentum an M verloren**. Ein Anspruch aus **§ 985 BGB scheidet aus**.

V könnte von M Rückübereignung des Mopeds nach § 812 I S. 1 Alt. 1 BGB verlangen. Voraussetzung ist, dass V Eigentum und Besitz ohne Rechtsgrund geleistet hat. Rechtsgrund der Leistung (dazu näher Hemmer/Wüst, BereicherungsR, Rn. 250 ff.) war die Erfüllung des Kaufvertrags. Dieser ist jedoch nicht lediglich rechtlich vorteilhaft für M und damit nach §§ 107, 108 BGB unwirksam. Somit **fehlt** der **Rechtsgrund**, **V hat gegen M einen Anspruch aus § 812 I S. 1 Alt. 1 BGB** (vgl. Hemmer/Wüst, BGB-AT I, Rn. 115).

2. <u>Ansprüche des M</u>:

Die **Übereignung des Geldes** von Seiten des M nach § 929 S. 1 BGB ist wegen des damit verbundenen Eigentumsverlustes **nicht lediglich rechtlich vorteilhaft**. Folge: §§ 107, 108 I BGB. Daher hat M das **Eigentum** an den Geldscheinen, sofern sie noch nicht vermengt wurden mit dem Geld in der Kasse (dann nämlich Eigentumserwerb kraft Gesetzes nach §§ 947 II, 948 I BGB ⇨ Rückabwicklung über §§ 951, 812 I S. 1 Alt. 2 BGB), noch **nicht verloren**. Er kann sie (genauer: den Besitz) **sowohl nach § 812 I S. 1 Alt. 1 BGB als auch nach § 985 BGB herausverlangen.**

hemmer-Methode: In der Klausur wäre der Fall an dieser Stelle regelmäßig noch nicht zu Ende. Wahrscheinlich wird der Minderjährige in der Zwischenzeit mit dem Moped einen Unfall erlitten haben, der zur Zerstörung desselben geführt hat. Im Rahmen seines Bereicherungsanspruchs müsste dann die Anwendbarkeit der Saldotheorie diskutiert werden.

Die h.M. lehnt dies ab und gestattet dem Minderjährigen die Berufung auf den Wegfall der Bereicherung.

Hintergrund: Die §§ 107 ff. BGB würden unterlaufen, wenn der Minderjährige wirtschaftlich gleichwohl am Vertrag quasi festgehalten würde.

Einteilung der Vertragspflichten

Als Schuldverhältnis i.w.S. bezeichnet man - im Gegensatz zum Schuldverhältnis i.e.S., der Forderung i.S.d. § 241 I BGB (so z.B. in § 362 I BGB) - das umfassende Rechtsverhältnis zwischen den Beteiligten, aus dem die einzelnen Forderungen hervorgehen. Beispielsweise entstehen durch einen Mietvertrag eine Vielzahl von Verpflichtungen sowohl des Mieters als auch des Vermieters, denen jeweils unterschiedliches Gewicht zukommt und deren Verletzung unterschiedliche Rechtsfolgen auslösen kann.

Welche Einteilungen dieser unterschiedlichen Vertragspflichten kennen Sie?

1. Haupt(leistungs)pflichten:
Die Hauptleistungspflichten prägen die Eigenart des jeweiligen Schuldverhältnisses, d.h. diese Pflichten kennzeichnen den Vertragstyp; ein Fehlen der Pflicht würde das Schuldverhältnis zu einem anderen Vertragstyp gehören lassen. Bsp.: Pflicht zur Übereignung und Übergabe der Kaufsache (§ 433 I S. 1 BGB); Pflicht zur entgeltlichen Gebrauchsüberlassung, § 535 I BGB.
Eine andere Definition der Hauptleistungspflichten schlagen Medicus/Petersen (BR, Rn. 207) vor: Hauptleistungspflichten sollen nur diejenigen vertraglichen Pflichten sein, die im Gegenseitigkeitsverhältnis (Synallagma) stehen, wobei die Parteien die Frage der Gegenseitigkeit gestalten können. Bsp.: Die Abnahmepflicht des Käufers kann als synallagmatische Haupt(leistungs)pflicht gestaltet werden, wenn der Verkäufer z.B. nur begrenzte Lagermöglichkeiten hat und es ihm (für den Käufer erkennbar) gerade auf die Abnahme ankommt (§§ 133, 157 BGB).

2. Neben(leistungs)pflichten:
Die Nebenleistungspflichten dienen der Vorbereitung, Durchführung und Sicherung der Hauptleistung und entstehen i.d.R. durch vertragliche Vereinbarung (z.B. Einweisung in die Maschine), können sich aber auch *aus Gesetz* (z.B. §§ 402, 666 BGB) oder *aus Treu und Glauben* ergeben. Folgt man der von Medicus/Petersen in Erwägung gezogenen Einteilung, sind Neben(leistungs)pflichten alle nicht im Gegenseitigkeitsverhältnis stehenden Leistungspflichten.

3. Weitere Verhaltens-, Schutz- oder Begleitpflichten (nicht-leistungsbezogene Pflichten, § 241 II BGB):
Zu den Leistungspflichten treten noch weitere Pflichten hinzu, die man als sonstige Verhaltens-, Schutz- oder Begleitpflichten bezeichnen kann. Von diesen leistungsunabhängigen Nebenpflichten ist in § 241 II BGB die Rede, wonach das Schuldverhältnis nach seinem Inhalt jeden Teil zur Rücksicht auf die Rechte, Rechtsgüter und Interessen des anderen Teils verpflichten kann. *Schutzgegenstand* ist mithin *das Integritätsinteresse* des Vertragspartners, d.h. dessen personen- und vermögensrechtlicher „status quo". Ob und inwieweit diese Pflichten generell einklagbar sind, ist umstritten (vgl. hierzu Medicus/Petersen, BR, Rn. 208). Jedenfalls hat der Schuldner *im Fall ihrer Verletzung Schadensersatz aus §§ 280 I, 241 II BGB oder §§ 280 I, 241 II, 311 II BGB (c.i.c.)* zu leisten. Zudem kann sich unter den Voraussetzungen der §§ 280 I, III, 282 ein Schadensersatzanspruch statt der Leistung bzw. ein Rücktrittsrecht nach § 324 BGB ergeben.

hemmer-Methode: Die Einordnung der Pflichten ist nicht nur „Theorie", sondern kann in der Klausur von zentraler Bedeutung sein. Bsp.: A hat dem B ein zinspflichtiges Darlehen zugesagt. A hält das Geld zu Hause bereit, B gerät allerdings in Annahmeverzug, währenddessen das Haus des A abbrennt. Nach § 326 II S. 1 Alt. 2 BGB behält der A seinen Anspruch auf die Gegenleistung. Er kann die Zinsen verlangen, nicht aber Rückerstattung der Darlehensvaluta, denn diese Pflicht steht nicht im Gegenseitigkeitsverhältnis.

Einteilung in einseitige/gegenseitige Verträge

Schuldverhältnisse (i.w.S.) können nach den Verpflichtungen, die sich aus ihnen ergeben, in einseitig verpflichtende, unvollkommen zweiseitige und in gegenseitige Verträge unterteilt werden. Bedeutung erlangt diese Einteilung bei den §§ 320 ff. BGB. Diese Vorschriften sind nur auf gegenseitige Verträge anwendbar.

1. **Erklären Sie kurz die Begriffe einseitig verpflichtender, unvollkommen zweiseitiger und gegenseitiger Vertrag!**
2. **Wenn ein gegenseitiger Vertrag vorliegt, sind dann die §§ 320 ff. BGB nur auf die synallagmatischen Hauptleistungspflichten anwendbar?**

1. a) *__Einseitig__* __verpflichtende Verträge__:
Ein einseitig verpflichtender Vertrag liegt vor, wenn nur eine Partei zur Leistung verpflichtet ist. (Dies schließt jedoch Schutzpflichten des anderen Teils als vertragliche Nebenpflichten nicht aus.)

- *Schenkung* (§§ 516 ff. BGB), *Bürgschaft* (§§ 765 ff. BGB), *Garantievertrag* (§§ 311 I, 241 I BGB)

b) *__Unvollkommen zweiseitige__* __Verträge__:
Beim unvollkommen zweiseitigen Vertrag **trifft nur eine Partei die den Vertragstyp bestimmende Leistungspflicht**. Soweit die andere Partei eine Leistungspflicht trifft, stehen **die geschuldeten Leistungen nicht im Gegenseitigkeitsverhältnis**. So ist z.B. bei der *Leihe* (§§ 598 ff. BGB) der Verleiher zur unentgeltlichen Gebrauchsüberlassung (§ 598 BGB) und der Entleiher zur Rückgabe der geliehenen Sache (§ 604 BGB) verpflichtet. Synallagmatisch sind diese Pflichten nicht, da der Verleiher die Sache nicht verleiht, um sie später zurückzubekommen.

- *Auftrag* (§§ 662 ff. BGB), *Verwahrung* (§§ 688 ff. BGB)

c) *__Gegenseitige__* __Verträge__:
Ein gegenseitiger Vertrag liegt vor, **wenn jeder Vertragsteil seine Leistung gerade deshalb verspricht, um die Gegenleistung des anderen Vertragsteils zu erhalten**. Die Leistung des einen Teils ist damit ***__Entgelt__*** für die des anderen. Die beiderseitigen Pflichten stehen also in einem Abhängigkeitsverhältnis zueinander. Die gegenseitige Zweckbindung ist die synallagmatische Verknüpfung beider Leistungsverpflichtungen („do ut des" bzw. „Zug-um-Zug", vgl. §§ 320 I, 322 I BGB).

- *Kauf* (§§ 433 ff. BGB), *Tausch* (§ 480 BGB), *Miete* (§ 535 BGB), *Pacht* (§ 581 BGB), *Dienst-* und *Werkvertrag* (§§ 611 ff., 631 ff. BGB), *__verzinsliches__ Darlehen* (§ 488 BGB)

Maßgeblich ist, ob die Parteien eine synallagmatische Verknüpfung der Leistungspflichten wollen. Diese Frage stellt sich insbesondere bei der Abnahmepflicht des Käufers.

2. Für die Anwendbarkeit der §§ 320-322 und 326 BGB muss **gerade die gestörte Leistung im Gegenseitigkeitsverhältnis** stehen, nicht jedoch im Falle der §§ 323, 324 BGB, die auch auf nicht-synallagmatische Leistungspflichten anwendbar sind (Palandt, § 323 Rn. 1). Bei § 324 BGB ist dies ganz eindeutig.

hemmer-Methode: Beim Mietvertrag stehen nur die Gebrauchsüberlassungs- und die Zahlungspflicht im Synallagma, nicht aber die Rückgabepflicht des Mieters nach Beendigung des Mietverhältnisses.

Neben den Hauptleistungspflichten, die das jeweilige Schuldverhältnis prägen, besteht regelmäßig eine Vielzahl von Nebenpflichten. Diese werden unterteilt in sog. leistungsbezogene Nebenpflichten und sonstige Verhaltens- oder Schutzpflichten (auf letztere nimmt § 241 II BGB Bezug). Die leistungsbezogenen Nebenpflichten haben eine Hilfsfunktion: sie dienen der ordnungsgemäßen Abwicklung der Hauptleistung. Es handelt sich hierbei vor allem um Fürsorge-, Treue-, Obhuts-, Aufklärungs-, Warnungs- und Betreuungspflichten. Die Schutzpflichten dienen dagegen dem allgemeinen Rechtsgüterschutz. Sie beinhalten die Pflicht, sich so zu verhalten, dass Person, Eigentum und sonstige Rechtsgüter der Gegenpartei nicht verletzt werden.

1. **Woraus werden Nebenpflichten abgeleitet?**
2. **Sind Pflichten bereits vor Vertragsschluss bzw. nach Beendigung des Schuldverhältnisses denkbar?**
3. **Was gilt im Falle eines unwirksamen Vertrages?**

1. Nebenpflichten können sich **aus Gesetz** (z.B. §§ 368, 402, 618 BGB), **vertraglicher Vereinbarung** und aus dem Grundsatz von Treu und Glauben, **§ 242 BGB** ergeben.

Die *meisten Nebenpflichten* sind nicht ausdrücklich vereinbart, sondern werden *aus dem Grundsatz von Treu und Glauben abgeleitet*. Denkbar sind z.B. Aufklärungs-, Mitwirkungs-, Auskunfts-, Sicherungs-, Fürsorgepflichten sowie die allgemeine Pflicht, den Vertragszweck nicht zu gefährden (sog. Leistungstreuepflicht).

2. Bereits **mit Beginn der Vertragsverhandlungen** entsteht zwischen den Beteiligten gem. § 311 II Nr. 1 BGB ein vertragsähnliches Vertrauensverhältnis, das erhöhte Sorgfaltspflichten, u.a. die Schutzpflichten, auslöst. Die schuldhafte Verletzung dieser Pflichten führt zur **Haftung aus c.i.c.**, die in den §§ 280 I, 311 II, III BGB kodifiziert ist. Es handelt sich hierbei um ein vertragsähnliches gesetzliches Schuldverhältnis, das insbesondere durch die Aufnahme eines geschäftlichen Kontakts entsteht.

Auch **nachwirkende Pflichten** sind zur Sicherung des Vertragszwecks denkbar. Die Haftung in solchen Fällen wird als **culpa post contractum finitum** bezeichnet und löst die Schadensersatzpflicht des § 280 I BGB aus, weil aufgrund der nachwirkenden Pflichten das Schuldverhältnis eben noch nicht endgültig beendet ist.

Typisches Beispiel: Der Vermieter muss an seinem Haus ein Hinweisschild mit der neuen Adresse des ausgezogenen Arztes dulden.

3. Im Falle eines unwirksamen oder nachträglich angefochtenen Vertrages fehlt es eigentlich an einem wirksamen Schuldverhältnis, das Schutzpflichten auslösen könnte. Hier besteht aber **faktisch** - ähnlich wie vor Vertragsschluss im Rahmen der c.i.c. - ein **gesteigerter Geschäftskontakt**. Diese Fallgruppe hat § 311 II Nr. 3 BGB im Auge (nach a.A. gilt auch hierfür § 311 II Nr. 1 BGB). Bei der Verletzung von Schutzpflichten kommt daher auch hier eine **Haftung aus §§ 280 I, 311 II Nr. 3, 241 II BGB** in Betracht.

Ob unter § 311 II Nr. 3 BGB auch die rechtsgeschäftsähnlichen Gefälligkeitsverhältnisse fallen (so das **AG Lingen, Life&Law 08/2010, 571** = NJW-RR 2010, 757 f.), hat der BGH bislang offen gelassen (**BGH, Life&Law 12/2010, 791 ff.** = NJW 2010, 3087 ff. = **juris**byhemmer).

hemmer-Methode: Schadensersatzansprüche aus § 280 I BGB oder §§ 280 I, 311 II, 241 II BGB (c.i.c.) haben ihre hauptsächliche Bedeutung bei der Verletzung von Nebenpflichten. Gerade die Schutzpflichten betreffen gleichermaßen die Zeit vor und nach Vertragsschluss.

Dauerschuldverhältnisse

Schuldverhältnisse können eingeteilt werden nach ihrem Entstehungsgrund (Gesetz/Rechtsgeschäft), nach der Art der geschuldeten Leistung (vgl. die im SchuldR BT geregelten Vertragstypen) oder auch nach dem Einfluss des Zeitmoments. Viele Schuldverhältnisse erschöpfen sich in der einmaligen Erbringung der geschuldeten Leistungen, mag auch eine gewisse Zeitspanne zwischen der Begründung und der Erfüllung des Schuldverhältnisses liegen. Von diesen auf eine einmalige Leistung gerichteten Schuldverhältnissen sind die sog. Dauerschuldverhältnisse zu unterscheiden.

1. **Wann liegt ein Dauerschuldverhältnis vor? Nennen Sie gesetzlich geregelte Dauerschuldverhältnisse!**
2. **Was versteht man unter einem Sukzessivlieferungsvertrag? Welche Arten von Sukzessivlieferungsverträgen werden unterschieden? Sind alle Sukzessivlieferungsverträge Dauerschuldverhältnisse?**

1. Merkmal des Dauerschuldverhältnisses ist, dass es **durch den Faktor Zeit bestimmt** wird. **Während seines Bestehens** werden **ständig neue bzw. andauernde Leistungen geschuldet**. Der Gesamtumfang der Leistung steht also nicht von vornherein fest, sondern wird durch die Dauer des Schuldverhältnisses bestimmt. Typische Dauerschuldverhältnisse sind **z.B. Miete, Pacht, Leihe, Gesellschaftsvertrag, Arbeitsvertrag, Versicherungsvertrag**. Sie alle zeichnen sich durch das für Dauerschuldverhältnisse charakteristische Merkmal einer dauernden Pflichtenanspannung und der ständigen Leistungsbereitschaft aus.

2. Der Begriff des Sukzessivlieferungsvertrags bezeichnet allgemein **Kauf- oder Werklieferungsverträge, bei denen die Leistungen in zeitlich aufeinanderfolgenden Raten erbracht werden.** Es sind zwei Arten des Sukzessivlieferungsvertrags zu unterscheiden: der **Ratenlieferungsvertrag und der Bezugsvertrag**.

Beim ***Ratenlieferungsvertrag*** wird eine von Anfang an fest bestimmte Menge geschuldet. Diese wird aber in Raten geschuldet. § 266 BGB ist von den Parteien abbedungen. Der **Ratenlieferungsvertrag** ist daher **kein Dauerschuldverhältnis im eigentlichen Sinn**, denn der Umfang der Leistung steht fest, eine dauernde Lieferbereitschaft ist nicht erforderlich.

Der ***Bezugsvertrag*** wird dagegen auf unbestimmte Zeit geschlossen. Eine bestimmte Liefermenge wird dabei nicht vereinbart, diese richtet sich nach dem Bedarf des Kunden. Der **Bezugsvertrag** erfordert daher die ständige Leistungsbereitschaft des Verkäufers und ist deshalb ein **echtes Dauerschuldverhältnis**.

Als **Bezugsvertrag** werden z.B. i.d.R. die *Bierlieferungsverträge* ausgestaltet. Auch *Versorgungsverträge* (z.B. Strom, Wasser, Telefon) sind nach inzwischen wohl überwiegender Meinung als Bezugsverträge einzuordnen. Früher wurden diese z.T. auch als Wiederkehrschuldverhältnisse aufgrund eines Rahmenvertrags eingestuft. Danach sollte kein einheitlicher Vertrag, sondern eine Reihe von aufeinanderfolgenden Schuldverhältnissen vorliegen, bzw. immer ein Abschluss eines neuen Vertrages. Eine solche Aufspaltung erscheint allerdings lebensfremd und auch überflüssig. Daher sind auch die Versorgungsverträge als Bezugsverträge zu qualifizieren.

hemmer-Methode: Dauerschuldverhältnisse werden auf längere oder unbestimmte Zeit geschlossen. Ist das Vertragsende nicht festgelegt, bedarf es einer Beendigungskündigung. Daneben besteht häufig die Möglichkeit einer Kündigung aus wichtigem Grund, vgl. § 314 BGB. Dies ergibt sich daraus, dass Dauerschuldverhältnisse oft ein besonderes Vertrauen voraussetzen. Ist die Vertrauensgrundlage zerstört, muss es den Beteiligten möglich sein, sich vom Vertrag zu lösen. Vgl. zur Problematik der Leistungsstörungen beim Sukzessivlieferungsvertrag die Karten 118 und 135 (SchR AT II).

Schuldverhältnisse entstehen außer kraft Gesetzes typischerweise durch Vertrag (vgl. § 311 I BGB). Da es zum Wesen eines Schuldverhältnisses gehört, dass der Schuldner zu einer Leistung verpflichtet ist (§ 241 I BGB), setzt ein Schuldvertrag den Willen des Schuldners voraus, sich rechtlich zu verpflichten (Rechtsbindungswille). Gerade bei unentgeltlichen Verträgen kann dieser Wille zweifelhaft sein.

Welche Abstufungen im Bereich der Gefälligkeit sind Ihnen bekannt?

Es wird unterschieden zwischen **Rechtsgeschäften (sog. Gefälligkeitsverträgen), Gefälligkeitsverhältnissen im rechtsgeschäftlichen Bereich** und **reinen Gefälligkeitsverhältnissen des täglichen Lebens** (vgl. Hemmer/Wüst, BGB-AT I, Rn. 72 ff.).

Abgrenzungskriterium ist hierbei der *Rechtsbindungswille der Beteiligten*, der anhand objektiver Kriterien zu ermitteln ist.

Entscheidend sind: Art, Grund und Zweck der Gefälligkeit, ihre wirtschaftliche und rechtliche Bedeutung für den Empfänger, die Interessenslage der Parteien, eventuell der Wert der anvertrauten Sache etc.

Ein **Gefälligkeits*vertrag*** liegt dann vor, wenn der Schuldner sich zu der jeweiligen Leistung unentgeltlich verpflichten möchte, also ein Erfüllungsanspruch bestehen soll (Schenkung, Leihe, Auftrag, unentgeltliche Verwahrung).

Fehlt dagegen der Rechtsbindungswille, so liegt nach der Rechtsprechung kein Schuldverhältnis, sondern ein **Gefälligkeitsverhältnis des täglichen Lebens** vor. Die Haftung richtet sich ausschließlich nach dem Deliktsrecht (mit all seinen Schwächen).

Bei den **Gefälligkeitsverhältnissen im rechtsgeschäftlichen Bereich** wird teilweise das Bestehen eines Schuldverhältnisses bejaht, dass aber lediglich auf Schutz, nicht auf Erfüllung gerichtet ist (vgl. § 241 II BGB). Die Verletzung dieser Schutzpflichten führt folglich zu einer Haftung nach Vertragsgrundsätzen. Ob rechtsgeschäftsähnliche Gefälligkeitsverhältnisse unter **§ 311 II Nr. 3 BGB** fallen (so das **AG Lingen, Life&Law 08/2010, 571** = NJW-RR 2010, 757 f.), hat der BGH bislang aber ausdrücklich offen gelassen (**BGH, Life&Law 12/2010, 791 ff.** = NJW 2010, 3087 ff. = **juris**byhemmer).

hemmer-Methode: In Zusammenhang mit der Frage der Abgrenzung zwischen vertraglicher und deliktischer Haftung im Gefälligkeitsverhältnis sollte man immer zugleich das Folgeproblem der Übertragbarkeit des vertraglichen Haftungsmaßstabs denken! Zumindest dort, wo im Rahmen eines Gefälligkeitsvertrags eine Haftungsprivilegierung besteht (z.B. § 690 BGB), erscheint es gerechtfertigt, diese Privilegierung auch dem ohne Rechtsbindungswillen Handelnden zukommen zu lassen.

Wer eine solche Übertragung mit der Rechtsprechung ablehnt, muss dann zumindest die Möglichkeit eines von den Parteien stillschweigend vereinbarten Haftungsausschlusses diskutieren, vgl. dazu Hemmer/Wüst, BGB-AT I, Rn. 77 ff.

Faktischer Vertrag

Ein Vertrag setzt nach h.M. das Vorliegen zweier übereinstimmender Willenserklärungen voraus. Dagegen kann nach der früher vertretenen Lehre vom faktischen Vertrag ein Vertrag ausnahmsweise auch ohne Willenserklärungen durch sozialtypisches Verhalten begründet werden. Die Möglichkeit eines faktischen Vertrags wurde dabei vor allem im Bereich der Daseinsvorsorge und des Massenverkehrs diskutiert. Die Lehre vom faktischen Vertrag gilt aber heute als überwunden.

1. **Was spricht gegen die Anerkennung der Lehre vom faktischen Vertrag im Bereich des Massenverkehrs?**
2. **Bedarf es der Annahme eines faktischen Vertrags, wenn sich bei einem aufgenommenen Arbeitsverhältnis später herausstellt, dass der Vertragsschluss aus irgendwelchen Gründen unwirksam war?**

1. Die **Lehre vom faktischen Vertrag** besagt, dass bei der Inanspruchnahme von Leistungen im Bereich der Daseinsvorsorge und des Massenverkehrs die bloße Inanspruchnahme rechtsgeschäftliche Erklärungen ersetzt, der Vertrag also allein durch sozialtypisches Verhalten zustande kommt. Folge wäre, dass es auf die Wirksamkeit eventueller Willenserklärungen oder auf einen entgegenstehenden Willen nicht mehr ankäme.

Gegen die Figur des faktischen Vertrags spricht jedoch, dass sich i.d.R. ein **Vertragsschluss auch durch konkludente Willenserklärungen** (z.B. Einsteigen in Straßenbahn als Antrag auf Abschluss des Beförderungsvertrags) **begründen lässt**. Nimmt sich der Einsteigende vor, schwarz zu fahren, so ist dieser geheime Vorbehalt angesichts des objektiven Erklärungsgehalts seiner Handlung gem. § 116 S. 1 BGB unbeachtlich. Auch das Problem des ausdrücklichen Protests gegen die Zahlungspflicht lässt sich u.U. über die zu § 242 BGB entwickelten Grundsätze der ***protestatio facto contraria*** lösen. **Die Lehre vom faktischen Vertrag ist also überflüssig**. Zudem *bricht* sie zum einen *mit der Systematik des BGB*, wonach Verträge ausschließlich durch Willenserklärungen zustande kommen, zum anderen wird der *Minderjährigenschutz bewusst umgangen* zugunsten der Versorgungsunternehmen.

Die Lehre vom faktischen Vertrag ist daher **als unnötig und systemwidrig abzulehnen**.

2. Die h.M. löst Schwierigkeiten, die aufgrund einer bereicherungsrechtlichen Rückabwicklung entstehen würden, indem sie die **Unwirksamkeit des Vertrages ausnahmsweise nur ex nunc** für die Zukunft wirken lässt. Voraussetzung ist allerdings, dass der fehlerhafte Arbeits- oder Gesellschaftsvertrag bereits in Vollzug gesetzt wurde und höherrangige Interessen, die der Geltung des Vertrags in der Vergangenheit entgegenstehen (z.B. Minderjährigenschutz), nicht vorliegen. Der Vertrag wird somit für die Vergangenheit als wirksam behandelt, sodass für die bereits ausgetauschten Leistungen ein Rechtsgrund besteht. **Zu einer Rückabwicklung kommt es nicht**. Die Konstruktion eines **faktischen Vertrags ist auch hier überflüssig**. Um Unklarheiten zu vermeiden, empfiehlt sich daher die *Terminologie* ***„fehlerhaftes Arbeitsverhältnis“*** und ***„fehlerhafter“ Gesellschaftsvertrag“***, vgl. im Einzelnen Hemmer/Wüst, BGB-AT I, Rn. 423 ff., Hemmer/Wüst, ArbeitsR, Rn. 301 ff., Hemmer/Wüst, GesellschaftsR, Rn. 73 ff.

hemmer-Methode: Das Problem des faktischen Vertrags stellt sich in der Klausur überwiegend im Zusammenhang mit Minderjährigen, z.B. die Schwarzfahrt eines Jugendlichen. Hier liegen die Schwerpunkte des Falles vor allem im Bereicherungs- und Deliktsrecht (§§ 818 III, 819 I BGB) und bei § 823 BGB insbesondere in der Frage des Vorliegens eines messbaren Vermögensschadens.

Die Vertragsfreiheit als Ausfluss der Privatautonomie ermöglicht es dem Einzelnen, seine Lebensverhältnisse eigenverantwortlich im Rahmen der Rechtsordnung durch Vertrag zu gestalten. Sie gehört zu den Grundprinzipien unserer Rechtsordnung und wird als Teil der allgemeinen Handlungsfreiheit, Art. 2 I GG, verfassungsrechtlich gewährleistet. Im Schuldrecht spielt der Grundsatz der Vertragsfreiheit eine zentrale Rolle.

Welche Elemente der Vertragsfreiheit kann man unterscheiden?

1. Abschlussfreiheit

Die Abschlussfreiheit betrifft die Freiheit, selbst zu entscheiden, ob man *überhaupt einen Vertrag abschließen möchte*. Darin enthalten ist die *Freiheit der Wahl des Vertragspartners*. Gegenstück zur Abschlussfreiheit ist der Kontrahierungszwang. Einen solchen kennt das deutsche Schuldrecht nur ausnahmsweise. Gesetzlich festgelegt ist er vor allem im Bereich der Daseinsvorsorge (Versorgung mit Strom und Gas), beim Personenverkehr und bei bestimmten Versicherungen.

2. Ausgestaltungsfreiheit

Ausgestaltungsfreiheit bedeutet, dass die Parteien grundsätzlich selbst den *Inhalt* des Vertrages bestimmen können. Die Ausgestaltungsfreiheit ist im Schuldrecht sehr ausgeprägt, im Gegensatz etwa zum Sachenrecht. Während im Sachenrecht Typenzwang besteht, also von dem vorgegebenen „numerus clausus" der sachenrechtlichen Verträge nicht abgewichen werden kann, herrscht *im Schuldrecht Typenfreiheit*. Daher können die Vertragspartner ganz neue, atypische Verträge „erfinden" oder auch inhaltlich von den gesetzlich normierten Vertragstypen des Schuldrecht BT abweichen, sofern dessen Vorschriften dispositiver Natur, also nicht zwingend sind.

Diese Ausgestaltungsfreiheit besteht auch i.R.d. gesetzlichen Schuldverhältnisse. Die Parteien können bspw. durch Vertrag eine Haftungsmilderung auch für die deliktische Haftung vereinbaren.

3. Formfreiheit

Die Parteien sind bei Abschluss des Vertrags *grundsätzlich frei in der Wahl der Vertragsform.*

hemmer-Methode: Die Ausgestaltungsfreiheit führt dazu, dass Verträge oft Elemente verschiedener gesetzlich geregelter Vertragstypen beinhalten, sog. gemischte Verträge, oder auch gar keinem normierten Vertragstyp zuzuordnen sind. Richtige Anspruchsgrundlage für den Primäranspruch aus einem atypischen Vertrag ist dann die jeweilige Vertragsklausel i.V.m. §§ 241 I, 311 I BGB. Bei gemischten Verträgen wird man häufig zunächst die verschiedenen Theorien zur Behandlung gemischter Verträge (Absorptions-, Kombinationstheorie; Theorie der analogen Rechtsanwendung) erörtern. Beachten Sie jedoch: I.d.R. spielt die Einordnung des Vertrags erst bei der Beendigung des Vertrages oder bei Sekundäransprüchen eine Rolle, wenn es beispielsweise darum geht, welches Kündigungs-, Rücktritts- oder Gewährleistungsrecht Anwendung finden soll. Beim Primäranspruch kann dies häufig dahinstehen, denn sein Inhalt ergibt sich unmittelbar aus der vertraglichen Vereinbarung zwischen den Parteien.

Die Vertragsfreiheit besteht nicht grenzenlos, sondern unterliegt den Schranken der verfassungsmäßigen Ordnung. Dadurch kommt es zu Beschränkungen sowohl der Abschluss-, als auch der Gestaltungs- und Formfreiheit. Weitaus stärkster Eingriff ist hierbei der Kontrahierungszwang, d.h. der Zwang, mit jemandem einen Vertrag zu bestimmten Bedingungen abzuschließen.

1. **Kennen Sie gesetzliche Vorschriften, die einen Kontrahierungszwang enthalten?**
2. **Ist ein allgemeiner Anspruch auf Abschluss eines Vertrages auch außerhalb der spezialgesetzlichen Regelungen denkbar?**

1. Die Abschlussfreiheit wird z.T. durch spezialgesetzliche Normen eingeschränkt, die einen Kontrahierungszwang begründen. Vorschriften mit Kontrahierungszwang finden sich etwa in **§ 22 PBefG, § 5 IV PflVersG, § 17 EnergieWiG**.

- Hintergrund der jeweiligen Regelung ist, dass in bestimmten Bereichen wie dem **Personentransport** oder der **Energieversorgung** der Bürger auf den Vertragsschluss angewiesen ist, da keine zumutbare Ausweichmöglichkeit besteht. Der Kontrahierungszwang schafft also gewissermaßen einen Ausgleich für die beherrschende Situation dieser Unternehmen, indem er eine willkürliche Diskriminierung verhindert.
- Ein ähnliches, allgemeines Diskriminierungsverbot, das zu einem Kontrahierungszwang führen kann, ist für bestimmte marktbeherrschende Unternehmen im Verhältnis zu anderen Unternehmen in **§ 20 I, II GWB** geregelt.

2. Ein allgemeiner Anspruch auf Abschluss eines Vertrages außerhalb dieser speziellen Vorschriften kann sich ausnahmsweise **auch aus § 826 i.V.m. § 249 I BGB** ergeben.

Voraussetzung ist, dass die *Abschlussverweigerung eine vorsätzliche sittenwidrige Schädigung* darstellt. Das wird *nur selten* der Fall sein, da sich grundsätzlich jeder seinen Vertragspartner selbst aussuchen darf. Sittenwidrigkeit ist nur dann zu bejahen, wenn für den abgelehnten Kunden keine zumutbare Möglichkeit besteht, seinen Bedarf anderweitig zu decken, also im *Falle einer Monopolstellung* (vgl. dazu u.a. Hemmer/Wüst, DeliktsR I, Rn. 151). Zudem muss die Vertragsverweigerung als sittenwidrig erscheinen, so etwa bei einer sachlich nicht gerechtfertigten, *unbilligen Diskriminierung* oder bei *lebenswichtigen Gütern* (z.B. Gas, Strom, Lebensmittel, Krankenhausversorgung).

> **hemmer-Methode: Interessanter als die doch eher abgelegenen spezialgesetzlichen Regelungen ist die Frage nach einem allgemeinen Kontrahierungszwang. Wegen des Grundsatzes der Abschlussfreiheit wird ein solcher Anspruch allerdings die Ausnahme bilden. Werden öffentlich-rechtliche Versorgungsaufgaben in privatrechtlicher Form wahrgenommen („Verwaltungsprivatrecht"), ergibt sich der Kontrahierungszwang bereits unmittelbar aus Art. 3 I GG, da der Staat sich durch die Wahl der Rechtsform nicht seiner Bindung an die Grundrechte entziehen kann. Stichwort: Keine Flucht ins Privatrecht.**
>
> **Aus dem AGG ergibt sich bei Diskriminierungen neben den dort geregelten Rechten nach h.M. aber kein Kontrahierungszwang (vgl. dazu auch § 15 VI AGG). Lesen Sie hierzu den Hausverbot-Fall des BGH in Life&Law 06/2012, 404 ff. = jurisbyhemmer.**

Einen weniger weitreichenden Eingriff in die Vertragsfreiheit stellen Vorschriften dar, die die inhaltliche Ausgestaltung sowie die Wahl der Vertragsform einschränken.

Im Schuldrecht ist die inhaltliche Vertragsgestaltung weitgehend frei. Einschränkungen erfährt die Inhaltsfreiheit zum einen allgemein durch die §§ 134, 138 BGB (Einzelheiten bei Hemmer/Wüst, BGB-AT II, Rn. 104 ff, 120 ff.) und bei einer Reihe von Grundstücksgeschäften durch öffentlich-rechtliche Genehmigungsvorbehalte. Innerhalb des Schuldrechts selbst gibt es schließlich eine Reihe zwingender Vorschriften, die der Gestaltungsfreiheit Grenzen setzen.

1. **Nennen Sie einige Beispiele zwingender schuldrechtlicher Normen!**
2. **Woran erkennen Sie den zwingenden Charakter der Norm?**

1. Zwingende Normen des Schuldrechts, die auch durch Individualvertrag nicht abbedungen werden können, sind ***beispielsweise***:

§ 248 I BGB (Verbot der Zinseszinsen), **§ 276 III BGB** (kein Haftungsausschluss für vorsätzliches Handeln im Voraus), **§ 311b II BGB** (Verbot des Vertrages über künftiges Vermögen), **§§ 444, 476 I, 478 II BGB; 556b II S. 2; 573c IV; 575 IV BGB**; ferner die **§§ 512, 655e BGB, § 312k BGB, § 487 BGB**. Zwingende Vorschriften finden sich außerdem in den sozial sensiblen *Bereichen des Arbeitsrechts* (vgl. § 4 IV TVG).

- Von den Vorschriften, die auch durch Individualvertrag nicht abbedungen werden können, sind solche zu unterscheiden, von denen *lediglich nicht durch Allgemeine Geschäftsbedingungen abgewichen werden kann*. Diese sind in §§ 305 ff. BGB geregelt.
- *Beispiel*: So kann bspw. in einem Individualvertrag die Haftung für grobe Fahrlässigkeit ausgeschlossen werden (vgl. § 276 III BGB), in Allgemeinen Geschäftsbedingungen hingegen nicht, § 309 Nr. 7 lit. b) BGB.

2. Zwingende Normen erkennt man z.T. daran, dass ihre **zwingende Unabdingbarkeit ausdrücklich angeordnet** ist, so bei § 276 III BGB, § 311b I BGB oder § 476 I BGB. **Oft ist dabei auch nur ein Abweichen zu Lasten einer Partei unzulässig**, was regelmäßig der Fall ist, wenn es sich um Verbraucherschutzvorschriften handelt, vgl. §§ 512, 312k, 487 BGB. Im Übrigen müssen Sie sich den zwingenden Charakter aus dem Normzweck erschließen, d.h. durch Auslegung ermitteln. So entspricht es beispielsweise ganz allgemeiner Meinung, dass § 626 BGB (insbesondere auch dessen Abs. 2) zwingender Natur ist. Bei einem Dauerschuldverhältnis, das regelmäßig auf dem gegenseitigen Vertrauen der Parteien zueinander aufbaut, muss es ein Recht zur Kündigung aus wichtigem Grund geben, wenn diese Vertrauensbasis aus irgendeinem Grund zerstört ist. Dieser Grundsatz ist allgemein in § 314 BGB niedergelegt. Zwingender Charakter ist des Weiteren naheliegend (aber nicht zwangsläufig!) bei Normen, die dem Schuldnerschutz dienen.

hemmer-Methode: Liegt eine zwingende Norm vor, ist eine abweichende vertragliche Vereinbarung unwirksam. In diesem Zusammenhang ist dann § 139 BGB von Bedeutung: Ist nur ein Teil des Rechtsgeschäftes unwirksam, so ist nach dieser Vorschrift im Zweifel grds. das ganze Rechtsgeschäft unwirksam. Anders in §§ 305 ff. BGB: hier gilt § 306 II BGB, der übrige Vertrag ist grds. wirksam (*Ausnahme*: § 306 III BGB).

Schranken der Formfreiheit

Verträge unterliegen grundsätzlich keiner besonderen Formpflicht. Nur ausnahmsweise ist die Einhaltung einer bestimmten Form vom Gesetz vorgeschrieben. Vor allem im Schuldrecht BT bei den einzelnen Vertragstypen finden sich einige Formvorschriften, die Sie kennen müssen, so §§ 518 I, 766 S. 1, 780, 781 BGB. Aus dem Schuldrecht AT gilt es, drei Normen zu beachten: § 311b I, III, V BGB. Besondere Klausurrelevanz hat § 311b I BGB. Danach ist ein Vertrag formbedürftig, in dem sich der eine Teil verpflichtet, das Eigentum an einem Grundstück zu übertragen oder zu erwerben (vgl. hierzu im Einzelnen Hemmer/Wüst, BGB-AT II, Rn. 91).

Valentin erteilt dem Makler Mies den schriftlichen Auftrag, sein Grundstück zu verkaufen. Dabei verpflichtet sich V, das Grundstück zu bestimmten, im Vertrag aufgeführten Bedingungen an jeden von M zugeführten Interessenten zu verkaufen.

Ist der Vertrag wirksam?

Der Maklervertrag wäre gem. § 125 S. 1 BGB unwirksam, wenn er nach § 311b I S. 1 BGB der notariellen Beurkundung bedürfte.

Dazu müsste der Vertrag eine Verpflichtung zur Übertragung des Eigentums an einem Grundstück beinhalten. Bei dem **Maklervertrag** handelt es sich um einen **vorbereitenden Vertrag**, der den späteren Kaufvertrag anbahnen soll. Solche **vorbereitenden Verträge unterliegen grds. nicht der Form des § 311b I S. 1 BGB**.

Hier entsteht **jedoch** bereits mit Abschluss des Maklervertrags für V die **Verpflichtung, das Grundstück zu veräußern**, also einen Kaufvertrag abzuschließen. Damit ist die Entscheidung zur Veräußerung des Grundstücks bereits zu diesem Zeitpunkt gefallen. Der Normzweck des § 311b I S. 1 BGB (die Gewährleistung von Übereilungsschutz bei Grundstücksverträgen, die für die Parteien wirtschaftlich regelmäßig bedeutsam sind) erfordert es daher, die **Formbedürftigkeit auch auf den Maklervertrag zu erstrecken**. **Der Vertrag ist daher gem. § 125 S. 1 BGB unwirksam**.

⇨ *Zu beachten ist aber, dass* Heilung des Formmangels nach § 311b I S. 2 BGB nicht erst mit Auflassung und Eintragung im Grundbuch erfolgt, sondern bereits mit Abschluss des formgerechten Hauptvertrags, BGH, NJW 1987, 1628.

hemmer-Methode: Das Gleiche Argumentationsmuster gilt für andere vorbereitende Verträge: grds. unterliegen diese nicht der Form des § 311b I S. 1 BGB. Nur dann, wenn bereits durch den Vorvertrag die Entschlussfreiheit hinsichtlich des späteren Erwerbs bzw. der Veräußerung genommen wird, ist von diesem Grundsatz unter wertenden Gesichtspunkten eine Ausnahme zu machen. Der Vorvertrag ist dann formbedürftig.

Das gilt auch dann, wenn der Vorvertrag zwar keine bindende Verpflichtung zum Kauf/Verkauf enthält, dafür aber auf andere Weise einen unangemessenen Druck in Richtung auf die Vornahme des eigentlichen Grundstücksgeschäfts enthält. Auch hier ist die Willensfreiheit des Vertragspartners bereits soweit beeinträchtigt, dass der Schutzzweck des § 311b I S. 1 BGB greift.

***Beispiel**: In einem Maklervertrag verspricht der Auftraggeber eine hohe Vertragsstrafe für den Fall, dass er den Hauptvertrag doch nicht abschließt, vgl. § 344 BGB (weitere Einzelheiten in Hemmer/Wüst, BGB-AT II, Rn. 90 ff.).*

Ähnlich ist die Frage zu lösen, ob die Vollmachtserteilung zum Verkauf eines Grundstücks unter § 311b I S. 1 BGB fällt. Grds. bedarf die Vollmachtserteilung gem. § 167 II BGB nicht der Form des Rechtsgeschäfts, auf das sich die Vollmacht bezieht. Das darf jedoch nicht zu einer Umgehung des Schutzzwecks der Formvorschriften führen. Daher ist auch die unwiderrufliche Vollmachtserteilung formbedürftig, weil der Vertretene bereits durch sie rechtlich und tatsächlich in gleicher Weise gebunden ist wie durch die Vornahme des formbedürftigen Rechtsgeschäftes selbst.

Grundsatz von Treu und Glauben

Der Grundsatz von Treu und Glauben (§ 242 BGB) beherrscht als übergeordnetes Prinzip das gesamte Privatrecht. Über den Wortlaut des § 242 BGB hinaus, der sich nur auf die Art und Weise der Leistungserbringung bezieht, entnimmt die h.M. der Vorschrift den Grundsatz, dass jedermann in Ausübung seiner Rechte und Erfüllung seiner Pflichten nach Treu und Glauben zu handeln hat. Die Vorschrift betrifft also Schuldner und Gläubiger gleichermaßen. § 242 BGB bedarf als Generalklausel der Konkretisierung und inhaltlichen Ausfüllung. Neben der Verkehrssitte sind hier insbesondere die objektiven Wertentscheidungen des Grundgesetzes heranzuziehen.

Man versucht, die Vielzahl der Einzelprobleme im Rahmen des § 242 BGB zur besseren Handhabung in Fallgruppen bzw. Anwendungsbereiche zusammenzufassen. Nennen Sie wichtige Anwendungsbereiche des § 242 BGB!

1. <u>Bestimmung der Art und Weise der Leistung</u>
Der Schuldner hat dem Wortlaut des § 242 BGB entsprechend *so zu leisten, wie es Treu und Glauben erfordern*, er hat *insbesondere dem Sinn und Zweck des Schuldverhältnisses entsprechend* zu leisten. Typisches Beispiel: Will der Schuldner seine Schulden um 4 Uhr morgens begleichen, so stellt dies wegen der unpassenden Zeit kein ordnungsgemäßes Angebot der Leistung dar. Der *Gläubiger kann das Leistungsangebot zurückweisen, ohne in Annahmeverzug (§ 293 BGB) zu geraten*.

2. <u>Begründung vertraglicher Nebenpflichten</u>
Wichtiges Anwendungsfeld des § 242 BGB ist die Begründung vertraglicher Nebenpflichten. *Der Schuldner hat sich so zu verhalten, dass Leben, Gesundheit und Eigentum des anderen Teils nicht geschädigt werden.* Dieser Grundsatz ist, soweit es sich um leistungsunabhängige Nebenpflichten handelt, in § 241 II BGB gesetzlich festgeschrieben.

Aus diesem Gedanken resultieren je nach dem Inhalt des Schuldverhältnisses verschieden stark ausgeprägte *Aufklärungs-, Beratungs-, Auskunfts-, Anzeige-, Mitwirkungs-, Obhuts- und Schutzpflichten*. Wichtig ist auch die *allgemeine Pflicht der Vertragspartner zur Leistungstreue*, d.h. die Pflicht beider Seiten, die Erreichung des Vertragszwecks nicht zu gefährden.

3. <u>Unzulässige Rechtsausübung</u> (vgl. hierzu Hemmer/Wüst, BGB-AT III, Rn. 643)
Bei der unzulässigen Rechtsausübung handelt es sich um eine *rechtsvernichtende bzw. rechtshindernde Einwendung gegenüber einer formal begründeten Rechtsposition*.

⇨ Fallgruppen der unzulässigen Rechtsausübung sind: *unredlicher Erwerb der eigenen Rechtsstellung; Verletzung eigener Pflichten; Pflicht zur umgehenden Rückgewähr („dolo facit"-Einwand); widersprüchliches Verhalten („venire contra factum proprium")*.

4. <u>Störung der Geschäftsgrundlage, § 313 BGB</u> (vgl. hierzu die Karten 145 ff., SchR-AT II).

hemmer-Methode: Mit der Anwendung des § 242 BGB sollten Sie in der Klausur vorsichtig sein, die Generalklausel sollte nur als letztes Korrektiv dienen. Das gilt in besonderem Maße für die Grundsätze zur Störung der Geschäftsgrundlage! Anders liegt es bei der Herleitung von Nebenpflichten: Diese ergeben sich regelmäßig nur aus § 242 BGB. Hier ist es wichtig, die Nebenpflicht nicht nur zu behaupten, sondern auch argumentativ zu begründen.

Rechtsgrundlage der c.i.c.

Das Rechtsinstitut der culpa in contrahendo (c.i.c.) steht zwischen der allgemeinen deliktischen Haftung und echter vertraglicher Haftung. Die vor dem 01.01.2002 gesetzlich nicht kodifizierte c.i.c. wurde ursprünglich entwickelt, um Schwächen des Deliktsrechts auszugleichen. Die Haftung aus c.i.c. richtet sich nach den strengeren Vorschriften des Vertragsrechts, es handelt sich um eine quasivertragliche Haftung: Der durch den Beginn der Vertragsverhandlungen gesteigerte geschäftliche Kontakt begründet ein vertragsähnliches Vertrauensverhältnis, das die Parteien zu erhöhter Rücksichtnahme und Sorgfalt verpflichtet. Es liegt eine vorvertragliche pflichtenbegründende Sonderverbindung vor.

1. **Was ist die Rechtsgrundlage der c.i.c.?**
2. **Welche Vorteile bietet die c.i.c. gegenüber deliktischen Ansprüchen?**

1. Seit dem 01.01.2002 ist die c.i.c. in Absatz 2 und 3 des § 311 BGB geregelt. Der Schadensersatzanspruch bei Verletzung dieses vorvertraglichen Schuldverhältnisses folgt dann aus der Generalklausel des § 280 I BGB.

Beabsichtigt war eine deklaratorische Kodifikation, die die von der Rechtsprechung entwickelten Prinzipien aufnehmen und stärker konturieren sollte. Eine Änderung des Anwendungsbereichs bzw. der durch die Rechtsprechung geschaffenen Fallgruppen ist damit nicht beabsichtigt.

2. Vorteile/Unterschiede c.i.c. ⇔ Deliktsrecht:

- Das **Vermögen** als solches ist **umfassend geschützt** (bei den §§ 823 ff. BGB ist immer die Verletzung eines absolut geschützten Rechtsgutes Voraussetzung; allgemeiner Vermögensschutz nur bei § 823 II BGB in Verbindung mit einem Schutzgesetz, dem - subjektiv strengen - § 826 BGB sowie im Fall des § 844 I, II BGB)
- **Zurechnung** des Verschuldens von Hilfspersonen **über § 278 S. 1 BGB** anstelle des Anspruchs aus **§ 831 BGB**

  1. Schwäche: Begriff des Verrichtungsgehilfen ist viel enger als der des Erfüllungsgehilfen

  2. Schwäche: Exkulpationsmöglichkeit, § 831 I S. 2 BGB

- **Beweislastverteilung, § 280 I S. 2 BGB** (dagegen muss im Deliktsrecht grundsätzlich der Geschädigte als Kläger sämtliche Anspruchsvoraussetzungen beweisen; Ausnahmen hierzu nur im Bereich der deliktischen Produzentenhaftung)

hemmer-Methode: Die Schwäche des Deliktsrechts ist auch der Grund, dass sich der Vertrag mit Schutzwirkung für Dritte entwickelt hat.

Die c.i.c. spielt wegen der Vielzahl ihrer Anwendungsfälle in Klausuren eine wichtige Rolle. Eine solide Kenntnis ihrer Anspruchsvoraussetzungen ist daher unumgänglich, um in der Klausur nicht wesentliche Probleme zu übersehen.

Dabei müssen Sie beachten, dass Schadensersatz wegen einer Pflichtverletzung im Rahmen eines vorvertraglichen Schuldverhältnisses nur unter den weiteren Voraussetzungen des § 280 I BGB in Betracht kommt.

Hervorzuheben ist stets, dass es bei der Haftung aus c.i.c. mangels Vertrag immer nur um die Verletzung leistungsunabhängiger Nebenpflichten i.S.d. § 241 II BGB gehen kann, vgl. auch § 311 II BGB.

Erstellen Sie ein Prüfungsschema für die c.i.c.!

1. **Anwendbarkeit im Hinblick auf vorrangige gesetzliche Regelungen und Wertungen**
   (insbesondere §§ 434 ff. BGB; §§ 119 ff. BGB; Minderjährigenrecht; §§ 177 ff. BGB)

2. **Vorvertragliches Schuldverhältnis, § 311 II, III BGB**

3. **Pflichtverletzung, vgl. §§ 280 I S. 1, 241 II BGB**

4. **Keine Widerlegung des vermuteten Vertretenmüssens, vgl. § 280 I S. 2 BGB**

5. **Schaden**

6. **Kausalität**

7. **Evtl. Mitverschulden, § 254 BGB**

8. **Verjährung, §§ 195, 199 BGB**

hemmer-Methode: Gehen Sie mit Prüfschemata richtig um: Sie sollten sie im Hinterkopf behalten, denn durch das Prüfschema vermeiden Sie es, wichtige Probleme zu vergessen oder zu übersehen. Andererseits müssen Sie flexibel sein und die Prüfungsreihenfolge gegebenenfalls dem konkreten Fall anpassen. Keinesfalls darf in der Klausur ein Schema einfach stur abgehakt werden. Tatbestandsvoraussetzungen, die offensichtlich gegeben sind, können in der Klausur im Urteilsstil kurz erwähnt, im Einzelfall sogar ganz weggelassen werden.

Wichtig ist, dass Sie die Schwerpunkte des Falls richtig setzen, denn nur an den Problemstellen sind Punkte zu gewinnen!

Abgrenzung c.i.c. zu §§ 434 ff. BGB

Die ursprünglich außerhalb des Gesetzes entwickelte c.i.c. dient der Lückenfüllung. Sie ist nicht anwendbar, soweit abschließende gesetzliche Regelungen bestehen, deren Wertungen der Anwendung widersprechen würden. Problematisch ist daher die Anwendbarkeit der Schadensersatzhaftung aus §§ 280 I, 311 II, 241 II BGB im Bereich des Sachmängelgewährleistungsrechts.

Wie sieht das Verhältnis zu §§ 434 ff. BGB aus?

1. Nach h.M. bilden die **§§ 434 ff. BGB eine abschließende Regelung im Hinblick auf das Vorliegen von Mängeln**.

So sind Ansprüche des Käufers wegen eines Mangels grundsätzlich schon bei grob fahrlässiger Unkenntnis des Käufers ausgeschlossen (§ 442 I S. 2 BGB). Diese Sonderregelung würde unterlaufen, wenn die Regeln über das Verschulden bei Vertragsschluss daneben stets anwendbar wären. Ferner könnte der Käufer mit seinem Anspruch auf Schadensersatz i.V.m. § 249 I BGB Vertragsaufhebung oder u.U. Herabsetzung des Kaufpreises verlangen, ohne dem Verkäufer zuvor eine Frist zur Nacherfüllung setzen zu müssen. Dies widerspräche dem Vorrang der Nacherfüllung, der durch das Fristsetzungserfordernis in §§ 437 Nr. 2, 323 I BGB sichergestellt ist. Außerdem beginnt die Verjährung der Mängelrechte rein objektiv bezogen ab Gefahrübergang (§ 438 II BGB) und unterscheidet sich daher von dem subjektiv ausgestalteten Beginn der Regelverjährung (vgl. § 199 I Nr. 2 BGB).

2. Allerdings besteht der **Vorrang** der kaufrechtlichen Regelungen **nicht ausnahmslos**. Auch unter der Geltung des neuen Schuldrechts ist eine **Ausnahme** jedenfalls **bei arglistigem** (vorsätzlichem) **Verhalten des Verkäufers gerechtfertigt**. Kaufrechtliche Sonderregelungen, die umgangen werden könnten, greifen dann nämlich nicht ein. Die Verjährung richtet sich bei Arglist nach der regelmäßigen Verjährungsfrist (§ 438 III S. 1 BGB).

Der Verkäufer kann sich auf einen Haftungsausschluss nicht berufen (§ 444 BGB). Er haftet auch bei grob fahrlässiger Unkenntnis des Käufers (§ 442 I S. 2 BGB). Bei Arglist des Verkäufers ist im Übrigen die Fristsetzung vor Erklärung des Rücktritts, der Minderung oder des Schadensersatz statt der Leistung dem Käufer unzumutbar und damit gem. § 440 S. 1 Var. 3 BGB bzw. § 323 II Nr. 3 BGB entbehrlich. Damit greift auch das Argument mit dem Vorrang der Nacherfüllung nicht mehr ein.

hemmer-Methode: Lesen Sie dazu ausführlich Tyroller, *„Die Konkurrenzen im Zivilrecht – Teil II“*, in Life&Law 06/2010, 413 (417 ff.) sowie BGH, Life&Law 07/2009, 433 ff. = NJW 2009, 2120 ff. Zur Bedeutung der Anwendbarkeit der c.i.c. neben dem Mängelrecht im Fall der arglistigen Täuschung lesen Sie Tyroller, Life&Law 07/2009, 493 ff.

Nach wie vor gesichert ist die Erkenntnis, dass Ansprüche aus c.i.c. nicht ausgeschlossen sind, wenn die Pflichtverletzung sich nicht auf die Beschaffenheit der Kaufsache bezieht (z.B. Verletzung von Offenbarungs-, Aufklärungs- und Beratungspflichten).

Abgrenzung c.i.c. ⇔ Anfechtung

Die Schadensersatzansprüche aus §§ 280 I, 311 II, 241 II BGB (nachfolgend c.i.c.) können, wenn eine pflichtwidrige Einwirkung auf die Willensbildung zum Abschluss eines nachteiligen Vertrages geführt hat, über § 249 I BGB (Naturalrestitution) einen Anspruch auf Vertragsaufhebung geben. Damit führt die c.i.c. zu Wirkungen, die denen der Anfechtung vergleichbar sind, ohne an deren strenge Voraussetzungen (§§ 123, 124 BGB) gebunden zu sein.

1. **Ist die c.i.c. neben dem § 123 BGB anwendbar?**
2. **In welchem Verhältnis steht die c.i.c. zu § 122 BGB?**

1. Die Anwendbarkeit der c.i.c. ist problematisch, weil sie einen Anspruch des Getäuschten auf Vertragsaufhebung auch bei fahrlässigen Falschangaben ermöglicht. Dagegen verlangt § 123 BGB für eine Anfechtung arglistiges Verhalten. Außerdem kann der Getäuschte im Rahmen der c.i.c. drei Jahre lang Vertragsaufhebung verlangen (vgl. § 195 BGB), wobei jedoch der versubjektivierte Fristbeginn des § 199 I Nr. 2 BGB zu beachten ist. Dagegen unterliegt das Anfechtungsrecht der Ausschlussfrist des § 124 BGB. Andererseits ist zu berücksichtigen, dass zwischen dem Anfechtungsvorschriften und der c.i.c. **gewichtige Unterschiede** bestehen:

a) Die **c.i.c. setzt das Vorliegen eines Schadens voraus, die Anfechtung dagegen nicht**. Diese knüpft lediglich an die fehlerhafte Willensbildung an.

b) Die beiden Rechtsinstitute haben zudem eine **völlig unterschiedliche Schutzrichtung**: Während die **c.i.c. dem Vermögensschutz dient, schützen die Anfechtungsvorschriften die Willensfreiheit.**

Diese unterschiedlichen Schutzzwecke sprechen dafür, beide Ansprüche nebeneinander zuzulassen (sehr strittig; vgl. **BGH, Life&Law 07/2013, 481 ff.** = NJW 2013, 1591 ff. = **juris**byhemmer). Ausführlich **TYROLLER**, *„Die Loslösung vom Vertrag"*, **Life&Law 08/2007, 562 [567 f.]** sowie **TYROLLER**, *„Die Konkurrenzen im Zivilrecht – Teil I"*, in **Life&Law 03/2010, 194 ff.**

2. Trifft den Erklärenden, der seine Erklärung nach § 119 BGB anficht, ein Verschulden, tritt neben die Haftung aus § 122 BGB die Ersatzpflicht nach §§ 311 II, 280 I BGB.

Der Vorteil der c.i.c. liegt darin, dass sie die *Berücksichtigung des Mitverschuldens über § 254 BGB* ermöglicht, während der Anspruch aus *§ 122 BGB dem „Alles-oder-Nichts-Prinzip" unterliegt, vgl. § 122 II BGB*. Die c.i.c. ist daher in der Anwendung flexibel und ermöglicht aufgrund der umfassenden Abwägung *interessensgerechte Ergebnisse*. Die c.i.c. ist daher nach nahezu allgemeiner Ansicht neben § 122 BGB anwendbar (ausführlich hierzu **TYROLLER**, *„Die Konkurrenzen im Zivilrecht – Teil I"*, in **Life&Law 03/2010, 194 (198 ff.)**.

hemmer-Methode: Die bestehenden Spannungen zwischen §§ 123, 124 BGB und der c.i.c. werden zum einen dadurch abgeschwächt, dass die Anwendung des § 123 BGB auch auf Fälle von Behauptungen ins Blaue hinein, also auf den Eventualvorsatz, erstreckt wird.

Zum anderen wird teilweise diskutiert, den Anwendungsbereich der c.i.c. dahingehend zu beschränken, dass eine fahrlässige Falschauskunft nur dann als Pflichtverletzung zu werten sei, wenn eine besondere Auskunftspflicht besteht. Diese soll sich nicht bereits aus der Aufnahme von Vertragsverhandlungen ergeben, sondern an eine Art Garantenstellung anknüpfen. Vorgeschlagen wird auch eine Anpassung der Verjährung an die §§ 121, 124 BGB. Dem ist der BGH bislang nicht gefolgt.

Das Fehlen der Vertretungsmacht führt zum Scheitern des Erfüllungsanspruchs gegen den Vertretenen. Gegen den Vertreter ohne Vertretungsmacht besteht ein Anspruch aus § 179 I BGB. Fraglich ist, ob daneben noch Raum für Schadensersatzansprüche aus §§ 280 I, 311 II, 241 II BGB (nachfolgend c.i.c.) gegen den Vertretenen bleibt.

Lösen Sie folgenden Fall:

Der Vereinsvorstand B fälscht einen Beschluss des Vereinsvorstandes und nimmt ein Darlehen bei der X-Bank auf. Dieses veruntreut er. Die X-Bank verlangt vom Verein Ersatz.

1. Vertraglicher Rückzahlungsanspruch aus § 488 I S. 2 BGB (-), der Vertrag ist gem. § 177 I BGB unwirksam.

2. Auch ein **Anspruch aus § 179 i.V.m. § 31 BGB scheidet aus**, da § 179 BGB allein gegenüber dem Organ gegeben ist. Ansonsten wäre nämlich eine Beschränkung der Vertretungsmacht bei einer juristischen Person als Vertretener überhaupt nicht möglich.

3. Anspruch auf Rückzahlung des Darlehens aus §§ 280 I, 311 II Nr. 1, 241 II BGB i.V.m. § 249 I BGB

Durch die Aufnahme von Vertragsverhandlungen entstand zwischen Verein und Bank ein vorvertragliches Schuldverhältnis. Zwar fehlte dem B die Vollmacht zur Aufnahme von Verhandlungen, es genügt jedoch, dass er als Vorstandsmitglied generell handlungsbefugt war. Die Pflichtverletzung liegt darin, dass B die Bank über seine Vertretungsmacht und damit über die Wirksamkeit des Vertrags getäuscht hat. Die schuldhafte Pflichtverletzung des B wird dem Verein als Organverschulden gem. § 31 BGB zugerechnet. Fraglich ist jedoch, ob eine Haftung des Vereins als der Vertretenen nicht den Wertungen der §§ 177 ff. BGB widerspricht.

Die §§ 177 ff. BGB statuieren den Vorrang des Vertretungsrechts. Dieses betrifft allerdings nur das Erfüllungsinteresse, während die §§ 280 I, 311 II Nr. 1, 241 II BGB auf Ersatz des Vertrauensschadens gerichtet sind. Insofern besteht ein Widerspruch an sich nicht. *Im vorliegenden Fall besteht aber eine Besonderheit*: Der Anspruch aus §§ 280 I, 311 II Nr. 1, 241 II BGB i.V.m. § 249 I BGB richtet sich auf Rückzahlung des Darlehens, das ohne die Täuschung nicht ausgezahlt worden wäre, *entspricht also in seiner Wirkung dem Erfüllungsanspruch.* Die Beschränkung der Vertretungsmacht wäre also auch hier ohne Wirkung.

Vorzuziehen ist daher eine *vermittelnde Lösung*: Die c.i.c. ist zwar grundsätzlich neben den §§ 177 ff. BGB anwendbar. *Soweit jedoch das Verschulden eines falsus procurator nach § 31 BGB zugerechnet wird, gelten Einschränkungen*: Liegt die Pflichtverletzung allein in der Überschreitung der Vertretungsmacht, ist die c.i.c. nicht anwendbar, die §§ 177 ff. BGB sind insoweit abschließend. Bei darüber hinausgehenden Pflichtverletzungen bleibt die c.i.c. aber anwendbar. **Sieht man die Pflichtwidrigkeit des B allein im Vortäuschen der Vertretungsmacht, scheidet daher ein Anspruch aus §§ 280 I, 311 II Nr. 1, 241 II BGB i.V.m. § 249 I BGB aus**.

4. Bereicherungsrechtliche Ansprüche bestehen nicht, weil der Verein nichts erlangt hat.

5. § 823 I BGB (-), da nur Vermögen verletzt; **§§ 823 II, 31, BGB i.V.m. § 263 StGB und §§ 826, 31 BGB sind dagegen zu bejahen wegen der betrügerischen Absicht des B**. Der Vorrang des Vertretungsrechts findet seine Grenze in dem Recht der unerlaubten Handlung.

hemmer-Methode: Problematisch wird der Fall auch im Bereicherungsrecht, wenn der Geldbetrag zunächst einem Konto des Vereins gutgeschrieben und dann von B abgehoben wird, hierzu: Hemmer/Wüst, BereicherungsR, Rn. 512 ff.

C.i.c. und Minderjährigenschutz

Die Haftung aus §§ 280 I, 311 II, 241 II BGB wird hergeleitet aus dem Bestehen einer Sonderverbindung, die bereits mit Eintritt in die Vertragsverhandlungen entsteht. Die Haftung beruht somit allein auf dem tatsächlichen Verhalten der Beteiligten, nicht auf Rechtsgeschäft. Damit sind die §§ 104 ff. BGB an sich im Bereich der c.i.c. nicht anwendbar.

Kann auch der Minderjährige aus c.i.c. haften?

Da die Haftung aus c.i.c. nicht auf einem vertraglichen Schuldverhältnis beruht, die **§§ 104 ff. BGB somit grds. nicht anwendbar sind, müsste eigentlich auch der Minderjährige aus c.i.c. haften**. Es blieben allein die §§ 276 I S. 3, 828 III S. 1 BGB zu beachten.

Damit würde aber der Schutzzweck des Minderjährigenrechts umgangen. Die §§ 104 ff. BGB sollen den Minderjährigen vor allem auch vor der strengeren vertraglichen Haftung schützen. Durch die c.i.c. wird der Zeitpunkt dieser strengen Haftung vorverlagert auf den Zeitpunkt des Eintritts in Vertragsverhandlungen. *Wenn aber nach den §§ 104 ff. BGB die Entscheidung über die vertragliche Haftung des Minderjährigen bei den Eltern liegt, so muss das auch für die durch den Beginn der Vertragsverhandlungen ausgelöste Haftung aus c.i.c. gelten*. Dies entspricht auch dem in den §§ 179 III S. 2, 109 II BGB enthaltenen Rechtsgedanken.

- **Der Minderjährige bzw. beschränkt Geschäftsfähige haftet daher nur dann aus c.i.c., wenn der gesetzliche Vertreter in die Aufnahme der konkreten Vertragsverhandlungen eingewilligt oder diese später genehmigt hat, vgl. Rechtsgedanke des § 179 III S. 2 BGB.**
- **Der Geschäftsunfähige haftet demgegenüber gar nicht aus c.i.c.** Ebenso wenig wie der beabsichtigte Vertrag führen die darauf gerichteten Vertragsverhandlungen zur schuldrechtlichen Haftung. **Es bleibt allein die deliktische Haftung,** sofern nicht § 828 I, II BGB entgegensteht.

hemmer-Methode: In Fällen mit Beteiligung von Minderjährigen sollten Sie jeden Anspruch darauf hin überprüfen, ob Wertungen des Minderjährigenschutzes entgegenstehen. Das gilt nicht nur für die c.i.c., sondern auch für die GoA. Dort führt § 682 BGB zum gleichen Ergebnis wie die obigen Erwägungen: Der minderjährige Geschäftsführer haftet nicht nach dem Recht der Sonderverbindung, sondern nur nach Delikts- bzw. Bereicherungsrecht. Im Übrigen gilt: Einem eigenen Anspruch des Minderjährigen aus c.i.c. stehen die Wertungen der §§ 104 ff. BGB natürlich nicht entgegen!

Lesen Sie hierzu ausführlich TYROLLER, „Ausgewählte Probleme des Minderjährigenrechts“ in Life&Law 03/2006, 213 (217 ff.).

C.i.c. und Verbotsgesetze

Führt der Verstoß gegen ein Verbotsgesetz zur Unwirksamkeit des Vertrages, so darf diese Wertung nicht durch Ansprüche aus §§ 280 I, 311 II, 241 II BGB (nachfolgend c.i.c.) umgangen werden. Die c.i.c. darf nicht dazu führen, dass dem unwirksamen Vertrag faktisch zur Wirksamkeit verholfen wird.

Lösen Sie dazu folgenden Fall:

A errichtet für B einen Gartenzaun unter Verstoß gegen das Schwarzarbeitergesetz, was beiden bekannt ist. A verwendet dabei ohne Kenntnis des B gestohlenes Material. Der Zaun erweist sich als mangelhaft.

Hat B Ansprüche gegen A aus c.i.c.?

(**Vertragliche Ansprüche entfallen: der Vertrag verstößt gegen das SchwarzarbG**, dieses erfordert nach seinem Schutzzweck auch die zivilrechtliche Unwirksamkeit, ist also Verbotsgesetz i.S.d. § 134 BGB; der Vertrag ist somit **gem. § 134 BGB unwirksam**)

1. <u>Schadensersatzanspruch aus c.i.c. hinsichtlich des mangelhaften Zauns</u>:

Erhielte A Schadensersatz aus c.i.c., so entspräche dies im Ergebnis den vertraglichen Gewährleistungsansprüchen (§§ 633 ff. BGB), *die Wertung des § 134 BGB würde umgangen*. **Ansprüche aus c.i.c. im Hinblick auf die Mangelhaftigkeit des Zauns müssen daher ausscheiden**. Zudem: Auch bei Wirksamkeit des Vertrages wäre die c.i.c. durch die §§ 634 ff. BGB gesperrt.

2. <u>Schadensersatzansprüche aus c.i.c. wegen des gestohlenen Materials</u>:

B ist einem Anspruch des ehemaligen Eigentümers (ehemalig wegen § 946 BGB) aus §§ 951, 812 I S. 1 Alt. 2, 818 II BGB ausgesetzt. Er **könnte von A aus c.i.c. i.V.m. § 249 I BGB Befreiung von dieser Verbindlichkeit verlangen.** Fraglich ist nur, ob wiederum die Wertung des § 134 BGB entgegensteht. Die Verwendung des gestohlenen Materials ist jedoch eine Pflichtverletzung im vorvertraglichen Bereich, die über den bloßen Verstoß gegen das Verbotsgesetz hinausgeht und mit diesem in keinem Zusammenhang steht. Der *Zweck des Verbotsgesetzes wird durch die Anerkennung des Anspruchs aus c.i.c. nicht umgangen.*

Ein Anspruch auf Freistellung aus c.i.c. ist somit zu bejahen.

hemmer-Methode: Auch wenn dem B keine Gewährleistungsansprüche und kein Anspruch aus c.i.c. bzgl. des mangelhaften Zauns zustehen, ist er gleichwohl nicht schutzlos. A hat gegen B aufgrund seiner rechtsgrundlos erbrachten Arbeit einen Anspruch auf Wertersatz nach §§ 812 I S. 1 Alt. 1, 818 II BGB.

Diesen Anspruch lässt der BGH aber an § 817 S. 2 BGB scheitern, da ein Verstoß gegen das SchwarzarbG generell geahndet werden soll (vgl. BGH, Life&Law 07/2014, 477 ff.; BGH, Life&Law 09/2015, 643 ff.). Die Vorschrift des § 817 S. 2 BGB ist zwar einschränkend auszulegen, wenn der verbotswidrig geschaffene Zustand selbst gegen das Verbotsgesetz verstößt. Außerdem stehen die Grundsätze von Treu und Glauben seiner Anwendung entgegen, wenn die Strafe nicht den Richtigen trifft bzw. der Falsche belohnt wird.

Bei Schwarzarbeit ist der Leistungserfolg als solcher nicht verbotswidrig, sondern nur die Arbeitsleistung selbst. Außerdem trifft bei Schwarzarbeit die Strafe stets den Richtigen, da Schwarzarbeit generell verhindert werden soll.

Die c.i.c. setzt ein vorvertragliches Vertrauensverhältnis voraus. Dieses entsteht nicht durch jeden gesteigerten sozialen Kontakt, sondern nur durch ein Verhalten, das auf den Abschluss eines Vertrages oder die Anbahnung geschäftlicher Kontakte abzielt. Ob es später tatsächlich zu einem Vertragsschluss kommt, ist dagegen unerheblich.

Fällt die Pflichtverletzung in den Zeitraum vor Vertragsschluss, sind ohne Rücksicht auf den späteren Vertragsschluss die §§ 280 I, 311 II, 241 II BGB richtige Anspruchsgrundlage.

A macht einen Stadtbummel. Aus Neugier betritt er ein neues Geschäft, um das Warenangebot näher kennen zu lernen. Dazu kommt es aber nicht. Er rutscht kurz hinter dem Eingang auf einer Bananenschale aus und bricht sich ein Bein.

Hat A Ansprüche aus c.i.c.?

Abwandlung: A betritt das Geschäft nur, weil es gerade zu regnen angefangen hat. Er hat keinerlei Kaufinteresse.

1. Grundfall:

Fraglich ist, ob ein vorvertragliches Schuldverhältnis vorliegt. Dieses entsteht insbesondere erst durch ein Verhalten, das auf die Aufnahme von Vertragsverhandlungen (§ 311 II Nr. 1 BGB), die Anbahnung eines Vertrags (§ 311 II Nr. 2 BGB) oder eines geschäftlichen Kontakts (§ 311 II Nr. 3 BGB) abzielt. Hier betritt A das Geschäft zwar ohne konkrete Kaufabsicht, aber doch als potentieller Kunde in der Absicht, sich über das Warensortiment zu informieren, um später möglicherweise doch etwas zu kaufen. **Sein Verhalten ist somit auf die Anbahnung eines Vertrags gerichtet, bei welchem der A im Hinblick auf eine etwaige rechtsgeschäftliche Beziehung dem Geschäftsinhaber die Möglichkeit zur Einwirkung auf seine Rechte, Rechtsgüter und Interessen gewährt oder ihm diese anvertraut, vgl. § 311 II Nr. 2 BGB.**

Der Geschäftsinhaber hat die Pflicht, alles Zumutbare zu unternehmen, um seine Kunden vor Schäden an Leben und Gesundheit zu schützen. Diese Pflicht wurde hier verletzt. Im Hinblick auf die Darlegungs- und Beweislast zum Vertretenmüssen ist von § 280 I S. 2 BGB auszugehen. Ausreichend ist daher von Seiten des Geschädigten der Nachweis des objektiv verkehrsunsicheren Zustands im Verantwortungsbereich des Schuldners, hier durch die Bananenschale. Der Schuldner, also der Geschäftsinhaber, muss dann nachweisen, dass er und seine Erfüllungsgehilfen alle zumutbaren Maßnahmen zur Vermeidung des Schadens ergriffen haben. Das wird regelmäßig nicht gelingen. **Von Vertretenmüssen ist daher auszugehen,** gegebenenfalls ist dem Geschäftsinhaber das *Verschulden der Erfüllungsgehilfen (z.B. Ladenangestellten) nach § 278 S. 1 Alt. 2 BGB zuzurechnen*. Die **Pflichtverletzung war ursächlich für den Schaden des A,** sodass er **somit Schadensersatz aus §§ 280 I, 311 II Nr. 2, 241 II BGB verlangen kann** (u.U. gekürzt um einen *Mitverschuldensanteil, § 254 I BGB*).

2. Abwandlung:

In der Abwandlung hat A von vornherein keinerlei Kaufabsicht. Sein **Verhalten ist nicht auf die Anbahnung eines Vertrags gerichtet**. Das bloße Betreten eines Ladens genügt jedoch nicht, um ein gesteigertes Vertrauensverhältnis zu begründen. **Daher scheiden Ansprüche aus §§ 280 I, 311 II Nr. 2, 241 II BGB aus**. *Es kommen lediglich deliktische Schadensersatzansprüche in Betracht.*

hemmer-Methode: Bei dauernden Geschäftsbeziehungen, innerhalb derer sich ein Vertrauensverhältnis herausgebildet hat, ist eine Haftung aus c.i.c. auch für Handlungen, die nicht unmittelbar auf die Anbahnung eines Vertrages gerichtet sind, gerechtfertigt, sofern die Handlung in engem Zusammenhang mit der Geschäftsbeziehung steht.

Fallgruppen der c.i.c. / Schutzpflichtverletzung

Die c.i.c. erfasst eine Vielzahl sehr unterschiedlicher Arten von Pflichtverletzungen. Mangels Bezugnahme auf einen abgeschlossenen Vertrag kann es jedoch nur um die Verletzung nicht leistungsbezogener Pflichten i.S.d. § 241 II BGB gehen. Zur Feststellung, ob ein Verhalten tatsächlich als Pflichtverletzung zu werten ist, ist eine Einordnung in eine der Fallgruppen, die zur c.i.c. entwickelt wurden, sehr hilfreich. Die Einteilung in Fallgruppen verschafft zudem eine Übersicht über die mit der c.i.c. zusammenhängenden Problembereiche.

Nennen Sie kurz die wichtigsten Fallgruppen der c.i.c.!

Welche Problembereiche assoziieren Sie mit den jeweiligen Fallgruppen?

1. Verletzung von Schutzpflichten

Die Verletzung von Schutzpflichten (§ 241 II BGB) kann in der Klausur vor allem in Zusammenhang mit dem Sonderproblem auftauchen, dass der Geschädigte als Dritter gerade nicht an den Vertragsverhandlungen beteiligt war. Hier ist an eine Einbeziehung des Dritten über die Grundsätze des Vertrages mit Schutzwirkung zu denken. Bsp.: *Ein Kind, das seine Mutter zum Einkaufen begleitet, rutscht auf einem Gemüseblatt aus.*

2. Abbruch von Vertragsverhandlungen nach Begründung eines Vertrauens in den Abschluss trotz fehlender Abschlussbereitschaft

Schwerpunkt ist hier die Begründung, warum der aufgrund der Verhandlungsfreiheit grds. zulässige Abbruch von Vertragsverhandlungen ausnahmsweise einen Schadensersatzanspruch auslöst.

3. Abschluss unwirksamer Verträge

Diese Fallgruppe steht oft in Zusammenhang mit der versehentlichen oder bewussten Nichtbeachtung von Formvorschriften. Dabei ist zunächst an eine Überwindung der Formnichtigkeit nach § 242 BGB zu denken (dazu näher Hemmer/Wüst, BGB-AT II, Rn. 100 ff.), erst hilfsweise kommt ein Schadensersatzanspruch aus c.i.c. in Betracht.

4. Abschluss inhaltlich nachteiliger Verträge

Bedeutung im Bereich dieser Fallgruppe erlangt die Abgrenzung der c.i.c. zum Sachmängelgewährleistungsrecht der einzelnen Vertragstypen und zu § 123 BGB, also die Frage der Anwendbarkeit der c.i.c.

5. Persönliche Haftung Dritter aus c.i.c.

Diese in § 311 III BGB angesprochene Fallgruppe umfasst die Eigenhaftung von Vertretern und Verhandlungsgehilfen, die Sachwalterhaftung und die Prospekthaftung. Da die c.i.c. ein vorvertragliches Vertrauensverhältnis voraussetzt, gilt es hier zu begründen, warum ausnahmsweise gerade diesen Hilfspersonen besonderes Vertrauen entgegengebracht wurde.

hemmer-Methode: Oft besteht die Schwierigkeit in Klausuren darin, ein im Sachverhalt angelegtes Problem überhaupt zu erkennen. Daher ist es hilfreich, sich neben den generellen Anspruchsvoraussetzungen die wichtigsten Fallgruppen einzuprägen, da Sie auf diese Weise immer einen bestimmten Sachverhaltsbezug im Hinterkopf haben.

Übersicht über Schutzpflichten

Die c.i.c. wurde ursprünglich entwickelt zum Ausgleich von Schwächen des Deliktsrechts, insbesondere des § 831 BGB. Ausgangspunkt der c.i.c. war daher die Verletzung von Schutzpflichten. Die Haftung aus §§ 280 I, 311, 241 II BGB ergänzt in diesem Bereich die deliktischen Ansprüche des Geschädigten.

1. **Erläutern Sie den Begriff der Schutzpflichten!**
2. **Warum hat die Fallgruppe der Schutzpflichtverletzung mittlerweile an praktischer Bedeutung verloren?**

1. Unter Schutzpflicht versteht man die **allgemeine Pflicht der Parteien**, sich ab Eintritt in die Vertragsverhandlungen so zu verhalten, **dass Körper, Leben, Eigentum, sonstige Rechtsgüter und Rechte des anderen Teils sowie dessen Interessen nicht verletzt werden, § 241 II BGB.** Die *Schutzpflichten ähneln insofern den deliktischen Verkehrssicherungspflichten*.

- Die Schutzpflichten beruhen auf der Erwägung, dass während der Vertragsverhandlungen bzw. der Anbahnung des geschäftlichen Kontakts die Rechtsgüter der Parteien in besonderen Maße Gefahren ausgesetzt sind, die aus der Sphäre des jeweils anderen Teils stammen.
- *Typisches Beispiel für wechselseitige Schutz- und Obhutspflichten ist der Fall einer Kfz-Probefahrt*: Der Interessent hat sich bei der Fahrt so zu verhalten, dass das Auto nicht beschädigt wird. Der Kfz-Händler muss den Interessenten über mögliche Gefahren, die von dem Auto ausgehen, aufklären und für den verkehrssicheren Zustand des Autos sorgen.

2. Die Bedeutung der c.i.c. im Bereich der Schutzpflichtverletzung hat deshalb nachgelassen, weil **aufgrund der weiterentwickelten Rspr. im Bereich des Deliktsrechts die Auswirkungen der Exkulpationsmöglichkeit des § 831 I S. 2 HS 1 BGB ausgeglichen wurden**: Die Rspr. stellt erhöhte Anforderungen an die Verkehrssicherungs-, Aufsichts- und Organisationspflichten des Geschäftsherrn (Lesen Sie dazu Hemmer/Wüst, DeliktsR I, Rn. 191 ff.!). **Häufig greift daher auch eine unmittelbare Haftung des Geschäftsherrn aus § 823 I BGB wegen Organisationsverschuldens**. Der Anspruch aus c.i.c. ist in dieser Konstellation daher nicht mehr so wesentlich wie früher.

hemmer-Methode: Der Standardfall der Schutzpflichtverletzung ist nicht besonders anspruchsvoll. Daher wird Ihnen in der Klausur eher der interessantere Fall begegnen, dass der Geschädigte ein Dritter ist, der nicht an den Vertragsverhandlungen beteiligt ist (vgl. zur Problematik des sog. Vertrages mit Schutzwirkung zugunsten Dritter auch die Karten Nr. 189 ff. SchR-AT II). Durch die Einbeziehung einer dritten Person lassen sich mühelos die zur Notendifferenzierung erforderlichen Probleme schaffen.

Schwierigkeiten bereitet die Fallgruppe der Schutzpflichtverletzung dann, wenn es um die Erstreckung der Schutzwirkungen auf Dritte geht, die selbst nicht am vorvertraglichen Schuldverhältnis beteiligt sind.

Die 9-jährige D begleitet ihre Mutter zum Einkaufen in den Supermarkt. Aus Unachtsamkeit stößt die Mutter mit dem Einkaufswagen an ein Warenregal. Von dem Regal fallen mehrere Dosen herab und treffen D. Die Dosen waren von dem Ladenangestellten L nicht vorschriftsmäßig gestapelt worden. Die verletzte D verlangt vom Marktinhaber Ersatz der Heilungskosten.

Hat D Schadensersatzansprüche aus §§ 280 I, 311 II Nr. 2, 241 II BGB?

1. Der **Anspruch aus §§ 280 I, 311 II Nr. 2, 241 II BGB** setzt zunächst das Vorliegen eines vorvertraglichen Vertrauensverhältnisses voraus. Das ist hier problematisch, da die geschäftsunfähige D keinerlei Kaufabsichten hatte. **Sie könnte jedoch über die Rechtsfigur des Vertrages mit Schutzwirkung in den Schutzbereich des vorvertraglichen Vertrauensverhältnisses, das zwischen der Mutter und dem Marktinhaber bestand, miteinbezogen worden sein.** Die Grundsätze des Vertrages mit Schutzwirkung sind auch im Rahmen der c.i.c. anwendbar. Deren **Voraussetzungen („Leistungs"nähe/ Gläubigernähe/ Erkennbarkeit/ Schutzbedürftigkeit) liegen vor**: Die D war den Gefahren einer Schutzpflichtverletzung in gleichem Maße ausgesetzt wie ihre Mutter. M hatte ein besonderes Interesse am Schutz der D, weil sie gem. § 1626 BGB für das Wohl und Wehe ihres Kindes verantwortlich war. Diese Umstände waren auch erkennbar. Schließlich ist D auch schutzbedürftig, da ihr gegenüber dem Marktinhaber keine gleichwertigen eigenen Schadensersatzansprüche zustehen. D fällt in den Schutzbereich des vorvertraglichen Schuldverhältnisses.
Eine *objektive Pflichtverletzung des Ladenangestellten* liegt vor. Diese Pflichtverletzung sowie dessen *Verschulden ist dem Ladeninhaber gem. § 278 S. 1 Alt. 2 BGB zuzurechnen*. Der **Anspruch auf Ersatz der Heilungskosten ist aus §§ 280 I, 311 II Nr. 2, 241 II BGB i.V.m. § 249 I BGB gegeben**.

2. Er könnte jedoch um den *Mitverschuldensanteil der Mutter* gem. §§ 254 II S. 2, 278 S. 1 Alt. 1 BGB zu kürzen sein. § 254 II S. 2 BGB, der entgegen seiner Stellung im Gesetz auch die Fälle des Mitverschuldens bei der Schadensverursachung erfasst (quasi „eigenständiger Absatz 3"!), ist nach richtiger Ansicht eine Rechtsgrundverweisung auf § 278 BGB. Das Mitverschulden der Mutter als gesetzlicher Vertreterin kann der D daher nur dann zugerechnet werden, wenn eine Sonderverbindung zwischen D und dem Marktinhaber bestand. Fraglich ist, ob die c.i.c. i.V.m. den Grundsätzen des Vertrages mit Schutzwirkung als Sonderverbindung ausreicht. *Da aber D die Vorteile der Rechtsfigur erlangt, ist es nicht unbillig, sie auch mit den Nachteilen zu belasten und das Mitverschulden der Mutter zuzurechnen.* **Der Schadensersatzanspruch ist daher um den Mitverschuldensanteil der Mutter zu kürzen.**

hemmer-Methode: Zugleich sind Ansprüche aus §§ 823, 831 BGB zu prüfen, sodass sich erneut die Frage der Zurechnung des Mitverschuldens über § 254 I i.V.m. §§ 254 II S. 2, 278 BGB stellt. Würde man das bejahen, so stünde D schlechter als ohne die Grundsätze des Vertrages mit Schutzwirkung. Der Zweck dieser Rechtsfigur, nämlich die Besserstellung des Dritten, würde in sein Gegenteil verkehrt. Daher genügt nach richtiger Ansicht die c.i.c. i.V.m. Schutzwirkung nicht für die Anwendung der §§ 254 II, 278 BGB i.R. von deliktischen Ansprüchen. Eine Anspruchskürzung ist damit nur denkbar unter dem Gesichtspunkt des gestörten Gesamtschuldnerausgleichs, vgl. hierzu Karte 190 (SchR AT II).

II. Verschulden bei Vertragsverhandlungen

Abbruch von Vertragsverhandlungen

Im Fall des Abbruchs von Vertragsverhandlungen liegt eine Pflichtverletzung nur ausnahmsweise vor. Die Parteien sind nämlich bis zum endgültigen Vertragsschluss grundsätzlich in ihren Entschließungen frei (Abschlussfreiheit als Bestandteil der Vertragsfreiheit!), selbst wenn die Gegenpartei bereits in Erwartung des Vertragsschlusses Aufwendungen getätigt hat. Schadensersatzansprüche aus §§ 280 I, 311 II, 241 II BGB als Haftung für enttäuschtes Vertrauen kommen daher nur dann in Betracht, wenn die Partei die Vertragsverhandlungen ohne triftigen Grund abbricht, nachdem sie in zurechenbarer Weise das berechtigte Vertrauen des anderen Teils in das Zustandekommen des Vertrags geweckt hat.

Die Rechtsprechung unterscheidet dabei zwei Fallgruppen: einerseits das schuldhafte Wecken von Vertrauen bei den Vertragsverhandlungen, andererseits das Abbrechen der Verhandlungen ohne triftigen Grund, nachdem zuvor das Vertrauen in den Vertragsschluss geweckt wurde. Erläutern Sie diese Konstellationen anhand von Beispielen!

1. Verschulden bei den Vertragsverhandlungen

Hier weckt die eine Partei schuldhaft das Vertrauen des anderen Teils in das Zustandekommen des Vertrages, obwohl dem Vertragsschluss ein von ihr verschwiegenes und dem anderen Teil damit unbekanntes Hindernis entgegensteht bzw. stehen könnte. Die **Pflichtverletzung liegt somit darin, dass die eine Seite der anderen eine Sicherheit vorspiegelt, die in Wahrheit nicht besteht.**

Beispiel: *K verhandelt mit V über den Verkauf seines Hauses. V lässt ein Sachverständigengutachten zum baulichen Zustand des Hauses erstellen. In Wirklichkeit hat K keinerlei Verkaufsinteresse.*

In diese Fallgruppe gehören auch die Fälle des fehlenden Hinweises auf die fehlende Vertretungsmacht, die Genehmigungsbedürftigkeit des Vertrags oder Zweifel an der Durchführbarkeit des Vertrags.

2. Vertrauenshaftung

Die Rechtsprechung bejaht eine Haftung aus c.i.c. auch dann, wenn das Vertrauen in das Zustandekommen des Vertrags zwar ohne Verschulden geweckt wurde (die Partei also selbst an das Zustandekommen glaubt), dann aber die Vertragsverhandlungen ohne triftigen Grund abgebrochen werden.

Um nicht in Konflikt mit dem Grundsatz der Privatautonomie zu geraten, sind hier **besonders strenge Anforderungen** zu stellen: Es ist einerseits ein **qualifizierter Vertrauenstatbestand erforderlich**. Ein solcher ist nur gegeben, wenn der Abbrechende den **Vertragsschluss als sicher hingestellt oder den Vertragspartner bereits zu Vorleistungen veranlasst hat**. Andererseits sind an das Vorliegen eines triftigen Grundes nur geringe Anforderungen zu stellen. Lediglich völlig sachfremde Erwägungen genügen nicht.

Beispiel: *Auch wenn der Vertragsschluss bereits als sicher galt, kann ein Käufer natürlich die Verhandlungen abbrechen, wenn er ein günstigeres Angebot entdeckt.*

hemmer-Methode: Die Schwierigkeit liegt hier in der Grenzziehung zwischen Vertrauensschutz und Privatautonomie. Noch problematischer wird der Fall, wenn es sich um einen kraft Gesetzes formbedürftigen Vertrag handelt.

Ein Anspruch aus c.i.c. wegen Abbruchs der Vertragsverhandlungen besteht hier nur ganz ausnahmsweise, da das Formerfordernis oftmals ja gerade vor Übereilung schützen soll. Dass die Parteien sich die Sache noch einmal (und ggfs. anders) überlegen, ist also vom Gesetzgeber gerade gewollt.

Schadensersatzansprüche aus §§ 280 I, 311 II, 241 II BGB kommen beim Abschluss unwirksamer Verträge nur dann in Betracht, wenn die Unwirksamkeit des Vertrages auf einem Umstand beruht, der von einer Seite zu vertreten ist. Das ist jedenfalls dann der Fall, wenn das Wirksamkeitshindernis aus der Sphäre dieser Partei stammt, z.B. bei fehlender Vertretungsmacht. Bei allgemeinen Wirksamkeitshindernissen, z.B. Formvorschriften, muss dagegen besonders begründet werden, warum gerade diese Partei für die Unwirksamkeit einstehen soll. Die Formwirksamkeit des Vertrages sicherzustellen, ist nämlich grundsätzlich ein Gebot des eigenen Interesses, aber keine Rechtspflicht gegenüber dem anderen Teil.

A verkauft B mit schriftlichem Vertrag ein Grundstück. A hat zwar Bedenken, ob der Vertrag nicht der notariellen Beurkundung bedürfe. Er meint aber, unter Nachbarn gelte dies wohl nicht. Als B die Übereignung des Grundstücks verlangt, weigert sich A, der sich inzwischen genauer informiert hat, unter Berufung auf die Formunwirksamkeit. Welche Ansprüche hat B?

1. <u>Übereignungsanspruch aus § 433 I S. 1 BGB</u>

Der Kaufvertrag ist gem. §§ 311b I S. 1, 125 S. 1 BGB unwirksam. B könnte dennoch einen Anspruch auf Übereignung haben, wenn die *Formbedürftigkeit hinter § 242 BGB zurücktritt*. Dies wird aber *nur bejaht bei arglistiger Täuschung über die Formbedürftigkeit oder schlechthin untragbarem Ergebnis* (vgl. hierzu Hemmer/Wüst, BGB-AT II, Rn. 102 ff.). Ein solcher Fall *liegt hier nicht vor*.

2. **<u>Anspruch aus §§ 280 I, 311 II Nr. 1 bzw. Nr. 3, 241 II BGB</u>** (vgl. Hemmer/Wüst, BGB-AT II, Rn. 103)

Fraglich ist, ob A dazu verpflichtet war, B auf seine Bedenken hinsichtlich der Formbedürftigkeit hinzuweisen. Grundsätzlich ist es Sache des B, die Wirksamkeit des Vertrages sicherzustellen. Eine Pflichtverletzung läge nur dann vor, wenn A dem B Betreuung oder Aufklärung schuldete. Denkbar wäre im Fall das Bestehen einer Aufklärungspflicht. *Eine Aufklärungspflicht aus § 241 II BGB besteht dann, wenn der andere Teil nach der Verkehrsauffassung redlicherweise Aufklärung erwarten darf.*

Gegen eine Aufklärungspflicht in diesem Fall spricht aber, dass grds. keine Pflicht besteht, dass sich eine Partei um die Einhaltung der Form besonders kümmert. Mit anderen Worten ist jede Partei selbst gehalten, sich um die Einhaltung von Formvorschriften zu bemühen.

Ansprüche aus c.i.c. bestehen daher nicht.

hemmer-Methode: Ein weiterer Anwendungsfall der c.i.c. in diesem Bereich ist die Verwendung von Vertragsbedingungen, die sittenwidrig sind oder gegen die §§ 305 ff. BGB verstoßen.

Eigenhaftung Dritter aus c.i.c.

Die Haftung aus §§ 280 I, 311 II, 241 II BGB trifft grundsätzlich allein die Partner des angestrebten zukünftigen Vertrags. Diesen wird zwar das Verschulden von Verhandlungsgehilfen und Stellvertretern über § 278 S. 1 BGB zugerechnet. Die Vertreter bzw. Verhandlungsgehilfen selbst haften jedoch regelmäßig nur nach Deliktsrecht. Eine Ausnahme von diesem Grundsatz stellt die von der Rspr. entwickelte Eigenhaftung von Vertretern und Verhandlungsgehilfen dar. Auf diese Rspr. nimmt § 311 III BGB nunmehr Bezug und spricht aus, dass ein Schuldverhältnis mit Pflichten nach § 241 II BGB auch zu Personen entstehen kann, die nicht selbst Vertragspartei werden sollen.

Welche Fallgruppen der Eigenhaftung von Vertretern und Verhandlungsgehilfen gibt es?

1. <u>Inanspruchnahme persönlichen Vertrauens („Sachwalterhaftung“)</u>

§ 311 III S. 2 BGB regelt beispielhaft („insbesondere“) die Entstehung unmittelbarer Schutzpflichten bei Inanspruchnahme besonderen Vertrauens durch den Dritten und einer dadurch erheblich bedingten Beeinflussung der Vertragsverhandlungen oder des Vertragsschlusses.

Das setzt voraus, dass er die *persönliche Gewähr für die Seriosität und Erfüllung des Vertrags übernimmt, und der Vertragspartner gerade auf die besondere Seriosität, die der Vertreter durch seine Person vermittelt, vertraut*. Das ist *häufig der Fall bei sog.* ***Sachwaltern***. Darunter versteht man Personen, denen aufgrund ihrer beruflichen Stellung eine besondere Sachkunde zukommt. Sachwalter sind z.B. Kapitalanlagevermittler, Rechtsanwälte, Notare, Architekten, Autohändler etc.

2. <u>Eigenes unmittelbares wirtschaftliches Interesse („procurator in rem suam“)</u>

Eine Haftung des Vertreters ist auch dann zu bejahen, wenn er selbst ein *unmittelbares* eigenes wirtschaftliches Interesse am Vertragsschluss hat.

Er muss *gleichsam in eigener Sache* tätig sein, sodass er als der eigentliche wirtschaftliche Interessenträger anzusehen ist. Ein *bloß mittelbares Interesse, z.B. an der Zahlung einer Provision oder eines Entgelts, reicht nicht aus*. Auch das allgemeine Interesse des Gesellschafters oder Geschäftsführers am Erfolg seines Unternehmens genügt nicht, um eine Eigenhaftung zu begründen. Daher ist eine Eigenhaftung wegen eigenen wirtschaftlichen Interesses regelmäßig auch bei Angestellten zu verneinen.

hemmer-Methode: Der Kfz-Händler, der aus steuerlichen Gründen den in Zahlung gegebenen PKW des Kunden in dessen Namen verkauft, kann beiden Fallgruppen zugeordnet werden. Zum einen nimmt er in besonderem Maße persönliches Vertrauen aufgrund seiner besonderen Sachkunde in Anspruch, zum anderen handelt er beim Verkauf quasi in eigener Sache.

Die Prospekthaftung ermöglicht eine gegenüber der Eigenhaftung von Vertretern noch weiterreichende persönliche Haftung Dritter. Sie betrifft die Haftung für die Richtigkeit und Vollständigkeit von Angaben in Prospekten über Kapitalanlagegeschäfte. Grund der verschärften Haftung ist, dass der Kapitalanleger i.d.R. auf die Prospektangaben als Informationsquelle angewiesen ist. Die Prospekthaftung erweitert gegenüber den Fallgruppen des § 311 II und III BGB den Kreis der Haftenden.

1. **Wer haftet für falsche oder unvollständige Prospektangaben?**
2. **Kommt neben der Prospekthaftung ein Anspruch aus c.i.c. in Betracht?**

1. **Die Haftung für fehlerhafte Prospekte trifft**:

- **Alle Personen, die hinter der Gesellschaft stehen und auf ihre geschäftliche Leitung Einfluss ausüben.** Das sind insbesondere die *Gründer, Initiatoren und Gestalter der Gesellschaft*. Dazu gehört beispielsweise auch der *Geschäftsführer der Komplementär-GmbH.*

- **Sonstige Personen**, die im Prospekt in Erscheinung treten und die aufgrund ihrer *besonderen Sachkunde*, z.B. als *Rechtsanwalt* oder *Wirtschaftsprüfer*, einen Vertrauenstatbestand für die Richtigkeit des Prospekts schaffen, **die also gewissermaßen als Garanten für die Richtigkeit der Angaben auftreten**.

Die Prospekthaftung setzt nicht voraus, dass der Geschädigte die für den Prospekt Verantwortlichen und ihre Mitwirkung am Prospekt kannte. Es kommt also auch nicht mehr wie bei der c.i.c. auf eine persönliche Mitwirkung an den Vertragsverhandlungen an.

Gehaftet wird bei der Prospekthaftung nicht für konkret in Anspruch genommenes persönliches Vertrauen, sondern für typisiertes Vertrauen (Hemmer/Wüst, GesellschaftsR, Rn. 608 ff.)

2. Daneben kommt eine **Haftung des Anlagevermittlers als Sachwalter** auch **aus §§ 280 I, 311 III S. 2 BGB** in Betracht, nämlich dann, wenn er die Prospekte dem Anleger vorlegt und dabei aufgrund seiner persönlichen Sachkunde eine zusätzliche Gewähr für die Richtigkeit der darin gemachten Angaben übernimmt. **Die Haftung wegen in Anspruch genommenen persönlichen Vertrauens ist also uneingeschränkt neben der Prospekthaftung möglich.**

hemmer-Methode: Prägen Sie sich die Unterschiede und Gemeinsamkeiten der Prospekthaftung mit der c.i.c. ein, damit Sie auch in der Klausur die Zusammenhänge erkennen (vgl. ausführlich Palandt, § 280, Rn. 54 ff.)!

Weitere Anspruchsvoraussetzungen der c.i.c.

Die c.i.c. setzt eine Pflichtverletzung voraus, die der Schuldner zu vertreten hat, vgl. § 280 I BGB. Die Pflichtverletzung entfällt beim Vorliegen von Rechtfertigungsgründen. Das Vertretenmüssen wird vermutet, § 280 I S. 2 BGB. Es sind die §§ 276 ff. BGB anzuwenden. Dabei können vertraglich vereinbarte oder gesetzliche Haftungseinschränkungen eine Rolle spielen.

Was gilt für die Haftung aus §§ 280 I, 311 II, 241 II BGB (c.i.c.), wenn für den Vertrag, auf dessen Abschluss die Vertragsverhandlungen gerichtet sind, eine gesetzliche Haftungsmilderung besteht?

Grundsätzlich erfasst die gesetzliche Haftungsmilderung auch das vorvertragliche Schuldverhältnis, auf dem die Haftung aus §§ 280 I, 311 II, 241 II BGB (c.i.c.) beruht. Es erscheint nämlich nicht gerechtfertigt, den Schuldner vor Vertragsschluss strenger haften zu lassen als danach bzw. im Fall eines unwirksamen Vertrags strenger als bei seiner Wirksamkeit.

Etwas anderes gilt jedoch für solche Pflichtverletzungen, die sich nicht auf den Vertragsgegenstand beziehen. In einem solchen Fall greift die Haftungsmilderung weder bei bestehendem Vertrag noch im vorvertraglichen Bereich.

Beispiel: *A möchte B ein Grundstück schenken. Verletzt sich B im Haus des A im Rahmen der Vorbesprechung, so steht dies in keinem Zusammenhang mit dem Vertragsgegenstand, die Haftungsmilderung des § 521 BGB greift nicht.*

hemmer-Methode: Beachten Sie im Rahmen des Verschuldens auch die Beweislastverteilung! Nach § 280 I S. 2 BGB findet eine Umkehr der Darlegungs- und Beweislast statt. Danach gilt: Fällt dem Schuldner objektiv eine Pflichtverletzung zur Last oder ist die Schadensursache in sonstiger Weise aus dem Verantwortungsbereich des Schuldners hervorgegangen, so muss dieser beweisen, dass weder er noch seine Erfüllungsgehilfen die Pflichtverletzung zu vertreten haben. Enthält also der Sachverhalt den Hinweis, dass ein Vertretenmüssen nicht ausgeschlossen werden kann, genügt dies zur Bejahung desselben.

Bestimmtheit des Vertragsinhalts

Durch das Schuldverhältnis wird der Schuldner zu einer Leistung verpflichtet. Ein wirksames Schuldverhältnis setzt voraus, dass die Leistung bestimmt oder zumindest bestimmbar ist. Bei gesetzlichen Schuldverhältnissen ergibt sich der Inhalt der Leistung unmittelbar aus dem Gesetz. Bei Verträgen muss der Vertragsinhalt dagegen den Parteivereinbarungen entnommen werden. Der Vertrag muss zwar nicht sämtliche Einzelheiten festlegen; hier kann auf (ergänzende) Vertragsauslegung oder auch gesetzliche Auslegungsvermutungen bzw. § 242 BGB zurückgegriffen werden. Die wesentlichen Vertragsteile („essentialia negotii") müssen jedoch grds. feststehen. Die Leistung ist aber auch dann hinreichend bestimmbar, wenn die Bestimmung gem. §§ 315 ff. BGB einer Partei oder einem Dritten überlassen wird.

A gibt sein defektes Radio bei E zur Reparatur. Die nachfolgende Rechnung erscheint A sehr hoch. E begründet den Betrag jedoch mit dem erheblichen Aufwand, den die Suche nach dem versteckten Fehler mit sich brachte.

Muss A zahlen?

E könnte gegen A einen Anspruch auf Zahlung des Werklohns aus § 631 I BGB haben.

Fraglich ist, ob überhaupt ein wirksamer Vertragsschluss vorliegt, da die Parteien sich nicht über die Höhe des Werklohns geeinigt haben: Über eine Vergütung war überhaupt nicht gesprochen worden. Hier gilt jedoch *§ 632 I BGB, die Vergütung gilt als stillschweigend vereinbart*, denn nach den Umständen war die Reparatur des Radios nur gegen Entgelt zu erwarten.

Der Inhalt der Leistung, also die Höhe des Werklohns, richtet sich nach der Auslegungsregel des § 632 II BGB. Da für die vorgenommenen Reparaturarbeiten keine Taxe besteht, gilt die übliche Vergütung als vereinbart. Im Handwerk richtet sich die Vergütung üblicherweise nach dem Material- und Lohnaufwand. Aus den Ausführungen des E ergibt sich, dass der von ihm geforderte Werklohn auf diesen Grundsätzen beruht.

Damit ist A aus dem Werkvertrag zur Zahlung des vereinbarten üblichen Entgelts verpflichtet.

In diesem Fall **konnte der Leistungsinhalt somit schon durch Vertragsauslegung bzw. ergänzende gesetzliche Auslegungsregeln ermittelt werden**. *Für § 315 BGB*, also eine Bestimmung des Leistungsinhalts durch den Werkunternehmer, bleibt *kein Raum*. Diese Vorschrift kommt erst dann in Betracht, wenn die Höhe des Werklohns sich nicht bereits durch Vertragsauslegung ermitteln lässt.

hemmer-Methode: Der Fall zeigt, dass Sie mit der Annahme des § 315 BGB vorsichtig umgehen sollten. Regelmäßig ergibt sich der Leistungsinhalt nämlich bereits durch Auslegung. § 315 BGB hatte bislang am ehesten im Arbeitsrecht Bedeutung. Das Direktionsrecht des Arbeitgebers, d.h. sein Recht, die Einzelheiten der Leistungserbringung zu bestimmen, unterfiel unmittelbar § 315 I BGB. Mittlerweile ist das Direktionsrecht bzgl. der *Arbeitsleistung* durch die Einfügung des § 106 GewO auf eine neue Grundlage gestellt worden, sodass die meisten Fälle nun nicht mehr über § 315 BGB, sondern über diese Vorschrift zu lösen sind. Die Anforderungen haben sich indes nicht verändert. Unbillig kann z.B. die Anordnung von Tätigkeiten sein, die der Glaubensfreiheit des Arbeitnehmers widersprechen.

Ein Sonderfall der Schuldverhältnisse mit unbestimmtem, aber bestimmbarem Leistungsgegenstand ist die Gattungsschuld. Bei der Gattungsschuld steht der konkret zu leistende Gegenstand bei Vertragsschluss nicht fest, sondern wird nachträglich vom Schuldner ausgesucht. Entspricht der ausgesuchte Gegenstand den Anforderungen des § 243 I BGB, so ist er erfüllungstauglich.

Erläutern Sie den Unterschied zwischen Stückschuld, Gattungsschuld und beschränkter Gattungs- bzw. Vorratsschuld!

1. Bei der **Stückschuld ist der Leistungsgegenstand bei Vertragsschluss eindeutig durch die Parteien festgelegt**. Es gibt *nur einen einzigen Gegenstand, der erfüllungstauglich ist*. Ist es dem Schuldner *objektiv oder subjektiv nicht möglich*, diesen Gegenstand zu leisten, so wird er von der Leistungspflicht *gem. § 275 I BGB befreit*. Gleiches gilt im Falle der Leistungshindernisse nach § 275 II, III BGB, soweit der Schuldner die entsprechende Einrede erhebt. Die **Gefahr des Untergangs des Leistungsgegenstandes (= Leistungsgefahr) trägt also der Gläubiger**.

2. Bei der **Gattungsschuld wird der Leistungsgegenstand nur nach allgemeinen Merkmalen durch die Parteien festgelegt**. Der Schuldner ist nicht zur Leistung eines bestimmten Stücks verpflichtet, sondern kann mit jedem Gegenstand, der die entsprechenden Gattungsmerkmale aufweist, erfüllen. Der *Gegenstand muss lediglich mittlerer Art und Güte sein, § 243 I BGB*. Bei der Gattungsschuld trifft den Schuldner eine **Beschaffungspflicht** (vgl. auch § 276 I S. 1 BGB), d.h. er ist zur Leistung verpflichtet, solange die Lieferung aus der Gattung noch möglich ist und keine Konkretisierung i.S.d. § 243 II BGB eingetreten ist. Der **Schuldner trägt also die Leistungsgefahr**.

3. Die **beschränkte Gattungs- oder Vorratsschuld ist dadurch gekennzeichnet, dass keine allgemeine Beschaffung geschuldet wird, sondern nur die Lieferung aus einem festgelegten Vorrat**. Der Schuldner ist nicht zur Beschaffung auf dem Markt verpflichtet. **Geht der Vorrat unter, wird der Schuldner von der Leistungspflicht frei, es gilt § 275 I BGB**. Ob eine Vorratsschuld vorliegt, ist durch Vertragsauslegung zu ermitteln. Es muss erkennbar sein, dass der Schuldner seine Beschaffungspflicht auf das eigene Lager beschränken wollte.

Beispiel: *Verkauft der Großhändler A 100 kg einer bestimmten Apfelsorte, so ist eine normale Gattungsschuld anzunehmen. Verkauft der Bauer B 100 kg Äpfel aus eigenem Anbau, so ist er nicht zur Beschaffung fremder Äpfel verpflichtet, es liegt eine Vorratsschuld vor.*

hemmer-Methode: Sie dürfen die Unterscheidung Stück- und Gattungsschuld nicht mit der Differenzierung zwischen vertretbaren und unvertretbaren Sachen gleichsetzen! Auch vertretbare Sachen, d.h. Sachen, die im Verkehr nach Zahl, Maß oder Gewicht gewöhnlich bestimmt werden (Legaldefinition, § 91 BGB), können Gegenstand eines Stückkaufs sein (Bsp.: Käufer will das Radio, das im Schaufenster steht); umgekehrt können unvertretbare Sachen Gegenstand eines Gattungskaufs sein (Bsp.: Es wird ein nicht näher ausgewähltes Bild aus der Sammlung eines Künstlers geschuldet).

Konkretisierung bei der Gattungsschuld

Bei der Gattungsschuld hat der Schuldner zwar die Möglichkeit, selbst den konkreten Leistungsgegenstand zu bestimmen. Dafür trägt er aber die Leistungsgefahr, d.h. solange eine Leistung aus der Gattung noch möglich ist, bleibt er zur Leistung verpflichtet. Die Leistungsgefahr geht grundsätzlich erst durch die Konkretisierung des Leistungsgegenstandes auf den Gläubiger über. Die Konkretisierung ist in § 243 II BGB geregelt: Hat der Schuldner das zur Leistung seinerseits Erforderliche getan, so beschränkt sich seine Leistungspflicht auf diese Sache. Die Gattungsschuld wird zur Stückschuld.

1. **Welche Voraussetzungen hat die Konkretisierung?**
2. **Kann die Konkretisierung auch rückgängig gemacht werden?**

1. <u>Die Voraussetzungen der Konkretisierung lassen sich aus § 243 II BGB ableiten</u>:

- Der Schuldner muss eine **„solche Sache" (mittlerer Art und Güte i.S.d. § 243 I BGB)** ausgewählt haben.
- Er muss das zur Erfüllung seinerseits Erforderliche getan haben, d.h. der **Schuldner muss die volle Leistungshandlung erbringen, sodass der Gläubiger die angebotene Leistung nur noch annehmen muss**. Was zur Erfüllung im Einzelnen erforderlich ist, bestimmt sich nach der *Art der Schuld*:

⇨ Bei der ***Bringschuld*** muss der Schuldner die Sache dem Gläubiger *an seinem Wohn-/Verwaltungssitz in Annahmeverzug begründender Weise tatsächlich anbieten.*

⇨ Bei der ***Schickschuld*** muss der Schuldner die *Sache in einer zum Transport geeigneten Verpackung an eine zum Transport geeignete Transportperson übergeben.*

⇨ Bei der ***Holschuld***, von der das Gesetz mangels abweichender Vereinbarung ausgeht (vgl. § 269 I BGB), muss der *Schuldner die Sache aussondern, bereitstellen, und den Gläubiger benachrichtigen.*

Strittig ist die Konkretisierung *im Fall der Mangelhaftigkeit der Gattungssache.* Die mangelhafte Sache ist nicht erfüllungstauglich, vgl. §§ 243 I, 433 I S. 2 BGB erfüllt. Zum Teil wird eine Konkretisierung bereits mit Annahme der mangelhaften Sache bejaht. Nach richtiger Ansicht führt die Konkretisierung hier ausnahmsweise der Käufer herbei, indem er die Mängelrechte des § 437 BGB geltend macht.

2. <u>Umstritten ist, ob der Schuldner die Konkretisierung rückgängig machen kann</u>:

Bsp.: *Nachdem der Lieferant am festgesetzten Termin den Kunden zuhause nicht erreicht hat, verkauft er die bereits ausgesonderte Ware an einen Dritten. Der Kunde weigert sich später, die angebotene Ersatzware anzunehmen.*

Nach einer Ansicht ist der Schuldner an die Konkretisierung gebunden. Der Gläubiger verstößt **jedoch** gegen Treu und Glauben **(§ 242 BGB)**, wenn er die ihm angebotene gleichwertige Ersatzware ablehnt.

Nach anderer Ansicht ist der Schuldner an die Konkretisierung nicht gebunden, er darf sie wieder rückgängig machen. Dafür verliert er den Vorteil der Konkretisierung, er trägt wieder die Leistungsgefahr.

> **hemmer-Methode: Außer durch Konkretisierung i.S.d. § 243 II BGB kann die Leistungsgefahr auch gem. § 300 II BGB auf den Gläubiger übergehen. Regelmäßig werden zwar bereits die Voraussetzungen des § 243 II BGB erfüllt sein, ausnahmsweise wird jedoch auch § 300 II BGB relevant, z.B. dann, wenn bei einer Bringschuld bereits ein wörtliches Angebot den Annahmeverzug begründet (§ 295 BGB). Beachten Sie aber: Auch § 300 II BGB setzt eine Aussonderung voraus.**

Die Bedeutung der Konkretisierung liegt im Unmöglichkeitsrecht. Da selten die gesamte Gattung untergeht, liegt nur dann Unmöglichkeit vor, wenn hinsichtlich der zerstörten Sache bereits Konkretisierung eingetreten ist. Die Konkretisierung kann zum einen daran scheitern, dass die ausgesuchte Sache nicht mittlerer Art und Güte ist (z.B. mangelhafte Sache). Zum anderen ist genau zu prüfen, ob der Schuldner das zur Leistung Erforderliche getan hat.

K kauft im Geschäft des V einen neuen Fernseher. Da im Moment nur noch das Ausstellungsstück vorrätig ist, verspricht V, den Fernseher persönlich auf seine Gefahr dem K nach Hause zu bringen und einzurichten, sobald die Nachlieferung im Lager eingetroffen ist. Einige Tage später will er den Fernseher bei K vorbeibringen, doch dieser ist nicht zu Hause. V bittet daher die Nachbarin N, das Gerät für K in Empfang zu nehmen. Als N am Abend den Fernseher dem K geben will, stolpert sie und lässt ihn fallen.

Kann K von V ein neues Gerät verlangen?

1. Aus dem zwischen K und V geschlossenen **Kaufvertrag** ergibt sich ein **Anspruch des K auf Übereignung eines Fernsehers, § 433 I S. 1 BGB.**

2. Der **Anspruch könnte** durch Erfüllung **gem. § 362 I BGB erloschen sein**. N war jedoch nicht Vertreterin des K, sodass keine Leistung an den Gläubiger vorliegt. Auch eine befreiende Leistung an N nach **§§ 362 II, 185 I BGB scheidet aus**, weil *K die N nicht zur Entgegennahme der Leistung ermächtigt hat*. **Erfüllung liegt somit nicht vor**.

3. Der **Anspruch könnte nach § 275 I BGB erloschen sein**. Dazu müsste die *geschuldete Leistung nachträglich objektiv unmöglich geworden* sein. Es war eine *Gattungsschuld* vereinbart worden. Die *Leistung wäre daher nur bei Untergang der gesamten Gattung unmöglich*. **Das ist hier nicht der Fall**.

Unmöglichkeit läge aber vor, wenn sich die Leistungspflicht des V auf das zerstörte Gerät beschränkte. Voraussetzung hierfür ist die Konkretisierung nach § 243 II BGB, V müsste das zur Leistung einer Sache i.S.d. § 243 I BGB seinerseits Erforderliche getan haben. Was zur Leistung erforderlich ist, richtet sich nach der Art der Schuld. K und V hatten eine *Bringschuld* vereinbart, V müsste daher den Fernseher dem K *in Annahmeverzug begründender Weise tatsächlich angeboten haben.* V hat das Gerät zwar tatsächlich angeboten, K war jedoch nicht zu Hause. Fraglich ist, ob dies zum Annahmeverzug führt. Hier war *kein konkreter Liefertermin vereinbart* worden. Die vorübergehende Verhinderung des K führt daher **gem. § 299 BGB nicht zum Annahmeverzug**. *Die Voraussetzungen der Konkretisierung liegen damit nicht vor. Auch ein Übergang der Leistungsgefahr nach § 300 II BGB scheitert am fehlenden Annahmeverzug.*

Da V noch zur Lieferung aus der Gattung in der Lage ist, liegt keine Unmöglichkeit vor. Daher kann K die Lieferung eines neuen Fernsehers verlangen.

hemmer-Methode: Selbstverständlich kann auch V von K den Kaufpreis verlangen, allerdings nur gegen Lieferung eines Fernsehers: Der Kaufpreisanspruch ist nicht nach § 326 I S. 1 HS 1 BGB erloschen, es fehlt bereits an der Unmöglichkeit. Gegenwärtig kann K der Kaufpreisforderung aber die Einrede des nichterfüllten Vertrags gem. § 320 BGB entgegenhalten.

Geldschuld

Häufig handelt es sich bei einer vereinbarten Schuld um eine Geldschuld. Die echte Geldschuld (Geldsummenschuld) ist im Gegensatz zur Sachschuld nicht auf die Verschaffung einer Sache gerichtet, sondern auf die Verschaffung eines bestimmten Wertes, der durch den Nennbetrag ausgedrückt wird. Von der normalen Geldschuld kann man besondere Formen von Geldschulden unterscheiden, so die Fremdwährungs- oder Geldsortenschuld, für die Sonderregelungen in den §§ 244, 245 BGB bestehen. Keine Geldschuld liegt vor, wenn bestimmte Wertzeichen, z.B. Geldmünzen mit Sammlerwert, geschuldet sind. Hier ist eine echte Gattungsschuld gegeben, auf die die entsprechenden Vorschriften anwendbar sind.

Wie wird die Geldschuld erfüllt?

Was ist dabei zu beachten?

Die Geldschuld ist gerichtet auf die Verschaffung eines bestimmten Geldbetrages. Dabei gilt das *Nennwertprinzip*, d.h. der geschuldete Geldbetrag richtet sich unabhängig von einem zwischenzeitlichen Wertverlust nach dem Nennbetrag („Euro gleich Euro“). Der *Gläubiger trägt daher das Risiko der Geldentwertung*.

Die Geldschuld wird grundsätzlich durch Barzahlung, also durch Übereignung der entsprechenden inländischen Wertzeichen, erfüllt. Die Wahl der Wertzeichen bleibt dabei dem Schuldner überlassen. *Eine Ausnahme gilt jedoch für Münzen gem. Gesetz über die Ausprägung v. Scheidemünzen.*

Regelmäßig **wird heute die Geldschuld jedoch durch Buchgeld erfüllt**, also durch die Einzahlung oder Überweisung auf ein fremdes Bankguthaben. Ist der Gläubiger mit der bargeldlosen Zahlung einverstanden, so ist die **Einzahlung/Überweisung nach einer Ansicht als Erfüllung i.S.d. § 362 I BGB, nach Ansicht des BGH lediglich als Leistung an Erfüllungs Statt i.S.d. § 364 I BGB zu beurteilen**. Das Einverständnis des Gläubigers wird i.d.R. anzunehmen sein, z.B. wenn er seine Kontonummer auf Rechnungen, Geschäftsbriefen o.ä. angibt (vgl. dazu Hemmer/Wüst, BGB-AT III, Rn. 230 ff.).

hemmer-Methode: In Klausuren lässt sich die Überweisung gut als „ein Problem mehr“ einbauen. Vermeiden Sie dabei eine laienhafte Ausdrucksweise! Im Falle einer Überweisung ist z.B. das Erlangte i.S.d. Bereicherungsrechts nicht der Geldbetrag als solcher. Aus dem Girovertrag, der einen Zahlungsdiensterahmenvertrag i.S.d. § 675f II BGB darstellt, wird gemäß § 675t I S. 1 BGB gegen die Bank ein Anspruch auf die Gutschrift erlangt. Aus dieser Gutschrift kann dann Auszahlung des gutgeschriebenen Betrags verlangt werden. Der Anspruch auf Auszahlung folgt nach Ansicht des BGH aus §§ 700 I, 488 I S. 2, 697, 695 BGB, da das Giroguthaben einen Fall der unregelmäßigen Verwahrung darstellt.

Durch den Einwurf von 650,- Euro in den privaten Hausbriefkasten tritt nach Ansicht des AG Köln keine Erfüllung ein (AG Köln, Life&Law 10/2006, 653 ff. = NJW 2006, 1600). Eine Geldschuld ist nämlich erst dann erfüllt, wenn der geschuldete Geldbetrag in die Verfügungsgewalt des Gläubigers gelangt ist. Der Briefkasten ist zur Aufnahme von größeren Geldbeträgen aber weder gedacht noch geeignet.

Geldschuld und Leistungsgefahr

Die Geldschuld ist gerichtet auf die Verschaffung eines Geldwertes, nicht auf die Herausgabe bestimmter Wertzeichen. Sie ist deshalb nach h.M. nicht Sachschuld oder Gattungsschuld, als Unterfall der Sachschuld. Die Vorschriften zur Gattungsschuld passen nicht zur Geldschuld. So gibt es keinen Sinn, entsprechend § 243 I BGB bei Geldschulden die Leistung von Geldscheinen mittlerer Art und Güte zu verlangen. Entscheidend ist nicht das Erscheinungsbild der Geldscheine, sondern der in ihnen verkörperte Wert. Die Vorschriften über Gattungsschulden finden daher auf die Geldschuld grds. keine Anwendung.

1. **Wie ist die Gefahrtragung bei der Geldschuld geregelt? Ist Konkretisierung bei Geldschuld möglich?**
2. **Lösen Sie dazu folgenden Beispielsfall: A schuldet B Geld. Als er B zum vereinbarten Termin nicht zuhause antrifft, kehrt er um. Auf dem Rückweg wird ihm das Geld gestohlen. Muss A noch zahlen?**

1. Der Schuldner der Geldschuld muss für seine finanzielle Leistungsfähigkeit uneingeschränkt einstehen, er wird durch Geldmangel nicht von seiner Leistungspflicht befreit („Geld hat man zu haben“).

Die Pflicht, für seine finanzielle Leistungsfähigkeit einstehen zu müssen, trifft den Schuldner nämlich nicht deshalb, weil die Gattung unendlich groß ist, sondern aufgrund des allgemeinen Grundsatzes der unbeschränkten Vermögenshaftung. Die *Vorschriften zur Unmöglichkeit und zum Unvermögen sind daher auf die Geldschuld nicht anwendbar* (vgl. auch § 276 I S. 1 a.E. BGB sowie die Existenz der InsO).

Der Schuldner trägt auch unabhängig von der Art der Schuld (Bring-, Hol-, Schickschuld) die Gefahr des Verlustes gem. **§ 270 I BGB**. Eine Konkretisierung nach § 243 II BGB analog schließt die h.M. im Hinblick auf die Sonderregelung in § 270 I BGB aus.

Der Geldschuldner trägt demnach das Risiko des Verlustes, bis das Geld beim Gläubiger eingeht. Da nach § 270 IV BGB die Vorschriften über den Leistungsort (§ 269 BGB) unberührt bleiben, ist die Geldschuld eine sog. **„qualifizierte“ Schickschuld,** also eine **Schickschuld** mit der **Gefahrtragung wie bei** einer **Bringschuld.** Besonderheiten gelten für Entgeltforderungen im rein unternehmerischen Zahlungsverkehr, bei der der geschuldete Betrag **dem Konto des Gläubigers rechtzeitig gutgeschrieben sein muss**, um das Entstehen von Verzugszinsen zu vermeiden. Im unternehmerischen Zahlungsverkehr handelt es sich bei der Geldschuld demnach um eine „modifizierte Bringschuld“. Bringschuld, weil die Gefahr der Verspätung - wie bei der Bringschuld - der Schuldner trägt. Modifiziert, weil der Leistungsort beim Schuldner bleibt (§§ 270 IV, 269 BGB). Vgl. dazu auch Hemmer/Wüst/Tyroller, Schuldrecht-AT, Rn. 136a ff.
Die **Leistungsgefahr kann allenfalls im Falle des Annahmeverzugs nach § 300 II BGB analog auf den Gläubiger übergehen.**

2. A wäre von seiner Leistungspflicht nach § 275 I BGB freigeworden, wenn sich die Schuld auf die von ihm ausgesonderten Geldscheine beschränkte. *§ 243 II BGB* ist jedoch nach h.M. *auf Geldschulden nicht unmittelbar anwendbar,* da diese nicht Gattungsschulden sind. Auch eine *analoge Anwendung scheidet aus*, denn nach dem spezielleren § 270 I BGB hat der Schuldner die Gefahr des Verlustes bis zur Erfüllung zu tragen. Eine vorherige Konkretisierung soll danach gerade nicht möglich sein. **Da sich B aber im Annahmeverzug befand, ist die Leistungsgefahr nach allgemeiner Ansicht gemäß § 300 II BGB analog auf den Gläubiger übergegangen. A ist daher von der Leistungspflicht freigeworden, er muss nicht mehr zahlen**.

hemmer-Methode: Die Verzugsvorschriften sind dagegen ohne weiteres anwendbar. Dabei kommt es auf Verschulden nur insoweit nicht an, als der Schuldner Geldmangel geltend macht. War er aus anderen Gründen (z.B. plötzliche Krankheit) an der Zahlung gehindert, kann es am erforderlichen Verschulden fehlen.

Bei der Wahlschuld, geregelt in den §§ 262 ff. BGB, werden mehrere verschiedene Leistungen in der Weise geschuldet, dass nur die eine oder andere zu bewirken ist. Dem Wahlberechtigten, je nach Parteivereinbarung Gläubiger oder Schuldner, wird ein Wahlrecht zwischen den Leistungen gegeben. Nach Ausübung des Wahlrechts beschränkt sich die Schuld auf die gewählte Leistung (rückwirkende Konzentration gem. § 263 II BGB). Schwierigkeiten kann die Abgrenzung der Wahlschuld von ähnlichen Schuldinhalten bereiten.

Grenzen Sie die Wahlschuld von Gattungsschuld und Ersetzungsbefugnis ab!

1. Im Vergleich zur Gattungsschuld, bei der die geschuldete Sache anhand von Gattungsmerkmalen bestimmt ist, **gehen die Parteien bei der Wahlschuld von mehreren verschiedenartigen individualisierten Gegenständen aus**. Entscheidend ist bzgl. der Abgrenzung der Parteiwille. *Bei der Gattungsschuld sind Sachen mittlerer Art und Güte geschuldet, während der Wahlberechtigte bei der Wahlschuld in der Leistungsbestimmung frei ist.*

Wahl- und Gattungsschuld schließen sich aber nicht notwendigerweise aus. Vielmehr ist eine *Kombination* dergestalt *denkbar*, dass die wahlweise geschuldeten Gegenstände nur nach Gattungsmerkmalen bestimmt sind (vgl. auch das Beispiel unten).

2. Die Ersetzungsbefugnis (facultas alternativa) ist im Gesetz nicht geregelt; es wird aber **§ 364 I BGB analog** angewendet. Wird eine Ersetzungsbefugnis vereinbart, so wird - anders als bei der Wahlschuld- **zunächst nur eine bestimmte Leistung geschuldet. Der Berechtigte (Schuldner oder Gläubiger) kann jedoch diese Leistung durch eine andere ersetzen** und damit zum alleinigen Schuldinhalt machen. Der Schuldinhalt ist immer bestimmt. Die §§ 262 ff. BGB sind hier nicht anwendbar. Eine *Ersetzungsbefugnis ist z.B. in §§ 249 II S. 1, 251 II, 257 S. 2 BGB vorgesehen*.

Die *Unterschiede* zwischen Wahlschuld und Ersetzungsbefugnis zeigen sich *vor allem im Falle der Unmöglichkeit*. Wird eine der Leistungen vor Ausübung des *Wahlrechts* unmöglich, gilt *§ 265 BGB*: der Schuldner bleibt in jedem Fall weiterhin zur Leistung verpflichtet. Dagegen ist für die Unmöglichkeit bei der *Ersetzungsbefugnis* allein die ursprüngliche Schuld, die *Primärleistung entscheidend*. Wird diese unmöglich, wird der Schuldner frei, er ist nicht mehr zur Ersatzleistung verpflichtet. Wird dagegen die Ersatzleistung unmöglich, so hat dies keine Auswirkungen.

Zur Veranschaulichung: *Schuldet L Waren der Marke x oder y, so ist er bei zufälligem Untergang der Waren Marke x weiterhin zur Lieferung der Marke y verpflichtet (§ 265 S. 1 BGB). Schuldet L Waren der Marke x, ist aber vereinbart, dass er auch mit Waren der Marke y erfüllen darf, so wird er im Falle des Untergangs der Waren Marke x von seiner Leistungspflicht nach § 275 I BGB frei, auch wenn er noch die Marke y liefern könnte.*

hemmer-Methode: Problematisch kann auch die Abgrenzung zwischen Ersetzungsbefugnis und Annahme an Erfüllungs Statt sein. Wird die Befugnis des Schuldners, das Schuldverhältnis durch eine andere als die geschuldete Leistung zum Erlöschen zu bringen, erst bei der Bewirkung selbst vereinbart, liegt eine Annahme an Erfüllungs Statt i.S.d. § 364 I BGB vor. Eine Ersetzungsbefugnis liegt dagegen vor, wenn die Vereinbarung bereits vorher (i.d.R. bei Vertragsschluss) erfolgt. In beiden Fällen gilt für die Ersatzleistung § 364 I BGB (analog), vgl. hierzu Hemmer/Wüst, BGB-AT III, Rn. 216 ff.

Wichtiger Anwendungsfall der Ersetzungsbefugnis ist nach der Rspr. die Inzahlunggabe des gebrauchten PKW beim Kauf eines Neuwagens (vgl. hierzu Hemmer/Wüst, BGB-AT III, Rn. 221). Zwar war die Praxis zwischenzeitlich aus steuerlichen Gründen dazu übergegangen, den Verkauf des PKW für den Kunden nur noch zu vermitteln, wobei ein Mindesterlös garantiert wurde (sog. Agentur-Vertrag), doch ist dieser Weg durch eine Änderung der Steuergesetze (Einführung des § 25a UStG) unnötig geworden. Daher ist eine Rückkehr zu der alten Praxis erfolgt. Wegen §§ 474 ff. BGB geht die Praxis aber wieder zum alten „Agenturmodell" über.

Wie lässt sich die Inzahlunggabe des Altwagens beim Neuwagenkauf rechtlich qualifizieren?

Der Kauf eines Neuwagens bei Inzahlunggabe des gebrauchten PKW kann als **Doppelkauf mit Verrechnungsabrede** (1.), **gemischter Vertrag aus Kauf und Tausch, ergänzt um die Befugnis, statt des Altwagens Geld zu leisten** (2.) oder **Vereinbarung einer Ersetzungsbefugnis im Rahmen des Kaufvertrags** (ständige Rspr. und h.L.) (3.) angesehen werden.

1. Ein *Doppelkauf mit Verrechnungsabrede entspricht regelmäßig nicht dem Parteiwillen.* Die Parteien wollen einen wirtschaftlich einheitlichen Vertrag abschließen. Außerdem entstünde dadurch eine Pflicht des Käufers zur Übereignung des Altwagens, obwohl die Parteien lediglich das Recht zur Inzahlunggabe vereinbaren wollen.

2. Die Einordnung als *gemischter Vertrag oder als Kaufvertrag mit Ersetzungsbefugnis hat Auswirkungen vor allem im Falle von Mängeln des Altwagens:*
Auf die Ersetzungsbefugnis sind die §§ 364, 365 BGB anwendbar. Folgt man der Rspr. (vgl. z.B. **BGH, Life&Law 07/2008, 429 ff.** = NJW 2008, 2028 ff.), kann daher der Kfz-Händler im Hinblick auf die Ersatzleistung (= Gebrauchtwagen) Gewährleistungsrechte geltend machen. Im Falle des Rücktritts bleibt also die ursprüngliche volle Kaufpreisforderung für den Neuwagen bestehen. Auch die Zerstörung der Ersatzsache hat keine Auswirkungen auf die Leistungspflicht des Kunden (vgl. KK 37). Der Kunde muss demnach bei Mängeln des Altwagens den vollen Kaufpreis zahlen, auch wenn die Möglichkeit der Inzahlunggabe für ihn ausschlaggebend für den Kauf war. Wenn man den Neuwagenkauf aber als gemischten Vertrag einordnet, führt der Rücktritt wegen Mangelhaftigkeit des Altwagens zur Rückabwicklung des gesamten Vertrages, im Falle der Zerstörung des Altwagens wird der Kunde von seiner Leistungspflicht nach § 275 BGB frei.

3. Dennoch erscheint die *Annahme einer Ersetzungsbefugnis mit der Rspr. als vorzugswürdig.* Die *Vereinbarung der Inzahlunggabe ist bloße Nebenabrede* und nicht gleichwertiger Bestandteil des Vertrages, wie dies bei Annahme eines Tauschvertrages der Fall wäre. *Ist die Inzahlunggabe des Altwagens für den Käufer von wesentlicher Bedeutung, kann er die Durchführung zur Bedingung des Kaufvertrages machen.*

hemmer-Methode: Denken Sie an die Möglichkeit eines stillschweigenden Gewährleistungsausschlusses für Mängel des Altwagens! Ein Gewährleistungsausschluss für den Neuwagen soll sich aufgrund des einheitlichen Kaufvertrages auch auf den Gebrauchtwagen erstrecken. Die Rspr. ist an dieser Stelle sehr großzügig. Schließlich ist der Verkäufer (= Erwerber des Altwagens) nicht schutzwürdig, da er selbst über genug Sachkunde verfügt, um sich ein Bild von dem Zustand des Altwagens zu machen.

Selbst wenn für den Neuwagenkauf kein Gewährleistungsausschluss vereinbart wurde, ist für den in Zahlung gegebenen Gebrauchtwagen von einem stillschweigenden Haftungsausschluss auszugehen (h.M.). Lesen Sie dazu auch die KK 52.

Auskunftspflicht

In den §§ 256-261 BGB ist der Inhalt einiger häufig im BGB vorkommender Ansprüche geregelt. Dabei sind die Vorschriften nicht selbst Anspruchsgrundlagen, sie regeln nur, was bei Vorliegen des Anspruchs gelten soll. So regeln die §§ 256, 257 BGB Einzelheiten zum Aufwendungsersatz, § 258 BGB das Wegnahmerecht, die §§ 259- 261 BGB den Inhalt und die Durchsetzung von Auskunfts- oder Rechenschaftsansprüchen. Die Voraussetzungen der Ansprüche auf Aufwendungsersatz und Auskunft bzw. des Wegnahmerechts sind an anderer Stelle gesetzlich geregelt oder ergeben sich bereits unmittelbar aus der Parteivereinbarung.

1. **Nennen Sie Vorschriften, die Aufwendungsersatzansprüche, Auskunfts- und Rechenschaftspflichten oder Wegnahmerechte begründen!**
2. **Unter welchen Voraussetzungen ergibt sich bereits aus Treu und Glauben eine Auskunfts- und Rechenschaftspflicht?**

1. <u>Folgende Vorschriften ergeben</u>:

- **Ansprüche auf Aufwendungsersatz, z.B.:** §§ 539 I (Mieter), 601 II (Entleiher), 670 (Beauftragter), 683 (Geschäftsführer ohne Auftrag), 693 (Verwahrer), 994 ff. (Besitzer), 1959 I (Erbe vor Ausschlagung), 2022 (Erbschaftsbesitzer), 2124 II, 2125 (Vorerbe) BGB.
- **Wegnahmerechte, z.B.:** §§ 539 II, 581 II, 601 II S. 2, 997 BGB.
- **Gesetzliche Auskunftspflichten, z.B.:** §§ 666 (Auftrag), 681 S. 2 (GoA), 713 (GbR), 1379 (Ehegatten), 2027 (Erbschaftsbesitzer), 2314 (Erbe) BGB.

Auskunftspflichten können sich des Weiteren als Haupt- oder Nebenpflichten unmittelbar aus einer vertraglichen Vereinbarung ergeben. Möglich ist auch ein *Auskunftsvertrag*, wobei allerdings zur Abgrenzung von der bloßen Gefälligkeit (vgl. auch § 675 II BGB) genau zu prüfen ist, ob ein Rechtsbindungswille des Auskunftsgebers vorliegt (dazu Hemmer/Wüst, BGB-AT I, Rn. 81 ff.).

2. Schließlich ergibt sich unter bestimmten Voraussetzungen eine **Auskunftspflicht aus Treu und Glauben (§ 242 BGB)**:

⇨ Bestehen einer **Sonderverbindung zwischen den Beteiligten**

⇨ eine Partei ist ohne ihr Verschulden im Ungewissen über das Bestehen oder den Umfang ihres Anspruchs, kann sich also die Informationen auch nicht selbst in zumutbarer Weise beschaffen

⇨ **die andere Partei kann die erforderlichen Informationen „unschwer" geben**.

Die Pflicht zur *Rechenschaftslegung* als Sonderfall der Auskunftspflicht kann ebenfalls *auf Gesetz oder Vertrag beruhen. Daneben besteht nach der Rspr. des BGH eine Rechenschaftspflicht für jeden, der fremde Angelegenheiten besorgt.*

hemmer-Methode: Die Auskunftspflichten dienen dazu, dass der Berechtigte sein zukünftiges Verhalten nach den Informationen ausrichten kann. Aufklärungspflichten werden im Gegensatz dazu erst dann relevant, wenn sie verletzt wurden. Sie betreffen Informationen, nach denen der andere Teil sein früheres Verhalten ausgerichtet hätte. Daher sind Auskunftspflichten klagbar (hier kann insbesondere das prozessuale Instrument der Stufenklage nach § 254 ZPO eine Rolle spielen), Aufklärungspflichten dagegen nicht. Die Verletzung einer Aufklärungspflicht kann lediglich Schadensersatzansprüche begründen.

Neben der geschuldeten Handlung gehören zum Schuldinhalt auch die einzelnen Umstände der Leistungserbringung, die sog. Leistungsmodalitäten. Dazu gehört vor allem die Frage, wo der Schuldner seine Leistung zu erbringen hat, also die Frage nach dem Leistungsort.

1. **Erklären Sie den Unterschied zwischen Leistungsort und Erfolgsort!**

   Wo spielt die Unterscheidung eine Rolle?

2. **Wie wird der Leistungsort bestimmt?**

1. Der **Leistungsort (= Erfüllungsort) ist der Ort, an dem der Schuldner die (letzte) Leistungshandlung vorzunehmen hat**. Davon zu unterscheiden ist der **Erfolgsort, d.h. der Ort, an dem der geschuldete Leistungserfolg eintritt**. *Beide können zusammenfallen, müssen aber nicht*. Anhand dieser Merkmale kann man drei typische Schuldinhalte, nämlich Bringschuld, Holschuld und Schickschuld unterscheiden:

- Bei der ***Bringschuld*** hat der Schuldner die Leistungshandlung am Wohnort des Gläubigers zu erbringen. *Leistungs- und Erfolgsort ist daher der Wohnort des Gläubigers*.
- Bei der ***Holschuld*** hat der Gläubiger die Leistung am Wohnort des Schuldners entgegenzunehmen. *Leistungs- und Erfolgsort ist der Wohnsitz des Schuldners*.
- Bei der ***Schickschuld*** erbringt der Schuldner die letzte Leistungshandlung zwar am eigenen Wohnort, der Leistungserfolg tritt jedoch am Wohnort des Gläubigers ein. **Nur hier fallen also Leistungs- und Erfolgsort auseinander.**

2. Der Leistungsort richtet sich, soweit keine zwingende gesetzliche Regelung besteht (z.B. §§ 261, 697, 700 BGB), **in erster Linie nach der Parteivereinbarung**, hilfsweise ist auf die Umstände, insbesondere auf die Natur des Schuldverhältnisses abzustellen (vgl. § 269 I BGB). **Nur wenn der Leistungsort auf diese Weise nicht bestimmt werden kann, greift § 269 I BGB: Leistungsort ist dann der Wohn-/Geschäftssitz des Schuldners zur Zeit der Entstehung des Schuldverhältnisses.**

Die *Parteivereinbarung kann ausdrücklich oder stillschweigend geschehen*. Dabei ist insbesondere *§ 269 III BGB* zu beachten: Allein die Tatsache, dass der Schuldner die Versendungskosten übernimmt, genügt nicht, um eine Bringschuld anzunehmen. Dazu bedarf es weiterer Anhaltspunkte.
Der Leistungsort ist grundsätzlich für jede Verpflichtung einzeln zu bestimmen. Allerdings kann sich aus der Parteivereinbarung oder der Natur des Schuldverhältnisses ein einheitlicher Leistungsort für sämtliche Verpflichtungen ergeben. Beispiel: Im Arbeitsrecht gilt die Arbeitsstätte als einheitlicher Leistungsort.

hemmer-Methode: Häufig kommt auch der Begriff „Erfüllungsort“ vor, z.B. §§ 447 I, 448 BGB, § 29 ZPO. Damit wird der Leistungsort bezeichnet. Wird der Begriff in einem Vertrag verwendet, etwa bei einer Erfüllungsortvereinbarung, so ist daher durch Auslegung zu ermitteln, ob die Parteien damit nur eine Gerichtsstandsvereinbarung treffen (beachte aber § 29 II ZPO) oder tatsächlich den Ort der realen Leistungshandlung mit ihrer Vereinbarung festlegen wollten!

Leistungszeit

Bzgl. der Leistungszeit sind zwei Zeitpunkte zu unterscheiden: Der Zeitpunkt, ab dem der Schuldner leisten darf (= **Erfüllbarkeit** bzw. Bewirkbarkeit der Leistung) und der Zeitpunkt, ab dem der Gläubiger die Leistung fordern kann (= **Fälligkeit** der Leistung). Ab dem Zeitpunkt der Erfüllbarkeit der Leistung kann der Gläubiger in Annahmeverzug, ab Fälligkeit der Leistung der Schuldner in Schuldnerverzug geraten.

1. **Woraus ergeben sich Erfüllbarkeit und Fälligkeit der Leistung?**
2. **Was versteht man unter einer Stundung?**

1. Der Zeitpunkt der Erfüllbarkeit und der Fälligkeit der Leistung ergeben sich in erster Linie aus der Parteivereinbarung, hilfsweise aus den Umständen des Vertragsschlusses. *Für manche Vertragstypen bestehen auch dispositive Regelungen über die Leistungszeit, z.B.* in §§ 556b, 608, 614, 641 BGB. Soweit sich die Leistungszeit weder aus der Vertragsvereinbarung noch aus den Umständen ergibt, ist gem. *§ 271 I BGB* die Leistung sofort erfüllbar und fällig.

Ist eine Leistungszeit bestimmt, ist im Zweifel gem. § 271 II BGB anzunehmen, dass damit nur die Fälligkeit festgelegt wurde. Der Schuldner kann also regelmäßig bereits vor Fälligkeit leisten. § 271 II BGB ist aber nur Auslegungsregel. Es kann sich daher aus der Parteivereinbarung oder aus den Umständen ergeben, dass eine Erfüllung vor Fälligkeit ausgeschlossen sein soll. Bei einem verzinslichen Darlehen z.B. widerspricht es regelmäßig dem Interesse des Gläubigers, wenn der Schuldner das Darlehen vorzeitig zurückzahlt (Umkehrschluss auch aus § 488 III BGB). Daher wird hier *i.d.R. der Zeitpunkt der Erfüllbarkeit mit der Fälligkeit zusammentreffen.*

2. Unter Stundung versteht man eine Vereinbarung zwischen Gläubiger und Schuldner, die die Fälligkeit des Anspruchs bei Bestehenbleiben der Erfüllbarkeit hinausschiebt (vgl. Hemmer/Wüst, BGB-AT III, Rn. 712).

- Die Stundung *kann bereits zum Zeitpunkt des Vertragsschlusses* vereinbart werden. Dann handelt es sich um eine *sog. betagte Forderung*. Die Verjährung des Anspruchs beginnt gem. *§ 199 I Nr. 1 bzw. § 200 BGB* erst mit der Fälligkeit.
- Bei *nachträglicher Stundungsvereinbarung wird die Verjährung gem. § 205 BGB gehemmt.* Ein *nachträgliches Stundungsgesuch des Schuldners ist jedoch regelmäßig zugleich Anerkenntnis i.S.d. § 212 I Nr. 1 BGB* und führt damit zum Neubeginn der Verjährung. Die Verjährung beginnt daher erneut nach Ablauf der Stundungsfrist.

hemmer-Methode: Problematisch ist die Fälligkeit des Anspruchs dann, wenn der Schuldner den Umfang seiner Leistungspflicht nicht kennt, z.B. im Falle eines Werklohnanspruchs, für den die Rechnung noch aussteht. Grds. ist der Werklohn gem. § 641 I BGB bereits mit Abnahme fällig, der Besteller kennt aber ohne Rechnung nicht die Höhe des geschuldeten Betrages. Daher wird z.T. vertreten, die Forderung werde bis zum Zugang der Rechnung stillschweigend gestundet. Dies hätte aber Nachteile für den Besteller, denn damit würde der Verjährungsbeginn vom Zeitpunkt der Rechnungserteilung abhängig gemacht. Der Werkunternehmer könnte den Verjährungsbeginn hinauszögern. Deshalb sollte man eine stillschweigende Stundung nicht allein aufgrund der fehlenden Rechnung annehmen. Der Besteller gerät dadurch auch nicht in die Gefahr des Schuldnerverzugs, denn solange die Rechnung noch aussteht, fehlt es hierfür jedenfalls am erforderlichen Verschulden.

Durch das Schuldverhältnis wird der Schuldner zur Leistung verpflichtet. Regelmäßig besteht aber für den Gläubiger kein besonderes Interesse an der Person des Schuldners, solange der geschuldete Leistungserfolg eintritt. Deshalb sieht das Gesetz in § 267 BGB die Möglichkeit der Leistung durch Dritte vor.

1. **Erläutern Sie Voraussetzungen und Rechtsfolge des § 267 BGB!**
2. **Welche Unterschiede bestehen zu § 268 BGB?**

1. § 267 BGB setzt zunächst voraus, dass keine höchstpersönliche Verpflichtung vorliegt.

Ob eine persönliche Leistungspflicht besteht, ergibt sich aus der Parteivereinbarung. Bei manchen Vertragstypen nimmt das Gesetz im Zweifel eine höchstpersönliche Leistungspflicht an, z.B. beim Dienstvertrag (§ 613 S. 1 BGB) und Auftrag (§ 664 BGB). Maßgeblich ist, ob für den Gläubiger die Person des Leistenden wesentlich ist.

Es muss sich tatsächlich um einen Dritten handeln, der im eigenen Namen die fremde Schuld begleichen will. Nicht Dritter i.S.d. § 267 BGB ist der Vertreter oder Erfüllungsgehilfe. Bürge und Gesamtschuldner werden ebenfalls nicht erfasst, da sie auf die eigene und nicht eine fremde Schuld leisten wollen. **Zahlt jemand auf eine vermeintlich eigene Schuld, greift § 267 BGB nicht**; er kann das Geleistete nach § 812 I S. 1, 1.Alt. BGB vom Gläubiger herausverlangen (denkbar wäre aber auch eine nachträgliche Tilgungsbestimmung; vgl. dazu Hemmer/Wüst, BereicherungsR, Rn. 211 ff.).

Der Gläubiger kann die Leistung des Dritten nur dann ablehnen, wenn der Schuldner widerspricht, *§ 267 II BGB*. Widerspricht der Schuldner nicht, gerät der Gläubiger durch die Ablehnung in Annahmeverzug.

Die Leistung des Dritten führt unter den Voraussetzungen des § 267 BGB zur Erfüllung gem. § 362 ff. BGB. Die Schuld erlischt.

2. § 268 BGB erweitert die Rechte des Dritten zur Leistung auf eine fremde Schuld. Hauptunterschied zu § 267 BGB: Die Forderung erlischt nicht, sondern geht gem. § 268 III BGB auf den Dritten über (daher „Ablösungsrecht"). § 268 BGB setzt voraus, dass der Gläubiger die Zwangsvollstreckung betreibt und dadurch für den Dritten die Gefahr des Rechtsverlusts besteht. Liegen die Voraussetzungen vor, kann der Dritte leisten, ohne dass ein Widerspruch des Schuldners möglich wäre.

hemmer-Methode: Einen Rückgriffsanspruch gegen den befreiten Schuldner sieht § 267 BGB nicht vor. Ein solcher kann sich im Verhältnis zwischen Drittem und Schuldner aber aus Auftrag oder GoA ergeben. Schließlich kommt noch die Rückgriffskondiktion nach § 812 I S. 1 Alt. 2 BGB in Betracht (vgl. Hemmer/Wüst, BereicherungsR, Rn. 349 ff.). Sehr umstritten ist die bereicherungsrechtliche Rückabwicklung bei Leistung auf fremde Schuld, wenn diese Schuld nicht bestanden hat. Arbeiten Sie dazu unbedingt Hemmer/Wüst, BereicherungsR, Rn. 202 ff. nach!

Ein ordnungsgemäßes Leistungsangebot setzt voraus, dass die angebotene Leistung dem vereinbarten Schuldinhalt in allen Einzelheiten entspricht. Nur wenn dies der Fall ist, kann das Leistungsangebot zum Annahmeverzug des Gläubigers führen bzw. ist die Leistung erfüllungstauglich.

Fassen Sie kurz zusammen, welche Einzelfragen Sie bei der Ermittlung des Schuldinhalts beachten müssen!

Es ist zu prüfen, wer was an wen in welcher Weise (wann, wo, etc.) zu leisten hat. Im Einzelnen:

1. <u>Welche</u> Leistung ist geschuldet?

Dazu gehört z.B. die Unterscheidung; *Tun oder Unterlassen, Erfolg oder bloßes Tätigwerden, Stück- oder Gattungsschuld, Wahlschuld, usw.*

2. <u>Wer</u> muss bzw. darf leisten?

Zur Leistung verpflichtet ist wegen der Relativität des Schuldrechts nur der *Schuldner*. Davon *zu unterscheiden ist* die Frage, *wer leisten darf. I.d.R. können auch Dritte leisten, vgl. §§ 267, 268 BGB.*

3. <u>An wen</u> ist zu leisten?

Regelmäßig ist *Leistungsempfänger der Gläubiger* bzw. *der vom Gläubiger Ermächtigte, §§ 362 II, 185 I BGB.* Denkbar ist allerdings auch, dass ein *echter oder unechter Vertrag zugunsten Dritter vorliegt*, vgl. die §§ 328 ff. BGB.

4. <u>Wie</u> ist zu leisten? (Einzelheiten der Leistungserbringung)

Leistungszeit; Leistungsort; Möglichkeit von Teilleistungen: Diese sind nach § 266 BGB zwar an sich unzulässig; oft wird sich aber aus der Parteivereinbarung etwas anderes ergeben. Auch aus § 242 BGB kann sich eine Pflicht zur Annahme der Teilleistung ergeben.

hemmer-Methode: Beachten Sie: Das, was der Gläubiger verlangen kann, ist der eigentlich vereinbarte Schuldinhalt. Darauf ist abzustellen bei der klassischen Fallfrage nach den Ansprüchen des Gläubigers.

Davon zu unterscheiden ist die Frage, ob eine bestimmte Handlung zur Befreiung des Schuldners geführt hat. So kann die Leistung eines Dritten, aber auch die Leistung an einen Dritten (z.B. § 407 BGB) schuldbefreiende Wirkung haben. Auch die verspätete Leistung hat grds. Erfüllungswirkung. Diese Aspekte erlangen Bedeutung bei der Prüfung, ob der Anspruch erloschen ist.

Vertragsstrafe

Gläubiger und Schuldner können zur Sicherung der ordnungsgemäßen Leistungserbringung eine Vertragsstrafe vereinbaren. Die Vertragsstrafe ist eine aufschiebend bedingte Verbindlichkeit, die i.d.R. auf die Zahlung einer Geldsumme gerichtet ist; gem. § 342 BGB kann aber auch eine andere Leistung versprochen werden. Bedingung ist je nach Ausgestaltung der Vertragsstrafe die Nichterfüllung oder nicht gehörige Erfüllung der Verbindlichkeit, § 339 S. 1 BGB. Die Vertragsstrafe dient also der Sicherung der Hauptverbindlichkeit, sie ist daher von deren Bestehen abhängig (akzessorisch). Die Vertragsstrafe ist vor allem ein Druckmittel in der Hand des Gläubigers. Steht dem Gläubiger ein Schadensersatzanspruch statt der Leistung zu, so ist die Vertragsstrafe der zu ersetzende Mindestschaden, §§ 340 II, 341 II BGB. Hier bestehen Überschneidungen zur Vereinbarung eines pauschalierten Schadensersatzes.

Grenzen Sie Vertragsstrafe von pauschaliertem Schadensersatz, selbständigem Strafversprechen, Verfallklauseln, Reugeld und Draufgabe ab!

1. **<u>Schadenspauschalierung</u>:** Vereinbarungen, die die Höhe des Schadensersatzes pauschalieren, dienen der **Beweiserleichterung**. Dem Gläubiger soll der *Nachweis* des Schadens im Einzelnen *erspart* werden. **Sie sollen dagegen nicht als Druckmittel wirken; hierin besteht der Unterschied zur Vertragsstrafe.** Die Abgrenzung am konkreten Fall kann sich als sehr schwierig erweisen. Ein pauschalierter Schadensersatz ist anzunehmen, wenn die versprochene Summe als antizipierte Schätzung des typischerweise entstehenden Schadens aufgefasst werden kann. Übersteigt die Summe dagegen deutlich den zu erwartenden Schaden, liegt eine Vertragsstrafe näher.

2. **<u>Selbständiges Strafversprechen</u>:** Die Möglichkeit eines selbständigen Strafversprechens wird in **§ 343 II BGB** vorausgesetzt. **Dieses unterscheidet sich von der Vertragsstrafe** (= unselbständiges Strafversprechen) **dadurch, dass es keine Hauptverbindlichkeit voraussetzt**. Es wird eine Strafe für den Fall eines Tun oder Unterlassens versprochen, ohne dass sich der Versprechende zu diesem Verhalten verpflichtet (§§ 343, 344 BGB sind aber entsprechend anwendbar).

3. Das **<u>Reugeld</u>, § 353 BGB,** gibt dem Schuldner die Möglichkeit, sich den **Rücktritt vom Vertrag zu erkaufen.**

4. **<u>Verfallklauseln</u>**: Sie dienen - **wie die Vertragsstrafe** - **als Druckmittel. Der Schuldner muss dabei jedoch nicht eine zusätzliche Leistung erbringen, sondern verliert eigene Rechte.** Wegen der großen Ähnlichkeit zur Vertragsstrafe sind die *§§ 339 ff. BGB entsprechend anwendbar.*

5. Die heute kaum noch gebräuchliche **<u>Draufgabe</u>, § 336 BGB, dient der Bestätigung, dem Beweis des Vertragsschlusses.** Sie *begründet eine widerlegliche Vermutung für den Vertragsschluss.*

hemmer-Methode: Klausurrelevant ist v.a. die Abgrenzung der Vertragsstrafe zum pauschalierten Schaden. Bedeutsam ist die Abgrenzung etwa bei Verwendung von AGBen. Vertragsstrafen sind in AGBen häufig gem. § 309 Nr. 6 BGB unzulässig. Die Pauschalierung von Schadensersatzansprüchen muss die Grenzen des § 309 Nr. 5 BGB einhalten (vgl. Hemmer/Wüst, BGB-AT I, Rn. 342 ff.).

Die Vertragsstrafe gibt dem Berechtigten eine Sanktionsmöglichkeit für den Fall der Nichterfüllung oder nicht gehörigen Erfüllung des Schuldners. Die Vertragsstrafe ist daher unabhängig von dem Bestehen eines Schadens. Neben der Vertragsstrafe sind aber Schadensersatzansprüche noch möglich.

1. **Welche Voraussetzungen hat der Anspruch auf Leistung der Vertragsstrafe?**
2. **In welchem Verhältnis steht der Anspruch auf Leistung der Vertragsstrafe zum Erfüllungsanspruch und zu Schadensersatzansprüchen?**

1. <u>Der Anspruch auf Leistung einer Vertragsstrafe setzt voraus</u>:

- **Wirksame Vereinbarung einer Vertragsstrafe** (beachte § 309 Nr. 6 BGB, 344, 555 BGB)
- **Vorliegen einer wirksamen Hauptverbindlichkeit**, vgl. auch § 344 BGB (hier insbesondere auch an § 311b I BGB denken!)
- **Nichterfüllung oder nicht gehörige Erfüllung** (verspätete bzw. Schlechterfüllung), je nachdem, für welchen Fall die Vertragsstrafe versprochen wurde.
- **Verschulden;** der Verschuldensgrundsatz gilt nach h.M. sowohl im Falle des § 339 S. 1 BGB wie auch des § 339 S. 2 BGB (hergeleitet wird dies aus der Anforderung des Schuldnerverzugs; dieser setzt gem. § 286 IV BGB Vertretenmüssen voraus). *Maßgeblich ist aber letztendlich die Parteienvereinbarung: Die Vertragsstrafe kann auch - außer in AGBen - in Abweichung zu § 339 BGB verschuldensunabhängig, also garantieähnlich ausgestaltet sein.*
- Die **Entstehung eines Schadens** ist zur Verwirkung der Vertragsstrafe **nicht erforderlich**.

2. <u>Für das Verhältnis zum Erfüllungsanspruch ist zu differenzieren</u>:

War die **Vertragsstrafe für den Fall der Nichterfüllung vereinbart**, hat der Berechtigte ein **Wahlrecht zwischen** dem **Erfüllungsanspruch und der Vertragsstrafe gem. § 340 I BGB.** Erfüllungsanspruch und Vertragsstrafe schließen sich also aus.

War die Vertragsstrafe **für den Fall der nicht gehörigen Erfüllung** vereinbart, bestehen der **Erfüllungsanspruch** und der Anspruch auf Zahlung der **Vertragsstrafe gem. § 341 I BGB nebeneinander**.

Schadensersatz und Vertragsstrafe sind dagegen parallel möglich.

Die vereinbarte Vertragsstrafe gilt lediglich als der zu ersetzende Mindestschaden, §§ 340 II, 341 II BGB. Die Geltendmachung *weiterer Ansprüche* (z.B. §§ 280 I, II, 286 BGB) ist also *nicht ausgeschlossen*.

hemmer-Methode: Für die Examensklausur sind hier Einzelkenntnisse (bis auf die Verschuldensfrage) grds. wohl nicht erforderlich. Beachten Sie vielmehr, dass sich Voraussetzungen und Rechtsfolgen unschwer aus dem Gesetz ableiten lassen. Wieder einmal gilt: Ein Blick in das Gesetz erleichtert die Rechtsfindung.

Im Anspruchsaufbau folgt auf die Feststellung, dass ein bestimmter Anspruch wirksam entstanden ist, i.d.R. die Prüfung, ob dieser Anspruch eventuell wieder erloschen ist. Dabei handelt es sich um die Prüfung, ob rechtsvernichtende Einwendungen bestehen. Diese führen zur nachträglichen Zerstörung des zunächst wirksam entstandenen Anspruchs. Rechtsvernichtende Einwendungen sind im Gegensatz zu den rechtshemmenden Einreden von Amts wegen zu berücksichtigen. Diese führen bei Geltendmachung dazu, dass der Anspruch nicht durchsetzbar ist. Eine feststehende Regel für die Reihenfolge bei der Prüfung von rechtsvernichtenden Einwendungen und rechtshemmenden Einreden gibt es zwar nicht. Regelmäßig sind jedoch die Einwendungen wegen ihrer stärkeren Wirkung vor den Einreden zu prüfen (vgl. hierzu Hemmer/Wüst, BGB-AT II, Rn. 10).

Versuchen Sie, überblicksmäßig die wichtigsten rechtsvernichtenden Einwendungen zusammenzustellen!

1. Erfüllung, §§ 362 ff. BGB
2. Hinterlegung bei Ausschluss des Rücknahmerechts, §§ 372 ff., 378 BGB
3. Aufrechnung, § 389 BGB
4. Erlassvertrag, negatives Schuldanerkenntnis, § 397 BGB
5. Aufhebungsvertrag, §§ 241 I, 311 I BGB
6. Rechtsvernichtender Widerruf, §§ 355 I S. 1, 530; 658; 671; 790 BGB
7. Rücktritt, §§ 313 III S. 1, 321 II S. 2, 323, 324, 326 V i.V.m. **§ 346 I BGB**
8. Kündigung, z.B. §§ 313 III S. 2, 314, 543, 568 ff. BGB; §§ 620 II, 626 BGB
9. Anfechtung, § 142 I BGB
10. Unmöglichkeit, §§ 275, 326 I S. 1 HS 1 BGB
11. Konfusion (= Vereinigung von Gläubiger- und Schuldnerstellung)
12. Fristablauf, § 163 BGB; Eintritt einer auflösenden Bedingung, § 158 II BGB
13. Unzulässige Rechtsausübung, § 242 BGB

hemmer-Methode: Die obige Aufzählung soll Ihnen lediglich einen Überblick verschaffen, erhebt also keinen Anspruch auf Vollständigkeit! Innerhalb der verschiedenen rechtsvernichtenden Einwendungen kann man zwischen solchen Einwendungen unterscheiden, die nur zum Erlöschen des Schuldverhältnisses i.e.S., d.h. der einzelnen Forderung führen, und solchen, durch die das gesamte Schuldverhältnis erlischt. Durch Erfüllung erlischt z.B. nur die Einzelforderung, durch Anfechtung wird der Vertrag insgesamt beseitigt.

Des Weiteren kann man danach differenzieren, ab welchem Zeitpunkt die Einwendungen wirken. Anfechtung und Aufrechnung haben beispielsweise Rückwirkung, während Rücktritt und Kündigung nur ex nunc wirken. Zwischen letzteren besteht ein Unterschied zudem noch insofern, als der Rücktritt zu einer Rückabwicklung nach den §§ 346 ff. BGB führt, während die Kündigung das Schuldverhältnis nur für die Zukunft betrifft.

Erfüllungstheorien

Nach § 362 I BGB erlischt das Schuldverhältnis i.e.S. (also die einzelne Forderung), wenn die geschuldete Leistung an den Gläubiger bewirkt wird. Unter Leistung i.S.d. § 362 BGB ist nicht nur die Leistungshandlung, sondern, soweit der Schuldner zu einem solchen verpflichtet ist, die Herbeiführung des Leistungserfolges zu verstehen. Ist dagegen nur ein Tätigwerden geschuldet, genügt die Vornahme der Leistungshandlung. Die Bewirkung der Leistung setzt voraus, dass der geschuldete Leistungserfolg durch die Leistungshandlung herbeigeführt wird. Wird der Leistungserfolg auf sonstige Weise herbeigeführt, liegt keine Erfüllung vor.

Außerordentlich streitig ist die Frage, unter welchen Voraussetzungen die Erfüllungswirkung des § 362 BGB eintritt. Welche Erfüllungstheorien kennen Sie?

1. <u>Vertragstheorie</u> (vgl. hierzu Hemmer/Wüst, BGB-AT III, Rn. 199)

a) Nach der Vertragstheorie tritt *Erfüllung* i.S.d. § 362 BGB nicht schon mit der Herbeiführung des geschuldeten Leistungserfolgs ein, sondern *erst durch einen zusätzlichen, auf Aufhebung des Schuldverhältnisses gerichteten, Vertrag der Beteiligten.* Erforderlich sind daher Angebot und Annahme der Leistung als Erfüllung einer bestimmten Forderung. Dies soll selbst dann gelten, wenn die geschuldete Leistung in einem nicht rechtsgeschäftlichen Handeln besteht.

b) Nach der **eingeschränkten Vertragstheorie** ist eine *vertragliche Einigung* dagegen *nur dann erforderlich, wenn auch zur Herbeiführung des Leistungserfolgs ein Vertrag erforderlich ist* (z.B. dingl. Einigung, § 929 BGB). Im Übrigen tritt die Erfüllung bereits durch die Bewirkung der geschuldeten Leistung ein.

2. <u>Theorie der realen Leistungsbewirkung</u> (vgl. hierzu Hemmer/Wüst, BGB-AT III, Rn. 200)

Nach der heute herrschenden Theorie der realen Leistungsbewirkung, die sich am Wortlaut des § 362 BGB orientiert, *genügt zur Erfüllung grundsätzlich die Herbeiführung des Leistungserfolges.* Ein zusätzlicher Erfüllungsvertrag ist nicht erforderlich. *Eine einseitige Tilgungsbestimmung* des Schuldners *ist aber möglich*, so z.B. im Rahmen des § 366 I BGB, also dann, *wenn der Leistende aus mehreren Forderungen verpflichtet ist, oder aber, wenn ein Dritter nach § 267 BGB leistet.* Daneben kann der Schuldner über eine sog. negative Tilgungsbestimmung verhindern, dass die Bewirkung einer Leistung zum Erlöschen einer bestimmten Leistungspflicht führt.

hemmer-Methode: Die Unterschiede zwischen den Theorien werden v.a. in den Anweisungsfällen deutlich. Weist ein unerkannt Geschäftsunfähiger seine Bank an, auf eine Forderung zu zahlen, stellt sich die Frage, ob hinsichtlich dieser Forderung durch die Überweisung Erfüllung eintritt. Nach der Vertragstheorie wäre das schon deshalb zu verneinen, weil die für den „Erfüllungs"vertrag erforderliche Geschäftsfähigkeit fehlt. Nach der Gegenansicht wäre die Erfüllung durch einen Geschäftsunfähigen grds. möglich, es genügt der natürliche Wille. Etwas anderes könnte aber dann gelten, wenn hier ausnahmsweise eine Tilgungsbestimmung erforderlich wäre und diese Geschäftsfähigkeit voraussetzte. Dieser Problembereich kann hier jedoch nur angedeutet werden, arbeiten Sie deshalb hierzu Hemmer/Wüst, BereicherungsR, Rn. 184 ff., insb. Rn. 186 i.V.m. 134 nach!

Die Erfüllungswirkung tritt grds. nur dann ein, wenn der Schuldner die geschuldete Leistung an den Gläubiger bewirkt. Anstelle des Schuldners können aber, von höchstpersönlichen Verpflichtungen abgesehen, auch Dritte unter den Voraussetzungen der §§ 267, 268 BGB die Leistung i.S.d. § 362 BGB bewirken. Leistungsempfänger ist dagegen regelmäßig nur der Gläubiger, bei diesem liegt die sog. Empfangszuständigkeit. Die Leistung an einen Dritten befreit deshalb grds. nicht. Da die Empfangszuständigkeit sich weitgehend mit der Verfügungsmacht deckt (arg. e §§ 362 II, 1812, 1813 BGB), führt die Leistung an den Gläubiger dann nicht zur Erfüllung, wenn dem Gläubiger die Verfügungsmacht entzogen (vgl. §§ 80 ff. InsO, 829 ZPO, 136, 1984, 2211 BGB), er geschäftsunfähig oder beschränkt geschäftsfähig ist.

K schuldet dem 17jährigen M aus einem mit Zustimmung der Eltern geschlossenen Kaufvertrag 2.000,- €. Er zahlt den Betrag einige Wochen später an M ohne Wissen der Eltern. Ist die Forderung erloschen?

1. Die Forderung könnte nach § 362 I BGB erloschen sein.

Nach der Vertragstheorie setzt die Erfüllung neben der tatsächlichen Bewirkung einen Vertrag zwischen Gläubiger und Schuldner voraus. Da der Vertrag wegen des Verlustes der Forderung aber rechtlich nachteilig ist, wäre er nach der Vertragstheorie gem. §§ 107, 108 I BGB bis zur Genehmigung der Eltern (schwebend) unwirksam. Die Forderung des M wäre also nicht durch Erfüllung erloschen.

2. Fraglich ist, ob sich aufgrund der heute herrschenden Theorie von der realen Leistungsbewirkung etwas anderes ergibt.

Danach kommt es nur auf die tatsächliche Bewirkung des Erfolges an. Da hier an den Gläubiger geleistet wurde, könnte Erfüllung eingetreten sein. Diese Konsequenz zieht die h.M. wegen der **Schutzwürdigkeit des Minderjährigen** jedoch nicht. Sie **trennt den dinglichen Eigentumserwerb am Bargeld von der schuldrechtlichen Erfüllung.** Der **Eigentumserwerb am Geld ist gem. § 107 BGB wirksam, da lediglich rechtlich vorteilhaft**. Für die **Annahme des Geldes soll dem Minderjährigen dagegen wegen des rechtlichen Nachteils**, den die Erfüllungswirkung hat, die **Empfangszuständigkeit fehlen**. Diese liegt allein beim gesetzlichen Vertreter (vgl. **BGH, Life&Law 09/2015, 633 ff.**).

Eine Ausnahme wird nur dann zu machen sein, wenn sich die Zustimmung des gesetzlichen Vertreters zum Grundgeschäft auch auf den Empfang der Gegenleistung bezieht. Das kann man annehmen, wenn die Eltern damit rechnen mussten, dass von Seiten des Vertragspartners die Gegenleistung sofort erbracht wird.

Das ist hier nicht der Fall.

Daher hat M zwar das Eigentum an den Geldscheinen erworben, die Forderung ist jedoch nicht erloschen.

hemmer-Methode: Die Frage nach der Empfangszuständigkeit wird i.d.R. nur dann auftauchen, wenn die Gegenleistung aus irgendeinem Grund nicht an die Eltern gelangt ist, z.B. wenn M das Geld ausgegeben hat. Der an sich gegebene Bereicherungsanspruch gegen M wegen subjektiv rechtsgrundloser Leistung aus §§ 812 I S. 1 Alt. 1, 818 II BGB könnte wegen Entreicherung gem. § 818 III BGB entfallen. Hier gewinnt dann die Frage Bedeutung, ob hinsichtlich der verschärften Haftung nach §§ 818 IV, 819 I BGB auf den Minderjährigen oder den gesetzlichen Vertreter abzustellen ist (siehe dazu Hemmer/Wüst, BereicherungsR, Rn. 509 ff.).

Befreiende Leistung an Dritte

Der Gläubiger als Inhaber der Empfangszuständigkeit kann diese auch auf Dritte übertragen. Die Leistung an einen Dritten hat befreiende Wirkung gem. § 362 II BGB, wenn der Gläubiger vorher eine entsprechende Einwilligung erteilt hat, § 185 I BGB, oder wenn später die Voraussetzungen des § 185 II BGB eintreten, insbesondere bei nachträglicher Genehmigung. Nicht unter § 362 II BGB fällt die Leistung an einen Vertreter, Erfüllungsgehilfen oder eine Zahlstelle des Gläubigers; diese steht der Leistung an den Gläubiger gleich.

Nennen Sie Vorschriften, nach denen die Leistung an einen Dritten befreiende Wirkung hat!

1. Die Leistung an einen Dritten hat befreiende Wirkung, wenn er **zum Empfang ermächtigt ist, §§ 362 II, 185 BGB**. Kraft Gesetzes gilt gem. **§ 370 BGB der Überbringer einer Quittung** als empfangsermächtigt, sofern der Schuldner redlich ist. Die Legitimation des Überbringers ergibt sich aus dem Rechtsschein der Quittung. Ist der Rechtsschein der Quittung dem Gläubiger nicht zurechenbar (z.B. gefälschte Quittung), entfällt deshalb auch die befreiende Wirkung der Leistung (vgl. allgemein zur Rechtsscheinhaftung Hemmer/Wüst, HandelsR, Rn. 61 ff.).

2. Weiter sehen folgende Regelungen zum Schutz des Schuldners eine befreiende Leistung an Dritte vor:

- Bei der **Abtretung von Forderungen** sind die **§§ 412 i.V.m. 407, 408, 409 BGB** zu beachten. Hintergrund der Vorschriften ist, dass der Schuldner häufig die „stille“ Abtretung nicht kennt, weil die Abtretung nicht angezeigt werden muss. Daher ist der tatsächliche Gläubiger für ihn zuweilen nicht erkennbar. Der Schuldner ist insoweit schutzbedürftig und kann deshalb auch an den vermeintlichen Gläubiger schuldbefreiend leisten. Eine ähnliche Regelung enthält § 2019 II BGB für den Vertragspartner des Erbschaftsbesitzers. Über *§ 412 BGB* finden die §§ 407 ff. BGB schließlich *auch im Fall der cessio legis* Anwendung.
- Beim **Miet-/Pachtvertrag** sehen die **§§ 566c, 567b, 581, 1056, 2135 BGB** vor, dass der Mieter, der den Gläubigerwechsel nicht kennt, auch an den bisherigen Gläubiger schuldbefreiend leisten kann.
- Ähnlich wird der Schuldner durch die **§§ 893 Alt. 1, 1155, 2367, 2368 III BGB** geschützt. In diesen Fällen ist der vermeintliche Gläubiger, an den der Schuldner leistet, in besonderer Weise legitimiert, sei es durch den **Rechtsschein des Grundbuchs**, des **Erbscheins** oder der **öffentlich beglaubigten Abtretungserklärungen** in § 1155 BGB.
- Schuldbefreiende Leistung an einen Dritten ist auch nach **§ 851 BGB** und bei Inhaberpapieren nach **§ 793 I S. 2 BGB** möglich. Bei Legitimationspapieren (z.B. Sparbuch) kann die Bank gem. **§ 808 I BGB** schuldbefreiend (außer bei grob fahrlässigem Verhalten) an den Inhaber des Sparbuchs leisten, ohne dessen Verfügungsberechtigung prüfen zu müssen.

hemmer-Methode: Die Fälle der Drittleistung nach § 362 II BGB unterscheiden sich von den anderen Vorschriften in einem wichtigen Punkt: Bei § 362 II BGB wird an einen Berechtigten geleistet, während in den anderen Fällen die Leistung an den Nichtberechtigten nur ausnahmsweise schuldnerbefreiende Wirkung hat. In diesen Fällen dient die Drittleistung häufig als Einstieg in bereicherungsrechtliche Probleme. Der Schuldner wird zwar von seiner Leistungspflicht frei, jedoch erhält der Gläubiger einen Anspruch gegen den Leistungsempfänger aus § 816 II BGB. Daneben kommen Ansprüche aus §§ 687 II, 681 S. 2, 670 BGB oder wegen Pflichtverletzung des Grundverhältnisses zwischen echtem und vermeintlichem Gläubiger in Betracht, vgl. § 280 I BGB. Bei § 362 II BGB ist § 816 II BGB nicht anwendbar. Der Ausgleich richtet sich ausschließlich nach dem Innenverhältnis zwischen dem Gläubiger und dem Ermächtigten.

In der Regel lässt sich schon durch Auslegung gem. §§ 133, 157 BGB ermitteln, auf welche Forderung der Schuldner zahlt. Besteht z.B. eine Forderung i.H.v. 1.000,- € und eine i.H.v. 280,- €, kann angenommen werden, dass der Schuldner, der 280,- € zahlt, letztere Forderung erfüllen will. Die Ermittlung der erfüllten Forderung kann aber dann Schwierigkeiten bereiten, wenn der Schuldner ohne Angaben einen Betrag zahlt, der gleichermaßen auf jede der Forderungen angerechnet werden könnte.

Wie ist die Forderung zu bestimmen, hinsichtlich derer Erfüllung eintreten soll?

1. Grundsätzlich ist es gem. **§ 366 I BGB Sache des Schuldners** zu bestimmen, auf welche Forderung er leisten möchte, d.h., **er trifft die Tilgungsbestimmung** (vgl. Hemmer/Wüst, BGB-AT III, Rn. 211). Bei der Tilgungsbestimmung i.S.d. § 366 I BGB handelt es sich nach h.M. um eine einseitige empfangsbedürftige Willenserklärung. Das hat zur Folge, dass die Tilgungsbestimmung bei Vorliegen der entsprechenden Voraussetzungen auch anfechtbar ist. Die Tilgungsbestimmung kann auch stillschweigend getroffen werden. Insofern kann im Zahlen des genauen Betrages einer der Forderungen (die 280,- € im Beispiel) eine **stillschweigende Tilgungsbestimmung** gesehen werden. **§ 366 I BGB ist abdingbar**. Treffen die Parteien also eine eigene Vereinbarung über die Tilgungsreihenfolge, ist diese Vereinbarung für den Schuldner verbindlich.

2. Trifft der Schuldner **keine Tilgungsbestimmung** und kann sein Wille auch durch Auslegung nicht ermittelt werden, so greift die **Auslegungsregel des § 366 II BGB**. Danach sind für die Tilgungswirkung in dieser Reihenfolge maßgeblich:

- **Fälligkeit**
- **geringere Sicherheit** (bei wirtschaftlicher Betrachtungsweise)
- **Lästigkeit**
- **Alter** (nach Entstehungszeitpunkt, nicht nach Zeitpunkt der Fälligkeit zu beurteilen)

Die in § 366 II BGB festgelegte Reihenfolge beruht auf dem vermuteten vernünftigen Parteiwillen; sie ist also unanwendbar, wenn sie ausnahmsweise zu Ergebnissen führt, die mit den berechtigten Interessen der Beteiligten offensichtlich unvereinbar sind. *Führen auch die Kriterien des § 366 II zu keiner Unterscheidung der Forderungen, so bestimmt § 366 II BGB a.E. eine verhältnismäßige Tilgung.*

hemmer-Methode: Beachten Sie den Unterschied zwischen der nur ausnahmsweise erforderlichen Tilgungsbestimmung (z.B. bei einer Zahlung durch einen Dritten gem. § 267 BGB) und der bereicherungsrechtlichen Zwecksetzung! Die Zwecksetzung erfordert nach wohl h.M. nur einen natürlichen, nicht einen rechtsgeschäftlichen Willen, Geschäftsfähigkeit ist also nicht erforderlich (vgl. Hemmer/Wüst, BereicherungsR, Rn. 133 ff.). Strittig ist die Möglichkeit einer nachträglichen Tilgungsbestimmung. Dabei geht es um die Frage, ob der Schuldner seine Tilgungsbestimmung nachträglich umändern bzw. die Tilgungsbestimmung nachholen darf. Der BGH lässt dies in den Grenzen von § 242 BGB zu. Wiederholen Sie dazu Hemmer/Wüst, BereicherungsR, Rn. 211, 213 f., 361!

Erfüllung i.S.d. § 362 I BGB tritt ein, wenn der Schuldner die geschuldete Leistung bewirkt. Will der Schuldner eine andere als die geschuldete Leistung erbringen, wird die Erfüllungswirkung nur dann herbeigeführt, wenn der Gläubiger diese Leistung an Erfüllungs Statt gem. § 364 I BGB annimmt. Die Annahme an Erfüllungs Statt erfordert die zusätzliche Vereinbarung zwischen Gläubiger und Schuldner, dass die angebotene Leistung an die Stelle der geschuldeten treten soll. Anders als die Erfüllung nach § 362 I BGB setzt die Annahme an Erfüllungs Statt also eine Parteivereinbarung und damit Geschäftsfähigkeit auf beiden Seiten voraus.

S schuldet G 1.000,- € aus einem Darlehensvertrag.

1. **S stellt G einen Scheck in Höhe von 1.000,- € aus. Ist die Schuld erloschen?**
2. **Was wäre, wenn S an G eine Forderung gegen einen Drittschuldner in Höhe von 1.000,- € abgetreten hätte?**

1. Die Schuld wäre gem. § 362 I BGB erloschen, wenn die Hingabe des Schecks als Erfüllung anzusehen wäre.

Die Darlehensverbindlichkeit ist gerichtet auf die Zahlung von 1000,- €. Dies geschieht durch **Übereignung der entsprechenden Wertzeichen**. Die **Hingabe eines Schecks stellt demnach keine Erfüllung i.S.d. § 362 I BGB** dar, da Anhaltspunkte für einen entsprechenden Parteiwillen nicht ersichtlich sind.

Es könnte sich aber um eine *Leistung an Erfüllungs Statt gem. § 364 I BGB* handeln. *Bei dieser erlischt die Forderung mit der Annahme der anderen Leistung*. Davon abzugrenzen ist die *Leistung erfüllungshalber*. Die Leistung erfüllungshalber *führt nicht zum Erlöschen der ursprünglich geschuldeten Leistung.* Der Gläubiger erhält lediglich eine zusätzliche Befriedigungsmöglichkeit. Gelingt die Befriedigung aus dem erfüllungshalber geleisteten Gegenstand, erlischt die ursprüngliche Schuld. Ansonsten bleibt der Schuldner weiterhin zur Leistung verpflichtet. Für den dazwischenliegenden Zeitraum ist die ursprüngliche Schuld nach h.M. gestundet. Ob von den Parteien eine Leistung an Erfüllungs Statt oder erfüllungshalber gewollt ist, muss im Einzelfall durch Auslegung ermittelt werden:

Bei der Hingabe eines Schecks entspricht es dem Interesse des Gläubigers, dass die **Erfüllung erst dann eintritt, wenn der Scheck eingelöst und er tatsächlich befriedigt ist**. Daher ist die **Hingabe eines Schecks nicht als Leistung an Erfüllungs Statt, sondern lediglich als Leistung erfüllungshalber** anzusehen. Dies ergibt auch die *Auslegungsregel des § 364 II BGB.*

2. Bei der Abtretung einer Forderung greift **§ 364 II BGB nicht**. Es ist aber aufgrund der Interessenlage ebenfalls **im Zweifel eine Leistung erfüllungshalber anzunehmen**, denn der Gläubiger wird nicht das Risiko der Zahlungsunfähigkeit des Drittschuldners tragen wollen. Die Abtretung des Anspruchs gegen den Dritten *kann aber auch sicherungshalber erfolgen* (Sicherungszession). Dann soll sich der Gläubiger nur im Falle der Nichtzahlung aus der Forderung gegen den Dritten befriedigen. Ob die Abtretung erfüllungshalber oder sicherungshalber erfolgt, ist ebenfalls im Einzelfall durch *Auslegung* zu ermitteln.

hemmer-Methode: Sowohl bei der Leistung erfüllungshalber als auch sicherungshalber ist der Gläubiger hinsichtlich des überlassenen Gegenstands im Innenverhältnis treuhänderisch gebunden. Bei schuldhafter Pflichtverletzung kommt daher eine Haftung des Gläubigers wegen Pflichtverletzung gemäß § 280 I BGB in Betracht (wenn der Gläubiger z.B. den sicherungshalber überlassenen Gegenstand beschädigt, vgl. Hemmer/Wüst, BGB-AT III, Rn. 228 f.).

Haftung für Mängel bei Annahme an Erfüllungs Statt

Bei der Annahme an Erfüllungs Statt tritt durch nachträgliche Vereinbarung eine andere Leistung an die Stelle der ursprünglich geschuldeten. Im Gegensatz dazu hat im Falle der vereinbarten Ersetzungsbefugnis der Schuldner von Anfang an das Recht, eine andere Leistung als die geschuldete zu erbringen und dadurch die alte Schuld zum Erlöschen zu bringen. Der Unterschied zur Annahme an Erfüllungs Statt besteht also allein darin, dass die Vereinbarung der Ersetzungsbefugnis bereits bei Vertragsschluss getroffen wird. Die Vorschriften zur Annahme an Erfüllungs Statt sind daher auch auf die gesetzlich nicht geregelte Ersetzungsbefugnis anwendbar.

K kauft beim KFZ- Händler H einen Neuwagen. Hinsichtlich des Altwagens wird eine Ersetzungsbefugnis vereinbart.

Welche Rechte hat H, wenn sich herausstellt, dass der Wagen des K mangelhaft ist?

Bei einer vertraglich vereinbarten Ersetzungsbefugnis sind die *§§ 364, 365 BGB entsprechend* anwendbar. Der *Anspruch auf Zahlung des ursprünglichen vollen Kaufpreises ist daher gem. § 364 I BGB analog durch die Annahme des Altwagens erloschen* (vgl. zur rechtlichen Qualifizierung der Inzahlunggabe gebrauchter KFZ allgemein bereits Karte Nr. 38). Fraglich ist, welche Folgen die Mangelhaftigkeit des Altwagens auf die ursprüngliche Forderung hat. Bei Rechts- und Sachmängeln des an Erfüllungs Statt hingegebenen Gegenstands verweist § 365 BGB auf die §§ 434 ff., 453 BGB, d.h. auf die kaufrechtlichen Mängelvorschriften.

Nach der Rspr. (**BGH, Life&Law 07/2008, 429 ff.** = NJW 2008, 2028 ff.), **kann H – natürlich nur unter den Voraussetzungen der §§ 437 Nr. 2, 440, 323, 326 V BGB – den Rücktritt erklären und dann den vollen Kaufpreis von K verlangen**. Das ursprüngliche Schuldverhältnis lebt bei Mangelhaftigkeit des Altwagens nicht von selbst wieder auf. Vielmehr ist die Rückabwicklung gemäß §§ 346 ff. BGB erforderlich. Der Verkäufer kann jedoch gegenüber dem Käufer unmittelbar auf Erfüllung der wiederzubegründenden Forderung klagen, vgl. Hemmer/Wüst, BGB-AT III, Rn. 225.
Gegen diese Rspr. haben **Teile der Lit.** (vgl. die Nachw. bei Medicus/Petersen, BR, Rn. 756) **Bedenken** erhoben: Die Interessen des K würden nicht ausreichend berücksichtigt, weil K in Fällen dieser Art den vollen Kaufpreis niemals zahlen wollte und vielleicht auch durch eine günstige Bewertung des Altwagens einen Vorteil erhalten sollte. Daher nimmt die Lit. z.T. einen **gemischten Vertrag aus Kauf und Tausch an, mit der Konsequenz, dass sich der Rücktritt des H auf den gesamten Vertrag bezieht**. Um den Vertrag zu „retten", muss H daher **Minderung (§§ 437 Nr. 2, 441 BGB) hinsichtlich des Gebrauchtwagens wählen**, was zur Folge hat, dass K den mangelbedingten Minderwert des Gebrauchtwagens in Geld ausgleichen muss.
Hier ist noch zu berücksichtigen, dass bei der Inzahlunggabe eines Gebrauchtwagens nach der h.M. für sog. Verschleißmängel die Gewährleistung stillschweigend ausgeschlossen sein soll. Der Händler, der einen „Gebrauchten" in Zahlung nimmt, ist hier nicht schutzbedürftig, da er über genügend Sachkunde verfügt, um sich ein Bild von dem Zustand des Wagens zu machen.

hemmer-Methode: Umstritten ist die Anwendbarkeit des § 365 BGB, wenn es sich bei dem ursprünglichen Schuldverhältnis um eine Schenkung handelt. Hier liegt ein Wertungswiderspruch zwischen der vollen Haftung des unentgeltlich Zuwendenden für die Leistung an Erfüllungs Statt (§§ 365, 434 ff. BGB) und der Haftung nach §§ 523 ff. BGB für die eigentlich geschuldete Leistung. Entgegen der noch h.M. muss daher die Anwendbarkeit des § 365 BGB auf die Fälle beschränkt werden, in denen die zu tilgende Forderung aus einem entgeltlichen Geschäft stammt, sodass der Schuldner aus einem Schenkungsversprechen auch für die an Erfüllungs Statt gegebene Leistung nur nach §§ 523 f. BGB haftet (Hemmer/Wüst, BGB-AT III, Rn. 226).

Hinterlegung

Manchmal ist die Erfüllung dem Schuldner erschwert, obwohl er selbst leistungsbereit ist, so z.B. im Falle des Annahmeverzugs oder eines unbekannten Aufenthaltsorts des Gläubigers. Der Schuldner ist in diesem Fall weiterhin auf ungewisse Zeit zur Leistung verpflichtet. Daher sehen die §§ 372 ff. BGB für bestimmte Fallgruppen die Möglichkeit der Hinterlegung bei einer öffentlichen Stelle (Hinterlegungsstelle; diese und die Einzelheiten zum Verfahren der Hinterlegung sind in den Hinterlegungsgesetzen der einzelnen Bundesländer geregelt) vor. Die Hinterlegung wirkt unter bestimmten Voraussetzungen wie die Erfüllung schuldbefreiend. Sie ist dann Erfüllungssurrogat.

1. Welche Voraussetzungen und Wirkungen hat die Hinterlegung?

2. Was gilt im Falle eines Handelskaufs?

1. Eine wirksame Hinterlegung setzt eine **hinterlegungsfähige Sache** und einen **Hinterlegungsgrund** voraus (Hemmer/Wüst, BGB-AT III, Rn. 232 ff.).

Hinterlegungsfähig sind gem. § 372 BGB Geld, Wertpapiere und sonstige Urkunden sowie Kostbarkeiten. Kostbarkeiten sind bewegliche Sachen, deren Wert im Verhältnis zu ihrem Umfang und ihrem Gewicht besonders hoch ist. Die Kostbarkeit muss zudem zur Hinterlegung geeignet sein.

§ 372 BGB sieht drei Hinterlegungsgründe vor: Der Schuldner kann die Sache hinterlegen, wenn der Gläubiger sich im **Annahmeverzug** befindet, wenn er aus einem **anderen, in der Person des Gläubigers liegenden Grund** (z.B. ungewisser Aufenthaltsort des Gläubigers) oder wegen einer nicht auf Fahrlässigkeit beruhenden **Ungewissheit über die Person des Gläubigers nicht oder nicht mit Sicherheit erfüllen kann**.

Für die Wirkung der Hinterlegung ist maßgeblich, ob das Recht des Schuldners auf Rücknahme der hinterlegten Sache ausgeschlossen ist oder nicht. Ist die Rücknahme ausgeschlossen (vgl. § 376 II Nr. 1 BGB), wird der Schuldner bereits durch die Hinterlegung gem. § 378 BGB von seiner Verbindlichkeit befreit, d.h. die Hinterlegung führt wie die Erfüllung i.S.d. § 362 I BGB zum Erlöschen der Forderung. Ist das Rücknahmerecht nicht ausgeschlossen, wird der Schuldner nicht befreit. Der Schuldner kann den Gläubiger aber gem. § 379 I BGB auf die hinterlegte Sache verweisen. Dabei handelt es sich um eine Einrede. Bereits das Bestehen der Einrede wirkt verzugshindernd, sofern sie spätestens in der letzten mündlichen Verhandlung vom Schuldner vorgebracht wird. Gem. § 379 II BGB trägt für den Zeitraum der Hinterlegung der Gläubiger die Gegenleistungs- bzw. Preisgefahr. Geht die hinterlegte Sache durch Zufall unter, bleibt der Gläubiger zur Gegenleistung verpflichtet.

2. Durch § 373 I HGB werden die Rechte des Verkäufers bei einem (zumindest einseitige, vgl. § 345 HGB) Handelskauf **erweitert** (Hemmer/Wüst, HandelsR, Rn. 312 ff.). Das Hinterlegungsrecht besteht gem. § 373 I HGB *für jegliche Arten von Waren*. Die Sache kann außer bei der nach dem BGB zulässigen Hinterlegungsstelle auch *in einem öffentlichen Lagerhaus oder sonst in sicherer Weise* hinterlegt werden. Im Übrigen ist auf die *§§ 372 ff. BGB* zurückzugreifen.

hemmer-Methode: Auch bei Ausschluss der Rücknahme wird der Gläubiger nicht sofort Eigentümer der hinterlegten Sache. In der Hinterlegung liegt ein Angebot des Schuldners auf Eigentumsübertragung, dieses Angebot nimmt der Gläubiger durch die gegenüber der Hinterlegungsstelle erklärte Annahme an und wird damit Eigentümer. Nach a.A. ist erst in der Anzeige der Hinterlegung an den Gläubiger nach § 374 II BGB ein Übereignungsangebot nach §§ 929, 931 BGB zu sehen.

Ist die geschuldete Sache nicht hinterlegungsfähig, kommt für den Schuldner eine öffentliche Versteigerung gem. § 383 BGB oder ein freihändiger Verkauf gem. § 385 BGB in Betracht. Im Falle eines rechtmäßigen Selbsthilfeverkaufs wandelt sich der Anspruch des Gläubigers in eine Geldforderung auf den Erlös um. Der Schuldner kann sich durch Hinterlegung des Erlöses nach § 378 BGB von der Schuld befreien. Er kann die Schuld aber auch durch Zahlung des Erlöses an den Gläubiger oder durch Aufrechnung mit seiner Forderung tilgen. War der Selbsthilfeverkauf dagegen rechtswidrig, bleibt die ursprüngliche Schuld bestehen, der Schuldner haftet u.U. auf Schadensersatz statt der Leistung aus §§ 280 I, III, 283 BGB.

V verkauft K ein Reitpferd für 5.000,- €. Als V das Pferd zum vereinbarten Termin liefern will, verweigert K die Annahme, weil das Pferd ihm nicht mehr gefällt. V besteht weiterhin auf der Durchführung des Vertrages und lässt das Pferd schließlich nach vorangegangener Androhung öffentlich versteigern. Er erzielt einen Erlös von 4.000,- €. V verlangt von K noch Zahlung von 1.000,- €.

Zu Recht?

V macht einen **Anspruch auf Kaufpreiszahlung aus § 433 II BGB** geltend.

Dieser ist mit Vertragsschluss entstanden und ist auch durch die einseitige Vertragsaufsage des K nicht erloschen.

Ursprünglich bestand der Kaufpreisanspruch in Höhe von 5000,- €. Der **Anspruch könnte aber durch Aufrechnung gem. §§ 387, 389 BGB teilweise erloschen sein**. Dafür müssten sich zwei gleichartige Ansprüche zeitgleich gegenübergestanden haben (sog. Aufrechnungslage). K schuldete Kaufpreiszahlung, V war nach dem Kaufvertrag zur Verschaffung von Eigentum und Besitz am Pferd verpflichtet. Die **Ansprüche wären** demnach **ungleichartig**.

Der **Anspruch des K aus § 433 I S. 1 BGB** könnte aber **infolge eines rechtmäßigen Selbsthilfeverkaufs in einen Anspruch auf Zahlung des Erlöses umgewandelt** worden sein, mit der Folge, dass zwei gleichartige Geldforderungen vorlägen. Es ist deshalb *zu prüfen, ob die öffentliche Versteigerung des V rechtmäßig* war.

K befand sich im Annahmeverzug, und das Pferd eignete sich nicht zur Hinterlegung. Daher war V zur Versteigerung des Pferdes *gem. § 383 I S. 1 BGB berechtigt*. V hatte die Versteigerung dem K zuvor angedroht, ein Verstoß gegen § 384 I BGB liegt nicht vor. Von der Einhaltung der übrigen Verfahrensvorschriften ist auszugehen. Somit lag eine *rechtmäßige Versteigerung* vor. An die Stelle der Leistungspflicht aus § 433 I S. 1 BGB ist die Pflicht zur Zahlung des Erlöses getreten.

Gem. § 383 I S. 1 BGB kann der Schuldner den Erlös hinterlegen. Der Schuldner kann aber auch den Erlös unmittelbar an den Gläubiger zahlen oder mit eigenen Ansprüchen aufrechnen. Es lässt sich daraus, dass V seine Forderung auf den Restkaufpreis beschränkt, folgern, dass er eine Aufrechnung der gegenseitigen Ansprüche herbeiführen will. Es liegt damit eine **konkludente Aufrechnungserklärung gem. § 388 BGB** vor. **Infolge der wirksamen Aufrechnung besteht der Kaufpreisanspruch des V nur noch i.H.v. 1.000,- € fort**.

hemmer-Methode: Beim handelsrechtlichen Selbsthilfeverkauf folgert die h.M. aus § 373 III HGB („Verkauf für Rechnung des Käufers"), dass die Lieferschuld aus § 433 I S. 1 BGB ohne weiteres im Falle eines rechtmäßigen Selbsthilfeverkaufs erlischt. Der Selbsthilfeverkauf hat daher bezogen auf den Anspruch aus § 433 I S. 1 BGB Erfüllungswirkung (Hemmer/Wüst, HandelsR, Rn. 319). An die Stelle des Lieferanspruchs tritt der Anspruch des Käufers auf Herausgabe des Erlöses nach § 667 BGB. Demgegenüber besteht der Anspruch des Verkäufers auf Kaufpreiszahlung gem. § 433 II BGB fort. Daneben kann er noch gem. § 670 BGB die Kosten der Versteigerung als Aufwendungsersatz geltend machen. Mit diesen Ansprüchen kann der Verkäufer gegenüber dem Anspruch des Käufers aus § 667 BGB aufrechnen gem. §§ 387 ff. BGB.

Aufrechnungsvoraussetzungen

Eine weitere Möglichkeit, eine Forderung anders als durch Erfüllung i.S.d. § 362 BGB zum Erlöschen zu bringen, ist die Aufrechnung gem. §§ 387 ff. BGB. Aufrechnung ist die wechselseitige Tilgung zweier sich gegenüberstehender Forderungen durch einseitiges Rechtsgeschäft. Dabei erfüllt die Aufrechnung zwei Funktionen. Zum einen bewirkt sie die Tilgung der Hauptforderung und ist damit Erfüllungssurrogat. Dadurch erspart sie das Hin und Her der Leistungen („Tilgungserleichterung"). Zum anderen gibt die Aufrechnung dem Schuldner die Möglichkeit, seine Gegenforderung im Wege der Selbsthilfe durchzusetzen („Privatvollstreckung").

Nennen Sie die Voraussetzungen der Aufrechnung!

Die Aufrechnung erfordert nach § 387 BGB eine Aufrechnungslage und eine Aufrechnungserklärung.

1. Eine **Aufrechnungslage** besteht unter folgenden Voraussetzungen:

- **Gegenseitigkeit der Forderungen**
- **Gleichartigkeit der Forderungen**
- **Gültigkeit, Fälligkeit und Durchsetzbarkeit der Aktivforderung** (d.h. Forderung, mit der aufgerechnet wird)
- **Bestehen und Erfüllbarkeit der Passivforderung** (d.h. Forderung, gegen die aufgerechnet wird)

Neben diesen vier positiven Voraussetzungen darf als negative Voraussetzung *kein Aufrechnungsverbot* bestehen (vgl. *z.B. §§ 393, 394 BGB*).

2. Die **Aufrechnungserklärung nach § 388 BGB** ist eine einseitige empfangsbedürftige Willenserklärung. Als Gestaltungsrecht ist sie bedingungsfeindlich, § 388 S. 2 BGB.

hemmer-Methode: Die Aufrechnung durch einseitiges Rechtsgeschäft gem. §§ 387 ff. BGB ist abzugrenzen vom sog. Aufrechnungsvertrag (Hemmer/Wüst, BGB-AT III, Rn. 252). Dabei handelt es sich um einen atypischen Vertrag nach § 311 I BGB, der sich als gegenseitiger „Erfüllungsersetzungsvertrag" bezeichnen lässt. Die Besonderheit des Aufrechnungsvertrages ist, dass die engen Voraussetzungen der einseitigen Aufrechnung (s.o.) nicht vorliegen müssen. Die Gegenseitigkeit der Forderungen ist z.B. nicht erforderlich. Voraussetzung ist lediglich, dass beiderseits Forderungen bestehen, die auf eine gleichartige Leistung gerichtet sind (str.) und dass die Parteien über diese Forderungen verfügen dürfen.

Auch bei der sog. Anrechnung liegt keine Aufrechnung i.S.d. §§ 387 ff. BGB vor (vgl. Hemmer/Wüst, BGB-AT III, Rn. 251). Bei der Anrechnung besteht im Gegensatz zur Aufrechnung von Anfang an nur eine einzige Forderung, die um den anzurechnenden Betrag gemindert wird. Eine Anrechnung findet z.B. statt in den §§ 326 II S. 2, 537 I S. 2, 615 S. 2 BGB, bei der Vorteilsanrechnung im Rahmen der Schadensermittlung, bei der Schadensberechnung nach der Differenztheorie und bei Anwendung der Saldotheorie im Bereicherungsrecht. Die Anrechnung bedarf keiner Erklärung. Die Aufrechnungsverbote gelten auch nicht analog. Außerdem wird die Anrechnung von Amts wegen beachtet.

Gegenseitigkeitserfordernis bei der Aufrechnung

Eine Aufrechnungslage nach § 387 BGB liegt nur vor, wenn beide Parteien gegeneinander eine Forderung haben, die Forderungen also „gegenseitig" sind. Der Gläubiger der einen muss Schuldner der anderen Forderung sein und umgekehrt. Dabei bezeichnet man die Forderung des Aufrechnenden als Gegenforderung oder Aktivforderung, die des Aufrechnungsgegners als Hauptforderung oder Passivforderung. Das Recht zur Aufrechnung steht daher grds. nur dem jeweiligen Schuldner, nicht aber Dritten zu.

In welchen Fällen müssen die Forderungen nicht im Gegenseitigkeitsverhältnis stehen?

1. Eine wichtige Ausnahme vom Gegenseitigkeitserfordernis ist § 406 BGB. Hintergrund der Vorschrift ist, dass die Rechtsstellung des Schuldners sich durch die Abtretung der Forderung nicht verschlechtern darf. Demnach kann der Schuldner auch gegenüber dem neuen Gläubiger mit einer Forderung gegen den Altgläubiger aufrechnen, wenn die Aufrechnungslage bereits bestanden hatte, als er von der Abtretung Kenntnis erlangte, oder wenn er beim Erwerb der Gegenforderung das Bestehen einer Aufrechnungslage gutgläubig annehmen durfte.

2. Die Aufrechnung stellt auch ein Rechtsgeschäft i.S.d. **§ 407 I BGB** dar. Im Fall der Gutgläubigkeit kann der Schuldner auch gegenüber dem Zedenten aufrechnen, obwohl Forderungsinhaber inzwischen der Zessionar ist. Daher ist vor der Prüfung des § 406 BGB zunächst auf § 407 BGB einzugehen. Zu beachten sind an dieser Stelle auch die *§§ 893, 2367 BGB*.

3. Eine weitere Ausnahme vom Gegenseitigkeitserfordernis wird zugunsten von **ablöseberechtigten Dritten** gemacht. Diese können mit einer eigenen Gegenforderung aufrechnen. Gesetzliche Regelungen dazu finden sich in den *§§ 268 II, 1142 II, 1150, 1249 BGB*.

Bsp.: *Dem Mieter eines Grundstücks, in das vollstreckt werden soll, steht über §§ 1150, 268 BGB ein Ablöseanspruch zu. Nach § 268 II BGB kann er gegen die Forderung des Hypothekengläubigers gegen den persönlichen Schuldner mit einer eigenen Forderung, die ihm gegenüber dem Hypothekengläubiger zusteht, aufrechnen. Die Forderung gegen den persönlichen Schuldner geht dann auf den ablösenden Dritten über, §§ 268 III, 1150 BGB.*

Macht dagegen der Eigentümer, der nicht zugleich der persönliche Schuldner ist, von seinem Ablösungsrecht durch Aufrechnung Gebrauch (§ 1142 BGB), fehlt es an sich nicht an der Gegenseitigkeit der Forderungen, sondern wegen § 1147 BGB (Anspruch auf Duldung der Zwangsvollstreckung) zunächst an der Gleichartigkeit. Das Gleiche gilt bei § 1224 BGB.

hemmer-Methode: Die Gegenseitigkeit der Forderungen muss sehr genau geprüft werden. So ist z.B. bei Bestehen einer Bürgschaft zwischen Hauptverbindlichkeit (Gläubiger - Schuldner) und Bürgenschuld (Gläubiger - Bürge) zu unterscheiden. Der Bürge kann mit einem Anspruch gegen den Gläubiger durch Aufrechnung gem. §§ 387 ff. BGB nur seine Bürgenschuld, nicht die Hauptschuld tilgen. Da aber die wirksame Aufrechnung Erfüllungssurrogat ist (vgl. § 389 BGB), liegen in diesem Fall die Voraussetzungen des § 774 I BGB vor, sodass der Anspruch des Gläubigers gegen den Hauptschuldner auf den Bürgen übergeht.
Besteht dagegen eine Aufrechnungslage zwischen der Hauptverbindlichkeit und einer Forderung des Hauptschuldners gegen den Gläubiger, kann der Bürge nicht aufrechnen. Er hat allenfalls nach § 770 II BGB ein Leistungsverweigerungsrecht (dazu näher Hemmer/Wüst, BGB-AT III, Rn. 256).

Aufrechenbar sind nur Forderungen, die ihrem Gegenstand nach gleichartig sind, d.h. die Forderungen müssen ihrem Inhalt nach von derselben Beschaffenheit sein. Das erfasst vor allem die Geldschulden. Denkbar ist Gleichartigkeit aber auch bei Gattungsschulden von vertretbaren Sachen. Erforderlich ist dabei nur die Gleichartigkeit des Leistungsgegenstandes. Die Leistungsmodalitäten (z.B. Leistungsort) können verschieden sein, ebenso die Höhe der Forderung.

K kauft von V ein Grundstück, das mit einer Hypothek i.H.v. 50.000,- € zugunsten der B-Bank belastet ist. Es wird vereinbart, dass die Hypothek auf den Grundstückspreis angerechnet werden soll. Die B-Bank verweigert jedoch die zur Übernahme der Schuld gem. § 415 I BGB erforderliche Genehmigung. Nach Kaufpreiszahlung entdeckt K am Haus erhebliche Schäden und macht Minderung des Kaufpreises i.H.v. 50.000,- € geltend. Er verlangt von V Rückzahlung von 50.000,-€.

Ist eine Aufrechnung möglich?

K hat aufgrund der Minderung des Kaufpreisanspruchs (§§ 434, 437 Nr. 2, 441 BGB) einen Anspruch gegen V auf Rückzahlung von 50.000,- €, § 441 IV S. 1 BGB.

Zugleich ist aber wegen der fehlgeschlagenen Schuldübernahme nach der Auslegungsregel des § 415 III BGB von einer Erfüllungsübernahme zugunsten der B- Bank auszugehen (unechter Vertrag zugunsten Dritter, vgl. § 329 BGB). D.h., V ist zwar weiterhin alleiniger Schuldner der Bank, K ist jedoch verpflichtet, den V von seiner Verbindlichkeit gegenüber der B-Bank i.H.v. 50.000,- € zu befreien.

In dieser Lage wäre es für V günstig, wenn er gegen den Zahlungsanspruch des K mit seinem Anspruch auf Schuldbefreiung aufrechnen könnte. Das gilt umso mehr, wenn die Bank die Genehmigung der Schuldübernahme wegen finanzieller Schwierigkeiten des K verweigert hat, denn dann besteht die Gefahr, dass V seinen Schuldbefreiungsanspruch wegen Zahlungsunfähigkeit des K nicht durchsetzen kann.

Die **Aufrechnung ist allerdings nur dann möglich, wenn** die aufzurechnenden Leistungen ihrem Leistungsgegenstand nach **gleichartig** sind. Hier steht der Zahlungsanspruch des K dem Schuldbefreiungsanspruch des V gegenüber. Die **Gleichartigkeit von Geldschulden und Schuldbefreiungsansprüchen wird aber von der h.M. verneint.** Der *Befreiungsanspruch* ist gerade kein Zahlungsanspruch, er ist *auf ein Tun gerichtet*. **Daher scheidet mangels Gleichartigkeit die Aufrechnung aus** (vgl. **BGH, NJW 2016, 2032 ff.**).

Es kommt in diesem Fall daher **nur ein Zurückbehaltungsrecht des V aus § 273 BGB in Betracht** (zu den Voraussetzungen des § 273 BGB siehe Hemmer/Wüst, BGB-AT III, Rn. 717 ff.).

hemmer-Methode: Kommt K seiner Verpflichtung zur Befreiung des V nicht nach und zahlt V selbst an die B-Bank, wird die Pflicht des K (durch Zweckerreichung) unmöglich. Der Anspruch wandelt sich dann in einen Geldersatzanspruch um, §§ 280 I, III, 283 BGB, sodass eine Aufrechnungslage gegeben ist. Beachten Sie in diesem Zusammenhang noch eine weitere Besonderheit des Befreiungsanspruchs: Dieser ist grds. nach § 399 Alt. 1 BGB nicht an einen Dritten abtretbar, weil durch die Abtretung der Inhalt des Anspruchs in einen Zahlungsanspruch verändert würde. Von einer Schuld kann eben nur der Schuldner, nicht ein unbeteiligter Dritter befreit werden. Die Abtretung des Befreiungsanspruchs an den Gläubiger ist dagegen zulässig, weil dadurch der Zweck des Befreiungsanspruchs nicht vereitelt wird. Sowohl vor als auch nach der Abtretung ist der Schuldner des Befreiungsanspruchs zur Zahlung an den Gläubiger verpflichtet.

Durchsetzbarkeit der Gegenforderung

Die Aufrechnung setzt voraus, dass die Gegenforderung des Aufrechnenden vollwirksam und fällig ist, § 387 S. 1 BGB. Naturalobligationen (§§ 656 I S. 1, 762 I S. 1 BGB) sind hiervon nicht erfasst, da es bei diesen an einer erzwingbaren Schuld im Rechtssinne fehlt. Daneben muss die Forderung des Aufrechnenden gem. § 390 BGB einredefrei, also durchsetzbar sein. Eine Forderung, die rechtlich nicht durchsetzbar ist, kann selbstverständlich auch nicht Gegenstand der „Privatvollstreckung“ sein.

K hat von V ein gebrauchtes KFZ gekauft. Der Voreigentümer E hatte, was V nicht wusste, mit dem Wagen einen schweren Unfall. Beim Abschluss des Kaufvertrages zwischen K und V sicherte der V dem K Unfallfreiheit zu. Nachdem es aufgrund der Vorschädigung 20 Monate nach der Übergabe an K zu einem weiteren Unfall gekommen und diesem ein Mangelfolgeschaden entstanden ist, will K gegen den Kaufpreisanspruch des V weitere fünf Monate später mit seinem Schadensersatzanspruch aus § 437 Nr. 3 i.V.m. § 280 I BGB aufrechnen.

Zu Recht ?

1. Nach § 390 BGB darf die Aktivforderung, mit der aufgerechnet wird, nicht einredebehaftet sein. Dabei hindert bereits das Bestehen der Einrede, nicht erst deren Geltendmachung die Wirksamkeit der Aufrechnung (Hemmer/Wüst, BGB-AT III, Rn. 264). Danach wäre die Aufrechnung wegen der Verjährung der Schadensersatzforderung aus § 437 Nr. 3 i.V.m. § 438 I Nr. 3 BGB ausgeschlossen, da Anhaltspunkte für Arglist des V (vgl. § 438 III BGB) nicht ersichtlich sind.

2. Dies gilt **jedoch gerade nicht für die Einrede der Verjährung, § 215 BGB**. Auch mit einer inzwischen verjährten Forderung kann aufgerechnet werden, solange diese Forderung bei Entstehen der Aufrechnungslage noch nicht verjährt war, sodass nach dieser Vorschrift eine Aufrechnung zulässig wäre.

§ 215 BGB will dem Gläubiger einer mittlerweile verjährten Forderung die Aufrechnungslage erhalten. Geschützt wird auch die Aufrechnung mit verjährten Forderungen des Vermieters gegen den Anspruch des Mieters auf Rückzahlung der Mietkaution (BGH, NJW 1998, 981). Auch Forderungen, die wegen Verjährung rechtskräftig abgewiesen wurden, können wegen § 215 BGB noch Gegenstand der Aufrechnung sein.

hemmer-Methode: Neben der Aufrechnung erhält § 215 BGB dem Gläubiger ein Zurückbehaltungsrecht hinsichtlich der Befriedigung des verjährten Anspruchs. Nicht erforderlich ist, dass der Schuldner das auf die verjährte Forderung gestützte Zurückbehaltungsrecht vor Eintritt der Verjährung geltend gemacht hat.

Aufrechnung mit verjährter Forderung

§ 215 BGB gibt dem Gläubiger die Möglichkeit, sich eine eigentlich nicht mehr durchsetzbare Forderung zunutze zu machen. Die Aufrechnung ist nach § 215 BGB trotz der Verjährung möglich, wenn die Forderung bei Entstehung der Aufrechnungslage noch nicht verjährt war. Dadurch lässt sich die Aufrechnung in der Klausur gut mit speziellen Fragen der Verjährung kombinieren.

Der Handwerker H hat gegen seinen Kunden, den Kaufmann K, eine offene Rechnung i.H.v. 1.000,- € aus dem Jahr 2012 wegen Reparaturarbeiten in der Wohnung des K. Am 01.03. des Jahres 2014 gewährt K dem H ein verzinsliches Darlehen i.H.v. 3.000,- €. Das Darlehen ist am 01.03. des Jahres 2016 zurückzuzahlen. Als K von H an diesem Tag die Rückzahlung verlangt, erklärt H die Aufrechnung mit der Werklohnforderung.

Ist die Forderung des K in dieser Höhe erloschen?

Abwandlung: Das Darlehen ist am 01.12. des Jahres 2015 zurückzuzahlen. H erklärt am 05.01.2016 die Aufrechnung.

1. **Grundfall:** Der Anspruch des K gegen H auf Rückzahlung des Darlehens aus § 488 I S. 2 BGB **könnte durch Aufrechnung gem. §§ 387, 389 BGB i.H.v. 1.000,- € erloschen sein**.

Es lagen zwei **gegenseitige, gleichartige Forderungen** vor. Die Hauptforderung, also die Forderung des K gegen H, war am 01.03. des Jahres 2013 fällig und damit auch erfüllbar. Die Gegenforderung des H müsste wirksam, fällig und einredefrei sein, §§ 387, 390 S. 1 BGB. Hier **könnte der Durchsetzbarkeit die Einrede der Verjährung entgegenstehen.** Dabei hindert bereits das Bestehen der Einrede die Wirksamkeit der Aufrechnung, ohne dass K die Einrede geltend machen müsste. Die Forderung des H stammt aus dem Jahr 2012. Da es sich um die Lohnforderung eines Handwerkers aus einem Werkvertrag handelt, verjährt die Forderung **gem. § 195 BGB in drei Jahren**. Die Verjährung beginnt gem. **§ 199 I BGB** erst mit Ende des Kalenderjahres, in dem der Anspruch entstanden ist und der Gläubiger Kenntnis bzw. grob fahrlässige Unkenntnis von den den Anspruch begründenden Umständen und der Person des Schuldners hatte. Die Verjährung begann somit am 31.12. des Jahres 2012 und endete am 31.12. des Jahres 2015. **Im Zeitpunkt der Aufrechnungserklärung war die Gegenforderung damit verjährt**.

Nach **§ 215 BGB** kann aber auch mit einer verjährten Forderung aufgerechnet werden, wenn die **Forderung bei Entstehung der Aufrechnungslage noch nicht verjährt war**. Die Aufrechnungslage entstand hier in dem Zeitpunkt, in dem die Hauptforderung erfüllbar war, also H zur Leistung berechtigt war. Bei einem verzinslichen Darlehen ist, wenn keine Anhaltspunkte für einen abweichenden Parteiwillen vorliegen, anzunehmen, dass das Recht auf vorzeitige Rückzahlung des Darlehens ausgeschlossen sein soll (Umkehrschluss aus § 488 III S. 3 BGB). Daher war das Darlehen erst ab dem 01.03. des Jahres 2016 erfüllbar. Die **Aufrechnungslage entstand demnach erst zu einem Zeitpunkt, als die Gegenforderung bereits verjährt war. Die Aufrechnung ist auch nach § 215 BGB nicht möglich. H muss den vollen Betrag zurückzahlen**.

2. **Abwandlung:** Da in der Abwandlung die Darlehensforderung ab dem 01.12. des Jahres 2015 erfüllbar war, entstand die **Aufrechnungslage zu einem Zeitpunkt, als die Forderung des H noch nicht verjährt war. Daher kann H gem. § 215 BGB auch mit der verjährten Forderung aufrechnen.**

hemmer-Methode: Die Kenntnis der Verjährungsfristen kann eine große Rolle in der Klausur spielen. Vor allem der Beginn der regelmäßigen Verjährungsfrist nach § 199 I BGB erfordert sorgfältiges Arbeiten am Sachverhalt.

Wie sich aus dem Wortlaut des § 387 BGB ergibt, muss die Gegenforderung des Aufrechnenden wirksam und fällig, die Hauptforderung, gegen die aufgerechnet wird, dagegen nur erfüllbar sein (vgl. auch Hemmer/Wüst, BGB-AT III, Rn. 264, 266). Deshalb ist es wichtig, exakt zwischen Fälligkeit und Erfüllbarkeit der Forderung zu trennen. In diesem Zusammenhang kann die Stundung der Forderung Bedeutung erlangen.

K schuldet aus einem Kaufvertrag vom 01.02. dem V die Zahlung von 1.400,- €. Auf Bitten des K hin stundet V ihm die Forderung bis zum 01.05. Zugleich schuldet V dem K aus einem Darlehensvertrag 2.000,- €. Das Darlehen ist am 15.04. zurückzuzahlen. Als K am 15.04. die Rückzahlung verlangt, erklärt *V* die Aufrechnung mit der Kaufpreisforderung.

1. **Ist die Aufrechnung wirksam?**
2. **Könnte *K* wirksam am 15.04. aufrechnen?**

1. Die Aufrechnung des V wäre wirksam, wenn sämtliche Aufrechnungsvoraussetzungen vorlägen.

Die bestehenden Forderungen sind **gegenseitig** und ihrem Leistungsgegenstand nach **gleichartig**. Die **Hauptforderung** des K aus dem Darlehensvertrag ist ab dem 15.04. **erfüllbar**.
Des Weiteren **müsste die Gegenforderung des V wirksam, fällig und einredefrei sein**.
Problematisch ist die Fälligkeit der Forderung. Die Forderung aus dem Kaufvertrag war im Zweifel gem. § 271 I BGB sofort fällig. Allerdings haben V und K die Stundung der Forderung bis zum 01.05. vereinbart. *Durch die Stundung wird die Fälligkeit der Forderung bei bestehen bleibender Erfüllbarkeit hinausgeschoben*. **Damit ist die Forderung erst am 01.05. fällig**.
V konnte daher am 15.04. noch nicht wirksam aufrechnen.

2. K könnte wirksam aufrechnen, wenn die Hauptforderung, d.h. die Forderung aus dem Kaufvertrag, erfüllbar, und seine Gegenforderung, also der Darlehensrückzahlungsanspruch, fällig wäre.
Der Anspruch auf Rückzahlung des Darlehens ist, wie bereits festgestellt, fällig. Die Hauptforderung müsste erfüllbar sein. **Durch die Stundung** wird aber lediglich die Fälligkeit des Anspruchs **hinausgeschoben**, der **Anspruch bleibt auch weiterhin erfüllbar** (vgl. § 271 II BGB a.E.). **Damit liegen die Aufrechnungsvoraussetzungen vor, K könnte wirksam aufrechnen.**

hemmer-Methode: Oft kommt es für die Zulässigkeit der Aufrechnung entscheidend darauf an, wer die Aufrechnung erklärt. Das gilt z.B. auch für das Aufrechnungsverbot aus § 393 BGB, das Sie genau subsumieren müssen: Danach ist es zwar dem Schädiger verboten, gegen eine Forderung aus einer *vorsätzlichen* unerlaubten Handlung aufzurechnen. Dem Geschädigten steht es dagegen frei, mit diesem deliktischen Anspruch gegen eine Forderung des Schädigers aufzurechnen. Hintergrund für die Unterscheidung des § 393 BGB ist folgende Überlegung: Der Gläubiger einer mangels Zahlungsfähigkeit nicht durchsetzbaren Forderung soll dem Schuldner nicht vorsätzlich Schaden zufügen dürfen, um sich dann durch Aufrechnung mit seiner Forderung von der Verpflichtung zum Schadensersatz zu befreien. Ließe man dies zu, bliebe die vorsätzlich unerlaubte Handlung quasi sanktionslos.
Nach Ansicht des BGH gilt das Aufrechnungsverbot gegen eine Forderung aus einer vorsätzlich begangenen unerlaubten Handlung auch dann, wenn sich zwei Forderungen aus vorsätzlicher unerlaubter Handlung gegenüber stehen, die aus einem einheitlichen Lebensverhältnis resultieren (Schlägerei), BGH, Life&Law 12/2009, 804 ff. = BB 2009, 2209 ff.
Scheitert die Aufrechnung einer Partei wie hier an den strengen Voraussetzungen der §§ 387 ff. BGB, sollte ein Aufrechnungsvertrag in Erwägung gezogen werden, falls beide Seiten einverständlich die Aufrechnung wollten (vgl. Hemmer/Wüst, BGB-AT III, Rn. 252).

Aufrechnungsverbote

Auch wenn sämtliche positiven Voraussetzungen festgestellt sind, kann die Aufrechnung ausgeschlossen sein, weil ein Aufrechnungsverbot besteht. Ein Aufrechnungsverbot kann sich ergeben aus:

- vertraglicher Vereinbarung (Hemmer/Wüst, BGB-AT III, Rn. 269 f.)
- gesetzlichen Aufrechnungsverboten, §§ 392 ff. BGB (Hemmer/Wüst, BGB-AT III, Rn. 272 ff.)
- Treu und Glauben (Hemmer/Wüst, BGB-AT III, Rn. 271).

Die vertraglichen und gesetzlichen Aufrechnungsverbote stehen wiederum unter dem Vorbehalt von Treu und Glauben. Daher kann nach § 242 BGB ausnahmsweise eine Aufrechnung trotz des Aufrechnungsverbots zulässig sein.

Erläutern Sie kurz die wichtigsten gesetzlichen Aufrechnungsverbote!

1. <u>§ 392 BGB</u>

§ 392 BGB ergänzt das in § 829 I ZPO enthaltene Verbot an den Drittschuldner, die beschlagnahmte Forderung zu erfüllen. Das Verbot der Erfüllung erstreckt sich auch auf Erfüllungssurrogate wie die Aufrechnung. Das Aufrechnungsverbot gilt aber gem. § 392 BGB nur, wenn der Schuldner seine Forderung erst nach der Beschlagnahme erworben hat oder wenn seine Forderung erst nach der Beschlagnahme und später als die in Beschlag genommene Forderung fällig geworden ist. Durch § 392 BGB soll dem Schuldner also wie nach § 406 BGB die einmal entstandene Aufrechnungslage erhalten bleiben.

2. <u>§ 393 BGB</u>

Nach § 393 BGB **kann gegen eine Forderung, die aus einer *<u>vorsätzlich</u>* begangenen unerlaubten Handlung stammt, nicht aufgerechnet werden**. Der Schädiger darf also nicht aufrechnen, dem Geschädigten bleibt die Aufrechnung dagegen unbenommen. § 393 BGB gilt aber ausdrücklich *nicht bei einer auf Fahrlässigkeit beruhenden Haftung*.

3. <u>§ 394 S. 1 BGB</u>

Nach § 394 S. 1 BGB ist die **Aufrechnung gegen eine unpfändbare Forderung ausgeschlossen**, soweit die Unpfändbarkeit reicht. § 394 S. 1 BGB *ergänzt insofern die §§ 850 ff. ZPO*. Die Vorschrift soll dem Schuldner das Existenzminimum erhalten. Das Aufrechnungsverbot des § 394 S. 1 BGB steht jedoch - wie sämtliche Aufrechnungsverbote - unter dem Vorbehalt von Treu und Glauben. Zulässig ist deshalb in ständiger Rspr. die Aufrechnung mit einer Forderung aus vorsätzlich begangener unerlaubter Handlung gegen eine unpfändbare Forderung, wenn beide Forderungen demselben Lebensverhältnis entstammen (Hemmer/Wüst, BGB-AT III, Rn. 276).

hemmer-Methode: Fraglich ist, ob § 393 BGB gilt, wenn nicht nur die Hauptforderung, sondern auch die Gegenforderung auf einer vorsätzlichen unerlaubten Handlung beruht. Nach e.A. soll die Aufrechnung zumindest dann möglich sein, wenn die gegenseitigen Ansprüche einem einheitlichen Lebensvorgang entspringen (vgl. dazu Hemmer/Wüst, BGB AT III, Rn. 279). Nach Ansicht des BGH gilt das Aufrechnungsverbot des § 393 BGB auch dann, wenn sich zwei Forderungen aus vorsätzlicher unerlaubter Handlung gegenüber stehen, die aus einem einheitlichen Lebensverhältnis resultieren (z.B. Schlägerei), vgl. dazu BGH, Life&Law 12/2009, 804 ff. = BB 2009, 2209 f.

§ 393 BGB gilt auch für die Aufrechnung gegen konkurrierende vertragliche Schadensersatzansprüche, soweit durch die Aufrechnung auch der deliktische Anspruch wegen Anspruchsgrundlagenkonkurrenz entfallen würde. Das soll auch dann gelten, wenn der deliktische Anspruch bereits verjährt ist (Hemmer/Wüst, BGB-AT III, Rn. 279).

Aufrechnungsverbot aus Vertrag oder § 242

Außer aufgrund gesetzlicher Vorschriften kann die Aufrechnung auch durch vertragliche Vereinbarung (häufig konkludent) ausgeschlossen werden. Die Zulässigkeit einer solchen Vereinbarung ergibt sich aus dem Grundsatz der Privatautonomie und wird in §§ 391 II, 556b II BGB vorausgesetzt. Eingeschränkt wird dies allerdings durch § 309 Nr. 3 BGB, wonach die Aufrechnung mit einem unbestrittenen oder rechtskräftig festgestellten Anspruch nicht durch AGBen ausgeschlossen werden kann. Neben dem vertraglichen Aufrechnungsausschluss bleibt schließlich die Möglichkeit eines aus § 242 BGB herzuleitenden Aufrechnungsverbots. Dabei sind die Grenzen zwischen einem vertraglichen und einem aus § 242 BGB abgeleiteten Aufrechnungsverbot jedoch fließend.

1. **Die Aufrechnung kann ausnahmsweise trotz eines vertraglichen Aufrechnungsverbots zulässig sein. Wann kommt dies in Betracht?**
2. **Wann ist die Aufrechnung nach § 242 BGB ausgeschlossen?**

1. **Ausnahmen vom vertraglich vereinbarten Aufrechnungsverbot:**

- Die Aufrechnung ist entgegen dem vereinbarten Verbot zulässig im Falle des **§ 556b II BGB**. Diese Vorschrift begünstigt den Mieter von Wohnraum.
- **§ 242 BGB**

Die Aufrechnung ist trotz des Aufrechnungsverbots - wie bei den gesetzlichen Aufrechnungsverboten- dann zulässig, **wenn Treu und Glauben dies ausnahmsweise erfordern** (vgl. Hemmer/Wüst, BGB-AT III, Rn. 270), *etwa dann, wenn die Gegenforderung auf einer vorsätzlichen unerlaubten Handlung beruht.*

Beispiel: *Entgegen dem vertraglichen Aufrechnungsverbot ist eine Aufrechnung mit vertraglichen Schadensersatzansprüchen wegen vorsätzlicher Vertragsverletzung zulässig. Es wäre ein Verstoß gegen Treu und Glauben, wenn der Schädiger sich auch in diesem Fall auf das Aufrechnungsverbot berufen könnte.*

2. Die Aufrechnung ist **nach § 242 BGB ausgeschlossen, wenn die Eigenart des Schuldverhältnisses oder der Zweck der geschuldeten Leistung die Aufrechnung als unvereinbar mit Treu und Glauben erscheinen lassen** (Hemmer/Wüst, BGB-AT III, Rn. 271).

Beispiel: *Die Aufrechnung gegen Forderungen auf Herausgabe des aus einer Geschäftsbesorgung Erlangten mit einer Gegenforderung, die mit der Geschäftsbesorgung nicht in Zusammenhang steht, ist nach Treu und Glauben mit Rücksicht auf den Inhalt des Schuldverhältnisses ausgeschlossen.*

Man könnte hier jedoch ebenso, ohne auf § 242 BGB zurückzugreifen, mit einem konkludenten vertraglichen Aufrechnungsverbot argumentieren, das sich durch Auslegung (§§ 133, 157 BGB) aufgrund der besonderen Eigenart des Schuldverhältnisses ergibt.

hemmer-Methode: Bei den nicht gesetzlich geregelten Aufrechnungsverboten liegt die Schwierigkeit oft darin, das Aufrechnungsverbot in der Klausur überhaupt zu erkennen. Regelmäßig wird das Verbot nicht ausdrücklich vereinbart werden, sondern ergibt sich z.B. aus § 391 II BGB oder aus den Umständen des Einzelfalls (§§ 133, 157 BGB). Bsp.: Wenn jemand in einem Geschäft einen Geldschein wechseln möchte, so ergibt sich auch ohne ausdrückliche Vereinbarung, dass eine Aufrechnung mit Gegenforderungen des Geschäftsinhabers nicht zulässig sein soll. Zweck des Geldwechselns ist ja, dass der Betreffende das eingewechselte Geld anderweitig verwenden kann.

Die Wirkungen der Aufrechnung werden erst durch die Aufrechnungserklärung ausgelöst, § 388 S. 1 BGB. Die Aufrechnungserklärung ist eine einseitige empfangsbedürftige Willenserklärung. Sie ist, da der Aufrechnende seine Gegenforderung verliert, rechtlich nachteilig. Der beschränkt Geschäftsfähige bedarf daher gem. §§ 107, 111 BGB der Einwilligung seines gesetzlichen Vertreters. Die Aufrechnung ist ein Gestaltungsrecht. Da das Gestaltungsrecht auf die Rechtsstellung des Erklärungsempfängers ohne dessen Zutun einwirkt, muss sich die beabsichtigte Rechtsänderung klar und eindeutig aus der Erklärung ergeben. Aus diesem Grund ist die Aufrechnung grundsätzlich unwiderruflich und bedingungsfeindlich, § 388 S. 2 BGB.

Welche Ausnahmen bestehen vom Grundsatz der Bedingungsfeindlichkeit der Aufrechnung?

1. **Potestativbedingung** (Hemmer/Wüst, BGB-AT III, Rn. 282)

Die Aufrechnung kann dann bedingt erklärt werden, *wenn der Bedingungseintritt ausschließlich vom Verhalten des Aufrechnungsgegners selbst abhängt*, sog. Potestativbedingung. Die Potestativbedingung ist zwar eine echte Bedingung i.S.d. § 158 BGB. *§ 388 S. 2 BGB ist aber teleologisch einzuschränken, da der Schutzzweck der Norm nicht berührt wird*. Durch die Potestativbedingung entsteht für den Erklärungsempfänger keine unsichere Lage, da er es selbst in der Hand hat, den Bedingungseintritt herbeizuführen.

2. **Eventualaufrechnung im Prozess**

Die Aufrechnung kann im Prozess auch hilfsweise für den Fall erklärt werden, dass das Gericht zu der Erkenntnis kommt, dass die Hauptforderung besteht, vgl. auch § 45 III GKG. Die Aufrechnung wird dann unter einer aufschiebenden Bedingung erklärt. Dieses Prozessverhalten steht jedoch der Bedingungsfeindlichkeit der Aufrechnung nicht entgegen, weil es sich hierbei um eine *rein innerprozessuale Bedingung* handelt. Der *Zustand der Rechtsunsicherheit*, der durch die Bedingungsfeindlichkeit vermieden werden soll, *besteht im Prozess gerade nicht, weil der Bedingungseintritt vom Prozessverlauf selbst abhängt und das erkennende Gericht über den Eintritt der Bedingung eine Entscheidung trifft* (Hemmer/Wüst, BGB-AT III, Rn. 283, vertiefend Hemmer/Wüst, ZPO I, Rn. 358 ff.).

hemmer-Methode: Bei der Aufrechnung im Prozess ist zu unterscheiden zwischen der materiell-rechtlichen Aufrechnungserklärung und der Geltendmachung im Prozess als Prozesshandlung. Die Wirksamkeit der Aufrechnung richtet sich grds. allein nach materiellem Recht. Wird die Aufrechnung im Prozess gem. § 296 I, II ZPO als verspätet zurückgewiesen, würde dies daher zu dem unbilligen Ergebnis führen, dass der Aufrechnende den Prozess verlieren und zugleich (wegen der materiell wirksamen Aufrechnungserklärung) seine Gegenforderung erlöschen würde. Um dieses Ergebnis zu verhindern, werden verschiedene Lösungsansätze vertreten (Hemmer/Wüst, ZPO I, Rn. 362). Nach einer Ansicht sind die Aufrechnungserklärung und ihre Geltendmachung im Prozess als einheitliches Rechtsgeschäft anzusehen. Daher führt die Zurückweisung der Prozesshandlung gem. § 139 BGB zur materiell-rechtlichen Unwirksamkeit. Nach a.A. erfolgt die Aufrechnungserklärung im Prozess konkludent unter der Bedingung ihrer prozessualen Berücksichtigung. Diese innerprozessuale Bedingung ist unter teleologischer Reduktion des § 388 S. 2 BGB zulässig, da keine berechtigten Interessen des Erklärungsgegners berührt werden. Es entsteht keine Ungewissheit über die Rechtslage.

Wirkung der Aufrechnung

Die Aufrechnung hat gem. § 389 BGB zur Folge, dass Haupt- und Gegenforderung erlöschen, soweit sich die Forderungen decken. Dabei wirkt die Aufrechnung auf den Zeitpunkt zurück, in dem sich Haupt- und Gegenforderung erstmals aufrechenbar gegenüberstanden. Sinn der Vorschrift ist, dass derjenige, der aufrechnen kann, sich praktisch und wirtschaftlich nicht mehr als Schuldner zu betrachten braucht. Daraus folgt auch, dass Vertragsstrafen, Zinsansprüche und Verzugsfolgen ex tunc für den Zeitraum ab Entstehen der Aufrechnungslage entfallen.

Strittig ist, ob der Schuldner, der in Unkenntnis einer bestehenden Aufrechnungslage an den Gläubiger leistet, die Leistung wieder zurückfordern kann.

Ist ein Anspruch des Schuldners aus § 813 I S. 1 BGB gegeben?

Nach § 813 I S. 1 BGB kann das zum Zwecke der Erfüllung einer Verbindlichkeit Geleistete zurückgefordert werden, wenn dem Anspruch eine dauernde Einrede entgegenstand.

- Die **Aufrechnung ist aber** keine (rechtshemmende) Einrede, sondern ein Gestaltungsrecht, das den Anspruch zum Erlöschen bringt, also eine **rechtsvernichtende Einwendung**.

- Dennoch wird **z.T. eine analoge Anwendung des § 813 BGB** auf den Fall der Leistung in Unkenntnis des Bestehens der Aufrechnungslage befürwortet. Dazu müsste bereits die Möglichkeit der Aufrechnung mit einer dauernden Einrede vergleichbar sein.

Dagegen spricht jedoch, dass die Aufrechnungslage an sich kein Leistungsverweigerungsrecht gibt. Der Schuldner ist auch bei bestehender Aufrechnungslage zur Befriedigung des Gläubigers verpflichtet. Die Aufrechnung gibt dem Schuldner *lediglich die Möglichkeit, den Gläubiger auf anderem Weg als durch Zahlung zu befriedigen*. Hat der Schuldner aber einmal den Gläubiger befriedigt, sei es durch Aufrechnung oder durch Zahlung, so muss es dabei sein Bewenden haben. **Der Schuldner kann nach h.M. das Geleistete nicht nach § 813 I S. 1 BGB zurückfordern** (Hemmer/Wüst, BGB-AT III, Rn. 286).

Nach der Erfüllung ist eine Aufrechnung auch später nicht mehr möglich, da gem. § 362 BGB die Forderung und damit auch die Aufrechnungslage erloschen ist. Es bleibt daher keine andere Möglichkeit, als die eigene Forderung selbst (notfalls gerichtlich) geltend zu machen.

hemmer-Methode: Die bloße Aufrechnungsmöglichkeit, d.h. das Bestehen einer Aufrechnungslage, gibt dem Schuldner selbst zwar kein Leistungsverweigerungsrecht, dafür aber u.U. Dritten. So steht etwa dem Bürgen gem. § 770 II BGB ein Leistungsverweigerungsrecht zu, wenn sich der Gläubiger durch Aufrechnung gegenüber dem Hauptschuldner befriedigen könnte. Ähnliche Einreden der Gestaltbarkeit finden sich in den §§ 1137 I S. 1, 1211 I S. 1 BGB und § 129 III HGB. Ebenso besteht bei der Miterbengemeinschaft und der Gesellschaft ein Leistungsverweigerungsrecht des Miterben oder Gesellschafters direkt bzw. analog §§ 770 II BGB, 129 III HGB (s. dazu Hemmer/Wüst, BGB-AT III, Rn. 258).

Aufrechnung bei unterschiedlichem Rechtsweg

Die Aufrechnung wird im Prozess als Einwendung gegen den anhängigen Anspruch geltend gemacht. Dies ist im Regelfall unproblematisch. Das Gericht entscheidet dann auch über den Bestand der Aufrechnungsforderung, unabhängig davon, welches Gericht im Falle einer Klage zuständig wäre. Die Geltendmachung der Aufrechnung kann also nicht wegen Unzuständigkeit als unzulässig zurückgewiesen werden. Schwierigkeiten können sich aber dann ergeben, wenn die Gegenforderung einer anderen Rechtswegzuständigkeit unterliegt als der eingeklagte Anspruch (vgl. dazu Hemmer/Wüst, BGB-AT III, Rn. 287 ff., Hemmer/Wüst, ZPO I, Rn. 387).

Kann das Gericht über die zur Aufrechnung gestellte Gegenforderung entscheiden, wenn für diese ein anderer Rechtsweg besteht?

Das Gericht hat nach § 17 II S. 1 GVG den Rechtsstreit unter allen in Betracht kommenden rechtlichen Gesichtspunkten zu entscheiden. Fraglich ist, ob dazu auch die Aufrechnung mit einer rechtswegfremden Gegenforderung zu rechnen ist. Darüber herrscht Streit:

1. Nimmt man an, dass auch die Aufrechnung ein rechtlicher Gesichtspunkt i.S.d. § 17 II S. 1 GVG ist, so kann das Gericht auch über den aufzurechnenden Anspruch entscheiden (Hemmer/Wüst, BGB-AT III, Rn. 288). Dann könnte z.B. auch ein Verwaltungsgericht über den Bestand einer bürgerlich-rechtlichen Gegenforderung entscheiden. Allerdings ist in diesem Zusammenhang die Regelung des **§ 17 II S. 2 GVG zu beachten**, wonach die Zuständigkeit eines Verwaltungsgerichts gerade nicht in Fragen der *Amtspflichtverletzung* und *Enteignungsentschädigung* begründet sein soll (Art. 14 III S. 4, 34 S. 3 GG). In diesen Fällen bestünde also ein *Vorrang des ordentlichen Rechtswegs*.

2. Gegen eine Entscheidung des Gerichts auch über die rechtswegfremde Forderung spricht jedoch, dass § 17 II S. 1 GVG eine umfassende Prüfungskompetenz nur innerhalb des jeweiligen Streitgegenstands gibt. Zwar wird durch die Aufrechnung **kein echter, neuer Streitgegenstand begründet**, denn nach h.M. wird die Gegenforderung nicht rechtshängig. Wegen der *Rechtskrafterstreckung des § 322 II ZPO* besteht **allerdings eine vergleichbare Sachlage.**

Daher nimmt die herrschende Ansicht an, dass die Entscheidungsbefugnis des Gerichts sich nicht auf die Gegenforderung erstreckt, wenn für diese eine anderweitige Rechtswegzuständigkeit besteht (Hemmer/Wüst, ZPO I, Rn. 367). Das Gericht kann die Aufrechnung demnach *nur dann berücksichtigen, wenn die Forderung rechtskräftig festgestellt oder unbestritten ist*.

hemmer-Methode: Ist die Gegenforderung weder rechtskräftig festgestellt noch unbestritten, hat das Gericht das Verfahren analog § 148 ZPO auszusetzen, bis der Beklagte eine rechtskräftige Entscheidung über die Gegenforderung beim zuständigen Gericht herbeigeführt hat.

Ein Sonderproblem stellt das Verhältnis der ordentlichen Gerichte zur Arbeitsgerichtsbarkeit dar. Zwar ist nach allg. Meinung die Frage, ob das Arbeitsgericht oder das ordentliche Gericht entscheidet, eine Rechtswegfrage, vgl. insbesondere § 48 ArbGG, dennoch muss das ordentliche Gericht über die Gegenforderung auch dann entscheiden, wenn für diese das Arbeitsgericht zuständig ist und umgekehrt. Diese Differenzierung ist wegen § 48 ArbGG, der auf § 17 GVG verweist, nicht überzeugend, vgl. dazu z.B. Palandt, § 388, Rn. 5.

Erlassvertrag

Das Erlöschen der einzelnen Forderung kann auch durch einen formfreien Erlassvertrag herbeigeführt werden. Im Erlassvertrag verzichtet der Gläubiger gegenüber dem Schuldner auf die Forderung, § 397 I BGB. Ein einseitiger Verzicht des Gläubigers ist demnach nicht möglich. Allerdings wird der Zugang der Annahmeerklärung des Schuldners i.d.R. nach § 151 S. 1 BGB entbehrlich sein. Der Erlassvertrag kann nur zwischen Gläubiger und Schuldner geschlossen werden, denn der Erlassvertrag ist Verfügungsvertrag, er wirkt unmittelbar auf den Bestand der Forderung ein; eine Verfügung zugunsten Dritter ist jedoch nicht möglich.

Grenzen Sie den Erlassvertrag vom Aufhebungsvertrag, vom pactum de non petendo und vom negativen Schuldanerkenntnis ab!

1. <u>Abgrenzung zum Aufhebungsvertrag</u> (Hemmer/Wüst, BGB-AT III, Rn. 295)

Der **Erlassvertrag führt zum Erlöschen einer einzelnen Forderung**, also des Schuldverhältnisses i.e.S. Durch den **Aufhebungsvertrag wird dagegen der Vertrag als Ganzes**, das sog. Schuldverhältnis i.w.S. **beseitigt**.

2. <u>Abgrenzung zum pactum de non petendo</u> (Hemmer/Wüst, BGB-AT III, Rn. 295)

Als *pactum de non petendo bezeichnet man eine Vereinbarung*, in der sich der Gläubiger verpflichtet, die *Forderung nicht gegen den Schuldner geltend zu machen*, insbesondere nicht gerichtlich gegen den Schuldner vorzugehen. **Das pactum de non petendo führt im Gegensatz zum Erlass nicht zum Erlöschen der Forderung, sondern gibt dem Schuldner lediglich eine Einrede gegen die Forderung**.

3. <u>Abgrenzung zum negativen Schuldanerkenntnis</u> (Hemmer/Wüst, BGB-AT III, Rn. 296)

Beim negativen Schuldanerkenntnis einigen sich Gläubiger und Schuldner darauf, dass eine bestimmte Schuld nicht besteht. Das negative Schuldanerkenntnis als Gegenstück zum Schuldanerkenntnis nach §§ 780, 781 BGB kann *sowohl konstitutiv als auch deklaratorisch* sein. Will der Gläubiger durch das Anerkenntnis eine Schuld aufheben, handelt es sich um einen Erlass in Form eines negativen Schuldanerkenntnisses. Gehen die Parteien vom Nichtbestehen der Schuld aus und wollen sie dies lediglich feststellen, hat das negative Schuldanerkenntnis nur deklaratorischen Charakter. Bestand die Schuld in Wirklichkeit doch, so führt aber auch das deklaratorische negative Schuldanerkenntnis zum Erlöschen der Schuld. Das negative Schuldanerkenntnis ist *wie der Erlassvertrag abstrakt*. Daher ist die Wirksamkeit des Anerkenntnisses *grds. unabhängig von der Wirksamkeit des zugrunde liegenden Kausalgeschäfts* (i.d.R. Schenkung oder Vergleich). Das Anerkenntnis kann aber im Falle der Unwirksamkeit des Kausalgeschäfts nach § 812 I S. 1 Alt. 1, II BGB kondiziert werden. Das Gleiche gilt beim deklaratorischen Schuldanerkenntnis, falls die vermeintlich nicht gegebene Schuld in Wirklichkeit doch bestanden hat.

hemmer-Methode: Wichtiger Fall des negativen Schuldanerkenntnisses ist die arbeitsrechtliche Ausgleichsquittung bei Beendigung des Arbeitsverhältnisses, in der der Arbeitnehmer auf Ansprüche aus dem Arbeitsverhältnis verzichtet. Hier gilt es zum einen zu prüfen, wie weit der rechtsgeschäftliche Wille zum Verzicht reicht. Im Zweifel ist die Erklärung des AN eng auszulegen. Zum anderen stehen einige Ansprüche nicht zur Disposition der AN, vgl. §§ 4 IV TVG, 13 I S. 3 BUrlG, 12 EFZG. Der Verzicht geht dann ins Leere (Hemmer/Wüst, BGB-AT III, Rn. 294, Hemmer/Wüst, ArbeitsR, Rn. 609 ff.).

Voraussetzungen des Erlassvertrages

Der Erlassvertrag bewirkt das Erlöschen einer bestehenden Forderung, setzt daher das Bestehen einer solchen voraus. Dabei genügt es aber auch, wenn die Forderung bedingt oder befristet oder dem Rechtsgrund nach angelegt ist. Nach der Rspr. des BGH kann ein Erlassvertrag sogar über eine zukünftige Forderung geschlossen werden. Der Erlass führt in diesem Fall dazu, dass die Forderung gar nicht erst zur Entstehung gelangt. Unwirksam ist der Erlass jedoch, soweit er Forderungen betrifft, auf die der Gläubiger nicht verzichten kann. So ist z.B. der Verzicht auf künftige gesetzliche Unterhaltsansprüche durch die §§ 1360a III, 1614 I BGB eingeschränkt. Einschränkungen gelten auch im Arbeitsrecht (vgl. hierzu Hemmer/Wüst, ArbeitsR, Rn. 614 f.).

Der Erlassvertrag ist als Verfügungsvertrag abstrakt, d.h. die Wirksamkeit des Vertrages ist nicht vom Bestehen des Rechtsgrundes abhängig.

Was gilt, wenn das Kausalgeschäft, z.B. ein zugrunde liegender Vergleich, unwirksam ist?

Der Erlassvertrag ist trotz der Unwirksamkeit des Vergleichs wegen des Abstraktionsprinzips wirksam.

Der Abschluss des Erlassvertrages stellt **jedoch** eine **rechtsgrundlose Leistung** des Gläubigers an den Schuldner dar. **Der Gläubiger kann daher gem. § 812 I S. 1 Alt. 1 BGB vom Schuldner die „Herausgabe" des Erlasses verlangen**. Der *Kondiktionsanspruch richtet sich deshalb auf die vertragliche Neubegründung des erloschenen Anspruchs* (Hemmer/Wüst, BGB-AT III, Rn. 290).

Bestehen für den betreffenden Anspruch akzessorische Sicherheiten, wie z.B. eine Bürgschaft, so entfallen diese mit Erlöschen des gesicherten Anspruchs. Sie leben auch nicht automatisch mit der Neubegründung des erloschenen Anspruchs auf. Der Gläubiger kann jedoch ebenfalls nach Bereicherungsrecht die Wiederherstellung der erloschenen Sicherheit verlangen.

hemmer-Methode: Sie müssen mit der Annahme eines Erlassvertrages in der Klausur zurückhaltend sein: Zwar ist der Erlassvertrag wie auch das negative Schuldanerkenntnis formlos möglich, es genügt also schlüssiges Handeln. Es muss sich aber eindeutig der rechtsgeschäftliche Wille des Gläubigers ergeben, die Forderung erlassen zu wollen. An die Feststellung dieses Rechtsbindungswillens sind zum Schutz des Gläubigers strenge Anforderungen zu stellen. Dabei gilt, dass ein Wille zum Forderungsverzicht nicht vermutet werden kann, es müssen also schon eindeutige Hinweise auf einen Verzicht im Sachverhalt enthalten sein. Auch der Umfang des Verzichts ist im Zweifel eng auszulegen. Das spielt insbesondere bei der arbeitsrechtlichen Ausgleichsquittung eine Rolle (vgl. hierzu Hemmer/Wüst, ArbeitsR, Rn. 613). Hier gilt es genau zu prüfen, auf welche Ansprüche der AN verzichten wollte. Die üblicherweise gewählte Erklärung eines Verzichts auf Ansprüche „aus dem Arbeitsverhältnis" erfasst daher nicht die Schutzrechte anlässlich der Kündigung, da diese nicht Ansprüche i.S.d. § 194 BGB darstellen. Auch sonstige Ansprüche, die erst an die Beendigung des Arbeitsverhältnisses anknüpfen, also nicht aus dem Arbeitsverhältnis stammen, werden bei dieser Formulierung im Zweifel nicht erfasst.
Der ohne Gegenleistung erklärte, formularmäßige Verzicht des Arbeitnehmers auf die Erhebung einer Kündigungsschutzklage stellt im Übrigen eine unangemessene Benachteiligung i.S.v. § 307 I S. 1 BGB dar.

Aufhebungsvertrag

Im Gegensatz zum Erlassvertrag bewirkt der Aufhebungsvertrag das Erlöschen des Schuldverhältnisses i.w.S., d.h. des gesamten Vertrages und nicht nur der einzelnen Forderung. Die Zulässigkeit des Aufhebungsvertrags ergibt sich aus dem Grundsatz der Privatautonomie, § 311 I BGB. Sind bereits Leistungen ausgetauscht worden, könnte man den Vertrag nach § 812 I S. 2 Alt. 1 BGB rückabwickeln. Regelmäßig entspricht es aber dem Parteiwillen, ein vertragliches Rückgewährschuldverhältnis zu begründen, auf welches die §§ 346 ff. BGB entsprechend angewendet werden (vgl. BGB-AT III, Rn. 300). Dadurch wird eine Berufung auf Entreicherung nach § 818 III BGB ausgeschlossen.

V und K schließen einen notariell beurkundeten Grundstückskaufvertrag. Noch vor der Auflassung vereinbaren K und V die Aufhebung des Kaufvertrags.

Ist der Vertrag formbedürftig?

Abwandlung: Was gilt, wenn K bereits ein Anwartschaftsrecht erworben hat?

1. Grundfall:

Grundsätzlich bedarf ein Aufhebungsvertrag keiner besonderen Form. Im vorliegenden Fall könnte aber die Formvorschrift des § 311b I S. 1 BGB eingreifen. Demnach wäre der Aufhebungsvertrag formbedürftig, wenn er eine Verpflichtung zum Erwerb oder zur Übertragung eines Grundstücks enthielte. Ist der Vertrag aber, wie hier, überhaupt nicht vollzogen worden, **begründet seine Aufhebung weder eine Erwerbs- noch Übertragungspflicht, der Aufhebungsvertrag ist daher nicht formbedürftig**.

Ist der Vertrag *bereits durch Auflassung und Eintragung vollzogen* worden, ist zur Aufhebung die Rückübertragung des Grundstücks erforderlich. In diesem Fall *bedarf auch der Aufhebungsvertrag der Form des § 311b I S. 1 BGB.*

2. Abwandlung:

In der Abwandlung hat K bereits ein Anwartschaftsrecht erworben (durch Stellung des Eintragungsantrags nach bindender Einigung, § 873 II BGB, oder Eintragung einer Auflassungsvormerkung; vgl. hierzu Hemmer/Wüst, SachenR II, Rn. 90 ff.).

Nach h.M. und Rspr. ist in diesem Fall der Aufhebungsvertrag formbedürftig, da er zur Beseitigung des Anwartschaftsrechts (als wesensgleichem Minus zum Grundstückseigentum) **führt**.

Nach a.A. (vgl. Medicus/Petersen, BR, Rn. 469a) ist ein so frühzeitiger Schutz nicht erforderlich, da dieser leicht umgangen werden kann, indem der Käufer zunächst das Anwartschaftsrecht beseitigt und der Vertrag dann erst formlos aufgehoben wird. Das Anwartschaftsrecht selbst kann nämlich formlos aufgehoben werden, entweder durch Aufhebung der Vormerkung nach § 875 BGB analog oder durch Rücknahme des Eintragungsantrags beim Grundbuchamt.

hemmer-Methode: Ob der Aufhebungsvertrag das Schuldverhältnis ex tunc oder ex nunc aufheben soll, ist eine Frage der Auslegung, §§ 133, 157 BGB. Bei Dauerschuldverhältnissen ist aber in aller Regel eine Aufhebung nur für die Zukunft gewollt. Der Aufhebungsvertrag spielt vor allem im Arbeitsrecht eine wichtige Rolle (näher dazu Hemmer/Wüst, ArbeitsR, Rn. 351 ff.).

Elemente des Aufhebungsvertrages sind auch in der sog. Novation enthalten. Bei der Novation oder Schuldumwandlung wird das alte Schuldverhältnis aufgehoben und zugleich ein neues Schuldverhältnis begründet, das an die Stelle des alten tritt. Da das alte Schuldverhältnis erlischt, erlöschen die Sicherungsrechte für die alte Schuld, auch Einwendungen aus dem alten Schuldverhältnis können nicht mehr vorgetragen werden. Wegen dieser weitreichenden Folgen ist eine Novation nur bei eindeutigem Parteiwillen anzunehmen.

Zum Aufhebungsvertrag lesen Sie auch TYROLLER, Die Loslösung vom Vertrag, Life&Law 08/2007, 562 ff.

Rechtsvernichtender Widerruf

Neben der Erfüllung bzw. den Erfüllungssurrogaten und der vertraglichen Aufhebung besteht auch die Möglichkeit, das Schuldverhältnis durch Ausübung eines dem Berechtigten zustehenden Gestaltungsrechts zum Erlöschen zu bringen. Ein solches Gestaltungsrecht ist z.B. die Aufrechnung. Diese führt zur Befriedigung des Gläubigers und ist damit Erfüllungssurrogat. Es bestehen aber auch Gestaltungsrechte, die das Schuldverhältnis beenden, ohne dass eine Befriedigung des Gläubigers erfolgt.

Nennen Sie Gestaltungsrechte, die das Schuldverhältnis zum Erlöschen bringen!

Welche Unterscheidung gilt es beim Widerruf zu beachten?

1. Rücktritt, §§ 346, 347 ff. BGB

Das Rücktrittsrecht kann auf Gesetz (z.B. §§ 313 III S. 1, 321 III S. 2, 323 I, 324, 326 V, 438 IV S. 3 BGB) oder auf vertraglicher Vereinbarung beruhen. Mit Ausübung des Rücktrittsrechts wird das Schuldverhältnis in ein Rückgewährschuldverhältnis umgewandelt. Die ursprünglichen Leistungspflichten erlöschen.

2. Kündigung, z.B. §§ 620 ff. BGB, § 314 BGB

Die Kündigung beendet das Schuldverhältnis für die Zukunft. Die bereits erbrachten Leistungen sind aber nicht zurückzugewähren.

3. Anfechtung, §§ 142 I, 119 ff. BGB

Durch Anfechtung wird die Willenserklärung des Anfechtenden rückwirkend vernichtet, § 142 I BGB. Damit entfällt auch das dadurch begründete Schuldverhältnis mit ex-tunc-Wirkung. Die Rückabwicklung findet nach Bereicherungsrecht statt. (Ausnahmsweise kann die Anfechtung von bereits in Vollzug gesetzten Dauerschuldverhältnissen aber de facto nur ex-nunc-Wirkung haben, so beim fehlerhaften Arbeitsverhältnis und bei der fehlerhaften Gesellschaft, weil eine bereicherungsrechtliche Rückabwicklung insbesondere wegen § 818 II, III BGB nicht interessengerecht wäre, vgl. hierzu Hemmer/Wüst, ArbeitsR, Rn. 301ff. und Hemmer/Wüst, GesellschaftsR, Rn. 73 ff.).

4. Rechtsvernichtender Widerruf, z.B. §§ 355 I S. 1, 530, 658, 671, 790 BGB

Hier wird durch den Widerruf ein bereits entstandener Anspruch zum Erlöschen gebracht. **Vom rechtsvernichtenden ist der rechtshindernde Widerruf (z.B. in §§ 109 I, 130 I S. 2, 183 BGB) zu unterscheiden.** Der rechtshindernde Widerruf führt dazu, dass eine noch nicht voll wirksame Willenserklärung rückwirkend beseitigt wird. Der Primäranspruch entsteht also erst gar nicht. Systematisch ist der rechtshindernde Widerruf daher als rechtshindernde Einwendung bei der Frage zu prüfen, ob der geltend gemachte Anspruch wirksam entstanden ist (vgl. Hemmer/Wüst, BGB-AT III, Rn. 303).

hemmer-Methode: Merken Sie sich zu Kündigung und Rücktritt Folgendes: Die Kündigung gilt i.R.v. Dauerschuldverhältnissen. Wegen häufig bestehender Rückabwicklungsschwierigkeiten bzgl. in der Vergangenheit erbrachter Leistungen ist deren ex-nunc-Wirkung in diesem Bereich interessengerecht. Ein Rücktritt kann jedoch bei Dauerschuldverhältnissen dann in Betracht kommen, wenn eine vollständige Rückabwicklung unschwer möglich und nach der Interessenlage der Parteien sachgerecht ist, BGH, Life&Law 09/2002, 580 ff.

Widerruf des Auftrags

Ein Widerrufsrecht, dass den Vertrag erlöschen lässt, findet sich bei der Schenkung (§ 530 BGB), der Auslobung (§ 658 BGB), dem Auftrag (§ 671 I BGB) und der Anweisung (§ 790 BGB). Die Widerrufsrechte sind jeweils unterschiedlich ausgestaltet nach Voraussetzungen und Rechtsfolgen. Die Schenkung kann z.B. gem. § 530 BGB wegen groben Undanks widerrufen werden, auch nachdem der Vertrag vollzogen wurde. Die Rückabwicklung erfolgt dann nach Bereicherungsrecht, § 531 II BGB. Bei den übrigen Widerrufsrechten wirkt der Widerruf dagegen nur für die Zukunft, Fragen der Rückabwicklung stellen sich nicht.

Examensrelevant ist vor allem der Widerruf des Auftrags nach § 671 I BGB.

1. **Welche Voraussetzungen, welche Wirkungen hat der Widerruf nach § 671 I BGB?**
2. **In welcher Problemkonstellation erlangt der Widerruf des Auftrags besondere Bedeutung?**

1. **<u>Voraussetzungen und Rechtsfolgen des § 671 I BGB:</u>**

Der Auftraggeber kann gem. § 671 I BGB jederzeit den Auftrag widerrufen. Obwohl der Widerruf als Gestaltungsrecht grds. bedingungsfeindlich ist, kann der Widerruf des Auftrags **auch unter einer Bedingung erklärt werden**, denn der Beauftragte kann die dadurch entstehende Ungewissheit selbst durch Kündigung nach § 671 I BGB beseitigen.

Der Widerruf ist **unzulässig, wenn das Widerrufsrecht durch vertragliche Vereinbarung ausgeschlossen wurde**. Eine solche Vereinbarung ist jedoch nur dann möglich, wenn der Auftrag zumindest auch im Interesse des Beauftragten erteilt worden ist. Dient der Auftrag ausschließlich Interessen des Auftraggebers, ist ein Verzicht auf das Widerrufsrecht unzulässig, da sich der Auftraggeber ansonsten dem Beauftragten ausliefern würde.

Der Widerruf des Auftrags beendet das Auftragsverhältnis für die Zukunft. Bereits entstandene Ansprüche aus dem Auftragsverhältnis werden daher vom Widerruf nicht berührt. Der Widerruf des Auftrags kommt somit einer Kündigung sehr nahe. Daraus folgt auch, dass ein Widerruf nach vollständiger Ausführung des Auftrags nicht mehr möglich ist, weil das Auftragsverhältnis bereits aus diesem Grund für die Zukunft beendet ist.

2. **<u>Der Widerruf des Auftrags spielt oft in Verbindung mit einem transmortalen Auftrag und einer entsprechenden Vollmacht eine Rolle</u>**:

Das **Auftragsverhältnis erlischt nach § 672 BGB im Zweifel nicht durch den Tod des Auftraggebers**, daher bleibt gem. § 168 S. 1 BGB auch die im Rahmen des Auftrags erteilte Vollmacht bestehen. Auftrag und Vollmacht erlöschen erst durch Widerruf. Das **Widerrufsrecht geht auf den Erben über**. *Will dieser das Rechtsgeschäft verhindern, so muss er demnach rechtzeitig vor Ausführung des Auftrags den Widerruf erklären.*

hemmer-Methode: Der Widerruf des Auftrags wird in diesem Fall oft noch mit dem Problem des Verhältnisses von §§ 2301, 518 II und 328 BGB kombiniert, so etwa in den „Sparbuch- Fällen“. Der Anspruch des Dritten auf Auszahlung des Sparguthabens gegen die Bank (= Versprechende) entsteht nach h.M. gem. § 328 II i.V.m. § 331 BGB mit dem Tod des Versprechensempfängers. Ob dem Dritten der Anspruch tatsächlich und endgültig zusteht, richtet sich nach dem Valutaverhältnis (Erblasser/Dritter). Die Zuwendung des Auszahlungsanspruchs bedarf nämlich eines Rechtsgrundes (meist Schenkung). Die Bank soll i.d.R. als Vertreter oder Bote des Erblassers das Valutaverhältnis zustande bringen. § 2301 BGB ist hier nach der Rspr. nicht anwendbar. Widerruft der Erbe aber den Auftrag vor Zugang des Schenkungsangebots, so erlischt gem. § 168 S. 1 BGB die Vollmacht der Bank für die Abgabe des Schenkungsangebots. Der Dritte ist um den Auszahlungsanspruch rechtsgrundlos bereichert. Arbeiten Sie dazu unbedingt Hemmer/Wüst, ErbR, Rn. 139 ff. nach!

Allgemeines zum Rücktritt

Ein weiteres Gestaltungsrecht, das zum Erlöschen der Forderung führen kann, ist der Rücktritt. Durch den Rücktritt werden die primären Leistungspflichten des Vertrages mit ex-nunc-Wirkung aufgehoben. Der Rücktritt ist daher rechtsvernichtende Einwendung.

1. **Woraus kann sich ein Rücktrittsrecht ergeben?**
2. **Welche Voraussetzungen hat der vertragliche Rücktritt?**

1. Das Rücktrittsrecht kann auf vertraglicher Vereinbarung (vertragliches Rücktrittsrecht) oder auf Gesetz (gesetzliches Rücktrittsrecht) beruhen.

Die §§ 346 ff. BGB sind sowohl auf das vertragliche als auch auf das gesetzliche Rücktrittsrecht anwendbar, vgl. § 346 I BGB.

Der Rücktritt als Gestaltungsrecht setzt ganz allgemein neben einem Rücktrittsgrund die Ausübung des Rücktrittsrechts durch einseitige empfangsbedürftige Willenserklärung, also eine (grds. bedingungsfeindliche) Rücktrittserklärung (§ 349 BGB), voraus.

2. Der vertragliche Rücktritt erfordert:

- **Rücktrittsvorbehalt im Vertrag** (vgl. Wortlaut des § 346 I BGB)
- **Nichteingreifen eines Rücktrittsausschlusses, §§ 350, 352 BGB**
- **Rücktrittserklärung, § 349 BGB**

hemmer-Methode: Der Rücktritt beseitigt den Vertrag aber nicht vollkommen, sondern wandelt ihn in ein Rückgewährschuldverhältnis (§§ 346 ff. BGB) um, vgl. KK 75.

Vertragliches Rücktrittsrecht

Nach § 346 BGB setzt das vertragliche Rücktrittsrecht voraus, dass der Rücktritt der Partei im Vertrag vorbehalten wurde. Demnach ist in der Klausur durch Auslegung (§§ 133, 157 BGB) zu ermitteln, ob der Partei ein Rücktrittsrecht eingeräumt werden sollte. Handelt es sich um eine Vereinbarung im Rahmen von Allgemeinen Geschäftsbedingungen, so ist das Klauselverbot des § 308 Nr. 3 BGB zu beachten. Für die Vereinbarung in AGBen gegenüber einem Kaufmann gilt § 307 BGB (vgl. § 310 I BGB).

In einigen Fällen geht das Gesetz selbst von einem vertraglich vereinbarten Rücktrittsrecht aus, kann also ergänzend bei Auslegungszweifeln herangezogen werden.

Regelt § 449 II BGB ein vertragliches Rücktrittsrecht?

§ 449 II BGB regelt <u>kein</u> vertragliches Rücktrittsrecht.

Vielmehr nimmt § 449 II BGB auf ein gesetzliches Rücktrittsrecht Bezug, wenn davon die Rede ist, dass aufgrund des Eigentumsvorbehalts der Verkäufer die Sache nur herausverlangen kann, wenn er vom Vertrag zurückgetreten ist. Daraus resultiert für den Verkäufer die Notwendigkeit, dem Käufer nach § 323 I BGB eine angemessene Frist zur Zahlung des Kaufpreises zu setzen. Erst nach deren erfolglosem Ablauf kann er zurücktreten. Eine Fristsetzung bedarf es lediglich in den Fällen des § 323 II BGB nicht. Es bleibt den Parteien indes unbenommen, tatsächlich ein vertragliches Rücktrittsrecht zu vereinbaren.

<u>Beachte</u>: *Besteht der EV zwischen einem Unternehmer und Verbraucher und ist die Summe der Raten höher als der Barzahlungspreis, ist das Rücktrittsrecht speziell in **§§ 506 I, III, 508 S. 1, 498 I BGB** geregelt.*

Dieses Rücktrittsrecht verdrängt zum Schutze des Verbrauchers alle anderen Vorschriften!

hemmer-Methode: Das Rücktrittsrecht des Verkäufers aus § 323 I BGB entfällt wegen Verjährung, wenn die Kaufpreisforderung nicht mehr einredefrei ist. Die Unwirksamkeit des Rücktritts folgt aus § 218 I BGB. Der Verkäufer kann den Kaufvertrag dann an sich nicht mehr beseitigen, zugleich ist sein Kaufpreisanspruch verjährt.

Dies gilt aber nicht, wenn zur Sicherung der Kaufpreisforderung ein Eigentumsvorbehalt vereinbart war. Nach § 218 I S. 3 i.V.m. § 216 II S. 2 BGB ist im Rahmen eines Eigentumsvorbehalts der Rücktritt nämlich trotz verjährter Kaufpreisforderung wirksam.

Ausschluss des Rücktritts

Der Rücktrittsberechtigte ist auch dann zum Rücktritt berechtigt, wenn er zur Rückgewähr der empfangenen Leistung außerstande ist, selbst wenn er die Unmöglichkeit der Rückgewähr zu vertreten hat.

Das Risiko des Untergangs oder eines sonstigen Unvermögens zur Rückgewähr wird dem Rückgewährschuldner durch Begründung einer Wertersatzpflicht zugewiesen, § 346 II, III BGB.

In welchen Fällen ist das Rücktrittsrecht des Gläubigers ausgeschlossen?

Der Ausschluss des Rücktritts richtet sich nach den §§ 350, 352 BGB sowie nach § 218 I BGB.

1. <u>Erlöschen des Rücktrittsrechts nach Fristsetzung, § 350 BGB</u>:

Ist für die Ausübung des vertraglichen Rücktrittsrechts eine Frist nicht vereinbart, so kann dem Berechtigten von dem anderen Teil für die Ausübung eine angemessene Frist bestimmt werden. Das Rücktrittsrecht erlischt, wenn nicht der Rücktritt vor dem Ablauf der Frist erklärt wird.

2. <u>Aufrechnung nach Nichterfüllung, § 352 BGB</u>:

Der Rücktritt wegen Nichterfüllung einer Verbindlichkeit wird unwirksam, wenn der Schuldner sich von der Verbindlichkeit durch Aufrechnung befreien konnte und unverzüglich nach dem Rücktritt die Aufrechnung erklärt.

3. <u>Unwirksamkeit des Rücktritts, § 218 BGB</u>:

Der Rücktritt wegen nicht oder nicht vertragsgemäß erbrachter Leistung ist unwirksam, wenn der Anspruch auf die Leistung oder der Nacherfüllungsanspruch verjährt ist und der Schuldner sich hierauf beruft. Dies gilt auch, wenn der Schuldner nach § 275 I bis III, § 439 III oder § 635 III BGB nicht zu leisten braucht und der Anspruch auf die Leistung oder der Nacherfüllungsanspruch verjährt wäre.

hemmer-Methode: Sprechen Sie niemals von der Verjährung des Rücktrittsrechts! Der Verjährung unterliegen nämlich gem. § 194 BGB nur Ansprüche, der Rücktritt ist aber ein Gestaltungsrecht.

Wenn der Erfüllungsanspruch, wegen dessen Verletzung der Gläubiger zurücktreten möchte, verjährt ist, dann ist das Rücktrittsrecht „verfristet". Dies gilt aber gem. §§ 218 I S. 3, 216 II S. 2 BGB nicht, wenn der Anspruch (z.B. die Kaufpreisforderung) durch einen Eigentumsvorbehalt gesichert war.

Rücktrittserklärung

Der Rücktritt erfolgt gem. § 349 BGB durch formlose Erklärung gegenüber dem anderen Teil. Der Rücktritt ist als Gestaltungsrecht grds. unwiderruflich und bedingungsfeindlich. Zulässig sind jedoch wie bei sonstigen Gestaltungsrechten Rechts- und Potestativbedingungen. Bei Vereinbarung einer Frist, ist der Rücktritt nach Ablauf dieser Frist ausgeschlossen. Fehlt eine Fristvereinbarung, kann eine angemessene Frist nach § 350 BGB bestimmt werden. Der Rücktritt muss weder als solcher bezeichnet werden noch muss der Rücktrittsberechtigte den Rücktrittsgrund angeben. Ob tatsächlich ein Rücktritt gewollt ist (und nicht etwa Anfechtung oder Widerruf), ist durch Auslegung (§§ 133, 157 BGB) zu ermitteln.

Nach § 508 S. 5 BGB gilt bei Teilzahlungsgeschäften die Rücknahme der gelieferten Sache als Rücktrittserklärung. In welchen Fällen wird die Rücktrittserklärung demnach fingiert?

1. Wiederansichnahme der aufgrund des Kreditvertrages gelieferten Sache

Eine Rücktrittserklärung liegt nach § 508 S. 5 BGB dann vor, wenn der Kreditgeber die Sache wieder an sich nimmt. Gemeint ist damit zunächst der Fall, dass der Kreditgeber sich den unmittelbaren Besitz verschafft. Ausreichend ist aber auch die Erlangung des mittelbaren Besitzes, wenn der Verbraucher die Sache an einen Dritten herausgibt, der dem Kreditgeber den Besitz mittelt.

2. Wertverschaffung

Der Wiederansichnahme steht es gleich, wenn der Kreditgeber die Sache an einen Dritten weiterveräußert.

3. Klage auf Herausgabe

Nach h.M. löst bereits die Klage auf Herausgabe der gelieferten Sache die Rücktrittsfiktion des § 508 S. 5 BGB aus. Nach a.A. liegt in der Klageerhebung lediglich eine konkludente Rücktrittserklärung nach § 349 BGB. Der BGH lässt in einer Entscheidung sogar das ernsthafte Herausgabeverlangen des Kreditgebers genügen. Hier liegt jedoch eher die Annahme einer schlüssigen Rücktrittserklärung nahe. § 508 S. 5 BGB soll verhindern, dass der Käufer den Sachbesitz verliert und dennoch weiterhin zur Zahlung der Raten verpflichtet ist. Das bloße Herausgabeverlangen berührt diesen Schutzzweck aber noch nicht.

4. Wegnahme aufgrund Pfändung

Die Pfändung der Kaufsache (aufgrund eines Titels hinsichtlich der Restkaufpreisforderung) genügt noch nicht. Die Wegnahme der Sache durch den Gerichtsvollzieher aufgrund der Pfändung löst dagegen nach h.M. die Fiktion des § 508 S. 5 BGB aus, denn sonst bliebe der Käufer trotz fehlenden Besitzes weiterhin zur Kaufpreiszahlung verpflichtet.

Wirkung des Rücktritts

Liegen sämtliche Voraussetzungen (Rücktrittsgrund/ Rücktrittserklärung/ keine Ausschlussgründe) vor, ist der Rücktritt des Berechtigten wirksam. Der Vertrag wird in ein Rückgewährschuldverhältnis umgewandelt, die ursprünglichen Vertragspflichten entfallen.

Erläutern Sie die Rechtsfolgen des Rücktritts!
Was gilt, wenn der empfangene Gegenstand untergegangen ist?

1. Die ursprünglichen **Erfüllungsansprüche** aus dem Vertrag **erlöschen**. Bereits entstandene **Sekundäransprüche** werden vom Rücktritt **nicht berührt** (z.B. §§ 280 I, II, 286 BGB). Gemäß § 325 BGB bleibt aber auch die Geltendmachung des Schadensersatzes statt der Leistung trotz erklärten Rücktritts möglich.

2. Gem. **§ 346 I BGB** sind die Parteien zur **Rückgewähr der empfangenen Leistungen und zur Herausgabe der gezogenen Nutzungen verpflichtet**. Der Rückforderungsanspruch hat jedoch *nur schuldrechtliche, nicht dingliche Wirkung*. Leistungsort für die Rückgewährpflicht ist im Zweifel der Erfüllungsort der Leistungspflicht. Der Rückgewährschuldner kann sich nicht gem. § 818 III BGB auf Entreicherung berufen, da die §§ 346 ff. BGB eine gegenüber den §§ 812 ff. BGB vorrangige Sonderregelung darstellen.

a) Ist die Rückgewähr (empfangene Leistungen) oder die Herausgabe (gezogene Nutzungen) nach der Natur des Erlangten (z.B. Leistung von Diensten oder Überlassung der Benutzung einer Sache) nicht möglich, ist gem. **§ 346 II S. 1 Nr. 1 BGB** Wertersatz zu leisten.

b) Die Wertersatzpflicht tritt auch dann ein, wenn der Schuldner den empfangenen Gegenstand verbraucht, veräußert, belastet, verarbeitet oder umgestaltet hat, **§ 346 II S. 1 Nr. 2 BGB**.

c) § 346 II S. 1 Nr. 3 BGB sieht eine Wertersatzpflicht für die Fälle vor, in denen sich der empfangene Gegenstand verschlechtert hat oder untergegangen ist. Jedoch kommt eine durch die bestimmungsgemäße Ingebrauchnahme hervorgerufene Verschlechterung nicht in Betracht.

Der Umfang der Wertersatzpflicht bemisst sich nach **§ 346 II S. 2 BGB**.

3. Keine Verpflichtung zum Wertersatz besteht in den Fällen des § 346 III S. 1 BGB. § 346 III S. 1 Nr. 2 BGB betrifft den Fall, dass der Rückgewährsgläubiger keine Vorteile daraus ziehen darf, dass er den Untergang oder die Verschlechterung zu vertreten hat. Keine Wertersatzpflicht tritt schließlich ein, wenn der Rückgewährschuldner § 277 BGB beachtet hat, § 346 III S. 1 Nr. 3 BGB. Beachten Sie, dass diese Vorschrift nur beim gesetzlichen Rücktrittsrecht gilt.

4. Für **nicht gezogene Nutzungen** regelt § 347 I S. 1 BGB eine Wertersatzpflicht, soweit eine Nutzungsziehung möglich gewesen wäre, was sich beim gesetzlichen Rücktrittsrecht anhand von § 277 BGB bemisst. **Notwendige Verwendungen** sind dem Rückgewährschuldner zu ersetzen, wenn ihn Verpflichtungen aus § 346 I, II BGB treffen oder die Wertersatzpflicht wegen § 346 III Nr. 1 oder 2 BGB ausgeschlossen ist. **Andere Aufwendungen** bekommt der Rücktrittschuldner nur ersetzt, soweit der andere durch diese bereichert ist, § 347 II BGB.

5. Die sich aus dem Rücktritt ergebenden Ansprüche sind **Zug um Zug zu erfüllen, §§ 348, 320, 322 I BGB**.

Zum Erlöschen der vertraglichen Primärpflichten führt auch die Kündigung. Anders als das Rücktrittsrecht ist die Kündigung - mit Ausnahme des § 314 BGB - nicht im allgemeinen Teil des Schuldrechts geregelt, sondern im besonderen Teil in Zusammenhang mit den jeweiligen Vertragstypen. Die Kündigung dient vor allem der Beendigung von Dauerschuldverhältnissen. Hier übernimmt die Kündigung die Funktion, die der Rücktritt bei den einmaligen Austauschverhältnissen hat.

Worin unterscheiden sich die Wirkung der Kündigung und des Rücktritts?

Nennen Sie Vertragstypen, für die ein gesetzlich geregeltes Kündigungsrecht besteht!

1. Die Kündigung lässt die vertraglichen Primärpflichten mit Wirkung für die Zukunft entfallen. Die in der Vergangenheit liegenden bereits erbrachten Leistungen bleiben von ihr unberührt. **Die Kündigung führt im Gegensatz zum Rücktritt somit nicht zu einer Rückabwicklung des Vertrages.**

2. Gesetzlich geregelte Kündigungsrechte finden sich hauptsächlich bei den Dauerschuldverhältnissen, z.B.:

Miete (§§ 543, 540 I S. 2 BGB); **Leihe** (§ 605 BGB); **Dienstvertrag** (§§ 620 ff. BGB); **Gesellschaft des bürgerlichen Rechts** (§§ 723 ff. BGB); die §§ 620 ff. BGB werden ergänzt durch spezielle arbeitsrechtliche Vorschriften (z.B. § 1 KSchG, § 17 MuSchG, § 102 BetrVG, §§ 168 ff. SGB IX usw.).

Ausnahmsweise sieht das Gesetz eine Kündigung bei Verträgen vor, die keine Langzeit- oder Dauerschuldverhältnisse sind, z.B. beim **Werkvertrag (§§ 648, 648a, 649 BGB), beim Reisevertrag (§ 651i III Nr. 5 i.V.m. § 651l BGB) und beim Auftrag (§ 671 BGB)**.

In diesen Fällen erlischt die Pflicht des Unternehmers oder Beauftragten zum Tätigwerden. Die Auswirkungen auf die Gegenleistung sind dagegen unterschiedlich: Beim Auftrag besteht wegen der Unentgeltlichkeit keine Gegenleistung, die beeinträchtigt werden könnte. Bei der Kündigung des Werkvertrages nach § 648 BGB besteht der Werklohnanspruch grds. fort, der Unternehmer muss sich aber die ersparten Aufwendungen anrechnen lassen, vgl. § 648 S. 2 HS 2 BGB. Bei der Kündigung nach § 649 I BGB hat der Werkunternehmer nur einen Anspruch auf einen der geleisteten Arbeit entsprechenden Teil der Vergütung (§ 645 I BGB), im Übrigen erlischt der Vergütungsanspruch. Gleiches gilt bei der Kündigung aus wichtigem Grund, vgl. § 648a V BGB.

hemmer-Methode: Ausnahmsweise kann sich auch wegen Störung der Geschäftsgrundlage ein Kündigungsrecht ergeben, vgl. § 313 III S. 2 BGB. Bei vollzogenen Dauerschuldverhältnissen ist ein Kündigungsrecht aus wichtigem Grund ohne Kündigungsfrist nunmehr allgemein in § 314 BGB geregelt. Ein wichtiger Grund liegt in diesem Zusammenhang vor, wenn dem kündigenden Teil unter Berücksichtigung aller Umstände des Einzelfalles und unter Abwägung der beiderseitigen Interessen die Fortsetzung des Vertragsverhältnisses bis zur vereinbarten Beendigung oder bis zum Ablauf einer Kündigungsfrist nicht zugemutet werden kann.

Arten von Kündigungen

Man unterscheidet bei der Kündigung von Dauerschuldverhältnissen und Langzeitverträgen zwei Arten der Kündigung: Die ordentliche Kündigung und die außerordentliche Kündigung. Die ordentliche Kündigung dient der Beendigung von Dauerschuldverhältnissen, die auf unbestimmte Zeit geschlossen wurden. Daneben besteht ein Recht zur Kündigung aus wichtigen Gründen. Ist das Dauerschuldverhältnis auf bestimmte Zeit geschlossen, ist dagegen nur eine außerordentliche Kündigung möglich.

Wie unterscheiden sich ordentliche und außerordentliche Kündigung?

1. **Die <u>ordentliche Kündigung</u> ist nur zulässig, wenn die Beendigung des Schuldverhältnisses nicht schon in anderer Weise geregelt ist** (z.B. Bedingung, Befristung), vgl. §§ 542 II, 620 II BGB. **Das <u>außerordentliche Kündigungsrecht</u> besteht dagegen für jede Art von Dauerschuldverhältnis, unabhängig davon, ob dieses auf bestimmte oder unbestimmte Zeit eingegangen wurde**. Das Recht zur Kündigung aus wichtigem Grund kann selbst durch Individualvereinbarung nicht abbedungen werden. Dahinter steckt der Gedanke, dass die Lossagung von einem Dauerschuldverhältnis möglich sein muss, wenn die Vertrauensbasis zwischen den Parteien irreparabel zerstört ist.

2. **Die <u>ordentliche</u> Kündigung bedarf i.d.R. keines Kündigungsgrundes, die <u>außerordentliche</u> Kündigung dagegen immer** (vgl. §§ 543, 626, 723 I S. 2 BGB).

Bei den zwei wichtigsten Dauerschuldverhältnissen, nämlich Wohnraummiete und Arbeitsvertrag, ist auch für die ordentliche Kündigung aus sozialen Gesichtspunkten bei einer Arbeitgeber- oder Vermieterkündigung regelmäßig ein *Kündigungsgrund erforderlich (vgl. § 573 I BGB, § 1 KSchG)*. Für den Arbeitgeber gilt dieses Erfordernis aber nur, wenn für den Arbeitnehmer das Kündigungsschutzgesetz Anwendung findet, §§ 1 I, 23 I KSchG.

3. **Die <u>ordentliche</u> Kündigung erfordert i.d.R. das Einhalten einer Kündigungsfrist. Die <u>außerordentliche</u> Kündigung dagegen ist regelmäßig fristlos**. U.U. ist aber auch bei der außerordentlichen Kündigung die ordentliche Kündigungsfrist einzuhalten (bei befristeten Dauerschuldverhältnissen) oder die Einhaltung einer Auslauffrist aus sozialen Gründen erforderlich (vgl. hierzu Hemmer/Wüst, ArbeitsR, Rn. 99).

Des Weiteren kann das Recht zur außerordentlichen Kündigung einer Ausschlussfrist unterliegen (sog. Kündigungserklärungsfrist, vgl. § 314 III und § 626 II BGB.

hemmer-Methode: Die Kündigung spielt vor allem in der arbeitsrechtlichen Klausur eine zentrale Rolle. Hier muss häufig im Wege der Auslegung ermittelt werden, welche Form der Kündigung gewollt ist. Als Folgeproblem stellt sich oft die Frage, ob eine Umdeutung der außerordentlichen Kündigung in eine ordentliche nach § 140 BGB zulässig ist. Die Umdeutung der ordentlichen in eine außerordentliche Kündigung scheidet schon deswegen aus, weil die außerordentliche Kündigung gegenüber der ordentlichen Kündigung ein „Mehr“ ist.

Arbeiten Sie zur Frage der Umdeutung Hemmer/Wüst, ArbeitsR, Rn. 135 ff. nach!

Kündigungserklärung

Die Wirkung der Kündigung tritt erst mit Ausübung des Kündigungsrechts durch Kündigungserklärung ein. Die Kündigungserklärung ist eine einseitige empfangsbedürftige Willenserklärung. Welche Art der Kündigung (ordentlich/ außerordentlich) gewollt ist, ist durch Auslegung zu ermitteln.

1. **Die Kündigung ist ein Gestaltungsrecht. Was folgt daraus?**
2. **Welche Vorschriften sind zu beachten, wenn die Kündigung durch einen Minderjährigen oder einen Stellvertreter erklärt wird?**

1. Die Kündigung ist als Gestaltungsrecht grds. bedingungsfeindlich und unwiderruflich.

Wie bei den übrigen Gestaltungsrechten sind jedoch ***Potestativbedingungen***, d.h. Bedingungen, die ausschließlich vom Willen des anderen Teils abhängen, zulässig, weil in diesem Fall die Ungewissheit, die durch die Bedingungsfeindlichkeit vermieden werden soll, gerade nicht entsteht. Zulässig sind auch ***Rechtsbedingungen***, über deren Eintritt im Streitfall ein Gericht entscheiden wird. Bekanntester Fall ist die hilfsweise erklärte ordentliche Kündigung im Zusammenhang mit dem Ausspruch einer außerordentlichen Kündigung.

2. Wird die Kündigung durch einen **Minderjährigen** erklärt, sind die **§§ 107, 111 BGB zu beachten**. Die Kündigung **ohne Einwilligung der gesetzlichen Vertreter ist unwirksam und kann nicht nachträglich durch Genehmigung wirksam werden**.

Eine *Ausnahme* ist allerdings dann zu machen, wenn der *Erklärungsgegner mit der Vornahme der Kündigung ohne Einwilligung einverstanden ist*. Dann gelten die für Verträge anzuwendenden §§ 108, 109 BGB entsprechend (Hemmer/Wüst, BGB-AT II, Rn. 29).

Eine Kündigung durch einen **Vertreter ohne Vertretungsmacht** ist **gem. § 180 S. 1 BGB endgültig unwirksam, soweit der Erklärungsgegner die fehlende Vertretungsmacht unverzüglich beanstandet, § 180 S. 2 BGB**. Ansonsten gelten die §§ 177 ff. BGB, d.h. die Unwirksamkeit der Kündigung kann durch nachträgliche Genehmigung geheilt werden.

Wird die Kündigung durch einen **Vertreter mit Vertretungsmacht** erklärt, ist die Kündigung gem. **§ 174 S. 1 BGB** unwirksam, wenn der Erklärungsgegner die Kündigung wegen fehlender Vorlage der Vollmachtsurkunde **unverzüglich zurückweist.** Die Zurückweisung ist nur dann nach § 174 S. 2 BGB ausgeschlossen, wenn er vom Vollmachtgeber von der Bevollmächtigung in Kenntnis gesetzt wurde. Über den Wortlaut des § 174 S. 2 BGB hinaus gilt das auch dann, wenn das Vorliegen der Vollmacht offenkundig ist, z.B. durch Eintragung einer Prokura in das Handelsregister, vgl. in diesem Zusammenhang auch § 15 II HGB (vgl. dazu näher Hemmer/Wüst, ArbeitsR, Rn. 79 ff.).

hemmer-Methode: Gerade wegen der Unwirksamkeit einer konkreten Kündigungserklärung infolge Zurückweisung eignet sich § 174 BGB z.B. bestens als Aufhänger für die Frage, inwieweit die entsprechende Kündigung noch fristgerecht erfolgt ist (§§ 626 II, 622 BGB).

Erlöschen infolge von Mängelrechten

Auch Leistungsstörungen können zum Erlöschen von noch nicht erfüllten Primäransprüchen führen, sowohl hinsichtlich der gestörten Leistung als auch der Gegenleistung. Dies gilt auch für Gewährleistungsrechte. Häufig ist daher zu prüfen, ob der entstandene Primäranspruch infolge der Geltendmachung von Gewährleistungsrechten erloschen oder einredebehaftet ist.

Erläutern Sie die Auswirkungen von Sachmängelgewährleistungsansprüchen auf die vertraglichen Primäransprüche im Kaufrecht, Werk-, Miet- und Reisevertragsrecht!

1. **Kaufrecht** (Hemmer/Wüst, BGB-AT III, Rn. 601 ff.):

Bei Mängeln der Kaufsache kommen – sofern die Nacherfüllung nicht fristgerecht erfolgt – **u.a. das Recht zum Rücktritt oder zur Minderung sowie der Anspruch auf Schadensersatz statt der Leistung in Betracht, vgl. § 437 Nr. 2 und 3 BGB.** Der *Rücktritt führt zur Rückabwicklung des gesamten Kaufvertrags*. Mit der Ausübung des Rücktrittsrechts erlöschen die noch nicht erfüllten Primäransprüche. Die *Minderung führt zu einer anteiligen Herabsetzung des Kaufpreises, vgl. § 441 III BGB*. Eine noch nicht erfüllte Kaufpreisforderung erlischt durch Erklärung der Minderung in Höhe des Minderungsbetrags, § 441 I BGB. Im Falle des Schadensersatzes statt der Leistung kann der Käufer den *kleinen Schadensersatz (Schadensersatz statt der Leistung)* wählen, d.h. er kann die Wertdifferenz zwischen der mangelhaften und einer mangelfreien Sache verlangen, bleibt dafür aber zur Kaufpreiszahlung verpflichtet. Wählt er den *großen Schadensersatz (sog. Schadensersatz statt der **ganzen** Leistung)*, kann er die mangelhafte Sache zurückweisen und Ersatz des gesamten ihm entstandenen Nichterfüllungsschadens verlangen. In diesem Fall erlischt die noch nicht erfüllte Kaufpreisforderung.

2. **Werkvertragsrecht** (Hemmer/Wüst, BGB-AT III, Rn. 607)

Sofern die Nacherfüllung nicht fristgerecht erfolgt, hat der Besteller gegen den Unternehmer wie im Kaufrecht u.a. das Recht zum Rücktritt oder zur Minderung sowie einen Anspruch auf Schadensersatz statt der Leistung, vgl. § 634 Nr. 3 und 4 BGB. Für diese Rechte und Ansprüche gilt das zum Kaufrecht Gesagte entsprechend.

3. **Mietrecht** (Hemmer/Wüst, BGB-AT III, Rn. 608)

Der Mieter hat einen Primäranspruch auf **Gebrauchsgewährung einer mangelfreien Sache, §§ 535 I S. 2, 536 BGB. Für den Zeitraum der Mangelhaftigkeit wird der Mietzinsanspruch kraft Gesetzes je nach Beeinträchtigung der Gebrauchstauglichkeit gemindert (§ 536 I S. 2 BGB) oder aufgehoben (§ 536 I S. 1 BGB).** Es liegt also anders als im Kauf- oder Werkvertragsrecht kein Recht vor, das erst ausgeübt werden muss. Für den *Schadensersatzanspruch aus § 536a* BGB gilt das zum Kaufrecht Gesagte entsprechend.

4. **Reisevertragsrecht** (Hemmer/Wüst, BGB-AT III, Rn. 609)

Im Reisevertragsrecht wird der Reisepreis infolge der Mangelhaftigkeit kraft Gesetzes gemindert, §§ 651i III Nr. 6, 651m I BGB.

hemmer-Methode: Soweit der Primäranspruch erst mit Ausübung des Gestaltungsrechts (teilweise) erlischt, besteht vor dem Vollzug ein Leistungsverweigerungsrecht, z.B. § 320 BGB bei behebbaren Mängeln oder § 438 IV S. 2, V BGB nach Verjährung der Mängelrechte, aber vor Zahlung des Kaufpreises.

Erlöschen infolge von Leistungsstörungen

Zu den Leistungsstörungen, die zum Erlöschen des Primäranspruchs führen können, gehört insbesondere die Unmöglichkeit der Leistung. Hier ist zu differenzieren zwischen der Frage, ob der Schuldner von der Leistungspflicht befreit wird, und der Frage nach Auswirkungen der Unmöglichkeit auf die Gegenleistung. Die Folgen der Unmöglichkeit für die Leistung selbst sind in § 275 I-III BGB geregelt. Die Auswirkungen auf die Gegenleistung sind bei synallagmatischer Verknüpfung der in Frage stehenden Leistungspflichten in § 326 BGB geregelt.

Wird der Schuldner infolge der Unmöglichkeit von seiner Leistungspflicht befreit?

Im Unmöglichkeitsrecht wird unterschieden zwischen echter/wirklicher Unmöglichkeit gem. § 275 I BGB und unechter Unmöglichkeit gem. § 275 II, III.

Bei der wirklichen Unmöglichkeit gem. § 275 I BGB wird unterschieden zwischen anfänglicher und nachträglicher, subjektiver und objektiver Unmöglichkeit:

1. Bei anfänglicher objektiver Unmöglichkeit ist der Vertrag zwar wirksam, vgl. § 311a I BGB. Jedoch ist dieser Vertrag auf keine Leistungspflicht gerichtet, da § 275 I BGB auch das anfängliche Leistungshindernis erfasst (vgl. § 275 I BGB "unmöglich ***ist***").

2. Die **anfängliche subjektive Unmöglichkeit** wird von § 275 BGB gleichermaßen erfasst. Der **Vertrag ist gemäß § 311a I BGB nicht unwirksam, er enthält jedoch keinen Leistungsanspruch.** Der **Schuldner wird deshalb auf jeden Fall von seiner ursprünglichen Leistungspflicht frei**. Dies folgt schon aus dem Grundsatz, dass niemand zu einer unmöglichen Leistung verpflichtet sein kann.

3. Auch im Falle der nachträglichen Unmöglichkeit und des nachträglichen Unvermögens wird der Schuldner von der ursprünglichen Leistungspflicht befreit, der ursprüngliche Erfüllungsanspruch erlischt. Dies gilt unabhängig vom Vertretenmüssen des Schuldners, weil dem Schuldner nichts Unmögliches abverlangt werden kann (s.o.).

hemmer-Methode: Der Schuldner ist im Fall der Unmöglichkeit nie zur Leistung verpflichtet, da niemand Unmögliches erbringen kann. Von der Unmöglichkeit bleibt die Wirksamkeit des Vertrags jedoch unberührt.

Beachten Sie auch, dass gem. § 275 II und III BGB die Fälle der „faktischen" sowie „moralisch-psychologischen" Unmöglichkeit im Gegensatz zu § 275 I BGB als Leistungsverweigerungsrechte ausgestaltet sind, die erhoben werden müssen.

Das Gesetz fasst aus diesem Grund sämtliche Fälle des § 275 BGB unter dem Begriff „Leistungshindernisse" zusammen.

Folge der Unmöglichkeit für Gegenleistung

Steht fest, dass die Leistung des Schuldners unmöglich geworden ist, stellt sich im Anschluss regelmäßig die Frage, welche Auswirkungen dies auf die ihm an sich zustehende Gegenleistung hat. Bei Leistungen, die nicht im Gegenseitigkeitsverhältnis stehen, werden die Leistungspflichten des anderen Teils grds. nicht berührt. Etwas anderes gilt aber bei synallagmatischen Leistungspflichten. Hier kann infolge der Unmöglichkeit auch der Anspruch auf die Gegenleistung erlöschen.

Wann erlischt im Falle der Unmöglichkeit der Anspruch auf die im Synallagma stehende Gegenleistung?

1. Braucht der Schuldner wegen irgendeiner Form von Unmöglichkeit (§ 275 I BGB) oder eines sonstigen Leistungshindernisses (§ 275 II, III BGB) nicht zu leisten, entfällt der Anspruch auf die Gegenleistung, § 326 I S. 1 HS 1 BGB. Der Schuldner der unmöglich gewordenen Leistung trägt somit die Gegenleistungsgefahr (auch Preis- oder Vergütungsgefahr genannt). Er wird zwar selbst frei, erhält dafür aber keine Gegenleistung.

2. Die **Preisgefahr kann abweichend von der Grundregel des § 326 I S. 1 HS 1 BGB geregelt sein**, sodass ausnahmsweise der Gläubiger der unmöglichen Leistung weiterhin zur Gegenleistung verpflichtet ist. Wichtige gesetzliche Ausnahmevorschriften sind die **§§ 446, 447 I, 615, 644, 645, 2380 BGB. Der Anspruch auf die Gegenleistung erlischt in diesen Fällen nicht.**

§ 326 I BGB kann auch durch Parteivereinbarung **abbedungen werden** (lesen Sie dazu den BGH-Fall „Life Coaching durch Kartenlegen in **Life&Law 04/2011, 217 ff.** = NJW 2011, 756 ff. = **juris**byhemmer).

3. Eine Abweichung von § 326 I S. 1 HS 1 BGB sieht auch § 326 II BGB vor. Ist der Gläubiger der unmöglich gewordenen Leistung für das Leistungshindernis allein oder weit überwiegend verantwortlich, bleibt er gem. § 326 II S. 1 Alt. 1 BGB weiterhin zur Gegenleistung verpflichtet. Der Primäranspruch erlischt nicht. Dogmatisch handelt es sich nicht um eine Anspruchsgrundlage, sondern um eine Anspruchserhaltungsnorm. Gleiches gilt für **§ 326 II S. 1 Alt. 2 BGB**. Danach behält der Schuldner der Leistung seinen Anspruch auf die Gegenleistung, wenn das Leistungshindernis, das er nicht zu vertreten hat (beachte § 300 I BGB), zu einer Zeit eintritt, zu welcher sich der Gläubiger im Verzug der Annahme befindet.

4. Hat der Schuldner die Unmöglichkeit zu vertreten, so kann der Gläubiger gem. §§ 280 I, III, 283 BGB Schadensersatz statt der Leistung verlangen. Unabhängig vom Vertretenmüssen kann der Gläubiger auch gemäß § 326 V BGB zurücktreten. Die Gegenleistungspflicht entfällt auch im Falle des Vertretenmüssens des Schuldners i.R.d. Schadensersatzes statt der Leistung (§§ 280 I, III, 283 BGB), weil auch hier § 326 I S. 1 HS 1 BGB eingreift. Hat der Gläubiger **seine Gegenleistung noch nicht erbracht**, kann er nach der Differenzmethode seinen Schaden abrechnen. Unberührt bleibt aber das Recht des Gläubigers, im Rahmen der Schadensabwicklung nach der Surrogationsmethode seine Gegenleistung noch zu erbringen.

hemmer-Methode: Hat der Gläubiger dagegen seine Gegenleistung schon erbracht, kann er sie gemäß § 326 IV BGB zurückfordern und seinen Schaden nach der Differenztheorie abrechnen. Er kann aber auch die erbrachte Gegenleistung beim Schuldner belassen und nach der Surrogationsmethode abrechnen. Diesem Vorgehen steht § 326 IV BGB nicht entgegen.

Der Verzug des Schuldners lässt die Primärpflichten der Vertragspartner grundsätzlich unberührt. Die Sekundäransprüche treten lediglich neben die weiterbestehenden Erfüllungsansprüche, so etwa §§ 280 I, II, 286, 288 BGB. Anstelle des Erfüllungsanspruchs kann der Gläubiger Schadensersatz statt der Leistung nur unter den Voraussetzungen der §§ 280 I, III, 281 BGB verlangen, wobei § 281 BGB lediglich das Nichterbringen einer fälligen Leistung und damit keinen Verzug voraussetzt. Eine Unterscheidung zwischen einseitigen Leistungsverpflichtungen und synallagmatischen Leistungsverpflichtungen bedarf es im Rahmen des § 281 BGB nicht. Unter vergleichbaren Voraussetzungen wie in § 281 kann der Gläubiger zudem im Rahmen eines gegenseitigen Vertrags zurücktreten, wobei auch hier nicht das Nichterbringen einer synallagmatischen Leistungsverpflichtung erforderlich ist, vgl. § 323 I BGB. Es muss sich lediglich um einen gegenseitigen Vertrag handeln. Auf ein Vertretenmüssen der Pflichtverletzung kommt es außerdem nicht an.

Wann entfallen beim Schuldnerverzug die Primärpflichten?

1. Bei jeglicher Form von Leistungspflichten hat der Gläubiger die Möglichkeit, im Falle der verspäteten Erbringung der Leistung gemäß §§ 280 I, III, 281 BGB Schadensersatz statt der Leistung zu verlangen. Voraussetzung ist dafür lediglich das Setzen einer angemessenen Frist zur Leistung. Nicht erforderlich ist eine Ablehnungsandrohung (Ausnahme nur im Fall der §§ 508 S. 1, 498 I BGB). Sofern nach der Art der Pflichtverletzung (z.B. Verstoß gegen Unterlassungspflicht) eine Fristsetzung nicht in Betracht kommt, tritt an deren Stelle eine Abmahnung, § 281 III BGB. Die Fristsetzung (bzw. Abmahnung) ist in den Fällen des § 281 II BGB entbehrlich, nämlich bei ernsthafter und endgültiger Erfüllungsverweigerung und Interessenwegfall.

Liegen die besonderen Voraussetzungen des § 281 BGB vor, entfällt nicht automatisch der Anspruch auf die Primärleistung. Vielmehr ist nach § 281 IV BGB für das Erlöschen des Primäranspruchs notwendig, **dass der Gläubiger statt der Leistung tatsächlich Schadensersatz verlangt.**

Für den Anspruch auf Schadensersatz statt der ***ganzen*** Leistung („großer" Schadensersatz) sind zusätzlich die § 281 I S. 2 und 3 sowie § 281 V BGB zu beachten.

Was das Erlöschen der Gegenleistungspflicht angeht, ist danach zu unterscheiden, ob der Gläubiger seine Gegenleistung erbracht hat oder nicht.

2. Die Primärpflichten können im Rahmen gegenseitiger Verträge auch nach § 323 I BGB entfallen. Wie in § 281 I BGB bezieht sich das Merkmal der Nichterbringung der Leistung auf die verspätete Leistungserbringung. Voraussetzung für den Rücktritt ist wiederum das Setzen einer angemessenen Frist zur Leistung oder eine Abmahnung (§ 323 III BGB).

Die Fristsetzung (bzw. Abmahnung) ist in den Fällen des § 323 II BGB entbehrlich. Über die Fallgruppen des § 281 II BGB hinaus wurde in § 323 II Nr. 2 BGB das relative Fixgeschäft aufgenommen. Liegen die übrigen Voraussetzungen des § 323 BGB vor und erklärt der Gläubiger den Rücktritt, wird der Vertrag in ein Rückgewährschuldverhältnis umgewandelt, die Ansprüche auf die Leistung und Gegenleistung entfallen.

hemmer-Methode: Strittig ist, ob i.R.d. § 281 II BGB die Vorschrift des § 323 II Nr. 2 BGB wegen des ansonsten bestehenden Gleichlaufs analog angewendet werden kann. Dies wird z.T. vertreten. Andere Stimmen versuchen, dies über eine erweiternde Auslegung des § 281 II Alt. 2 BGB zu erreichen. Beide Ansichten sind bedenklich, da dem Gesetzgeber nicht unterstellt werden kann, er habe das relative Fixgeschäft bei § 281 II BGB vergessen. Es wird daher auch vertreten, dass eine bewusste Lücke vorliegt und lediglich beim Fixhandelskauf gem. § 376 I S. 1 HGB ohne vorherige Fristsetzung Schadensersatz verlangt werden kann.

Wie Sie sich hier im Examen entscheiden, spielt keine Rolle, sofern Sie die Problematik erkennen und diskutieren.

Bei der Abwicklung des Schuldverhältnisses können Hindernisse auftreten, die die ordnungsgemäße Erfüllung erschweren oder ausschließen. Ebenso kann es zur Schädigung einer Partei durch den anderen Teil kommen. Für solche Störungen der ordnungsgemäßen Abwicklung des Schuldverhältnisses wird der Sammelbegriff der Pflichtverletzung bzw. der Leistungsstörung verwendet. Das Recht der Leistungsstörungen mit seinen Auswirkungen auf das Schuldverhältnis bildet ein Kernstück des allgemeinen Schuldrechts.

Welche Arten der Pflichtverletzung gibt es, und wo sind diese geregelt?

Eine Pflichtverletzung liegt vor, wenn:

- die Leistung unmöglich ist/wird oder ihr ein sonstiges Leistungshindernis entgegensteht, **§§ 275; 280 I, III, 283; 311a II; 326 V BGB**;
- die Leistung verspätet erbracht wird, **§§ 280 I, II, 286; §§ 280 I, III, 281; § 323 I BGB**;
- die Leistung zwar erbracht wird, aber nicht wie geschuldet, **§§ 280 I, III, 281; § 323 BGB (i.V.m. §§ 437, 634 BGB)**;
- die Leistung zwar ordnungsgemäß erbracht wird, der Schuldner aber nicht leistungsbezogene Pflichten verletzt, **§§ 280 I, III, 282; § 324 BGB**;
- der Gläubiger das ordnungsgemäße Leistungsangebot des Schuldners nicht annimmt **(Annahmeverzug), §§ 293 ff. BGB** (Leistungsstörung im weiteren Sinne).

Gesetzliche Regelungen zur Schlechterfüllung finden sich - neben Kauf- und Werkvertragsrecht - bei den einzelnen Vertragstypen, so etwa das **Sachmängelrecht in den §§ 536 ff., 651i ff. BGB**. Die Schlechterfüllung ist aber im Gesetz nur lückenhaft geregelt. Für die vielen gesetzlich **nicht geregelten Fälle** der Schlechtleistung wird gem. § 280 I BGB ein Anspruch auf Schadensersatz gewährt.

Generell lässt sich die Aussage treffen, dass § 280 I BGB die Zentralnorm für die Rechtsfolge des Schadensersatzes wegen Pflichtverletzung ist. Unter den Begriff der Pflichtverletzung lassen sich sämtliche Formen von Leistungsstörungen (Unmöglichkeit, Verzug, Leistungsverspätung, Nebenpflichtverletzung, Schlechtleistung) fassen. Eine Ausnahme ist nur bei anfänglichen Leistungshindernissen nach § 275 BGB zu machen, bei denen schon begrifflich nicht von einer Pflichtverletzung im Rahmen eines existenten Schuldverhältnis gesprochen werden kann, sondern vielmehr von einem Irrtum über die eigene Leistungsfähigkeit. Aus diesem Grund sieht § 311a II BGB hier eine eigene Anspruchsgrundlage für Schadensersatz statt der Leistung vor.

hemmer-Methode: Machen Sie sich noch einmal die Bedeutung der Einteilung in einseitig verpflichtende, unvollkommen zweiseitige, und gegenseitige Verträge für das Recht der Leistungsstörungen klar! Die §§ 320 ff. BGB sind nur anwendbar auf gegenseitige Verträge. §§ 320- 322 BGB und § 326 BGB setzen darüber hinaus eine synallagmatische Leistungspflicht voraus. Dagegen ist der Anwendungsbereich der §§ 280 ff. BGB viel weiter: Erfasst werden nicht nur vertragliche, sondern auch gesetzliche Schuldverhältnisse, wie z. B. die GoA (§§ 677 ff. BGB), der Nießbrauch (§§ 1041 ff. BGB) oder die Grunddienstbarkeit (§§ 1020 ff. BGB). Auch auf sonstige Schuldverhältnisse, wie z.B. das Vermächtnis (§§ 2147 ff. BGB) oder die Auslobung (§§ 657 ff. BGB), finden die §§ 280 ff. BGB Anwendung.

Arten der Unmöglichkeit

Pflichtverletzungen lassen sich unterteilen in Fälle der Nichtleistung und der Schlechtleistung. Zentralbegriffe im Bereich der Nichtleistung sind „Verzug" und „Unmöglichkeit". Verzug und Unmöglichkeit schließen sich gegenseitig aus, denn Verzug als zu vertretende, verspätete Leistungserbringung setzt voraus, dass die Leistungserbringung noch möglich ist.

Der Begriff Unmöglichkeit ist eigentlich ungenau, denn das Gesetz kennt verschiedene Arten der Unmöglichkeit, die zu unterschiedlichen Rechtsfolgen führen.

Fassen Sie die verschiedenen Arten der Unmöglichkeit zusammen!

Man unterscheidet zunächst zwischen der „echten" (wirklichen) Unmöglichkeit nach § 275 I BGB und der „unechten" Unmöglichkeit (Leistungshindernisse nach § 275 II, III BGB).

I. <u>Echte Unmöglichkeit, § 275 I BGB</u>:

1. Objektive und subjektive Unmöglichkeit (bzw. Unvermögen)

Objektive Unmöglichkeit liegt vor, wenn die Leistung endgültig von niemandem erbracht werden kann, Unvermögen ist gegeben, wenn nur der Schuldner zur Leistung außerstande ist, vgl. § 275 I BGB.

2. Anfängliche und nachträgliche Unmöglichkeit

Die anfängliche Unmöglichkeit ist schon bei Vertragsschluss gegeben, die nachträgliche entsteht erst nach Vertragsschluss. Beide Fälle werden von § 275 I BGB erfasst, der Gesetzgeber nicht das Merkmal „unmöglich wird", sondern vielmehr die Formulierung „unmöglich ist" gebraucht.

3. Dauernde und vorübergehende Unmöglichkeit

Die Unterscheidung zwischen dauernder und vorübergehender Unmöglichkeit erlangt vor allem deshalb Bedeutung, weil die *Unmöglichkeit im Rechtssinn grundsätzlich dauernde Unmöglichkeit* voraussetzt. *Bei der vorübergehenden Unmöglichkeit entsteht daher das Problem der Abgrenzung zum Verzug.*

4. Teilweise und vollständige Unmöglichkeit

Die teilweise Unmöglichkeit ist von § 275 I BGB erfasst („soweit"), setzt jedoch eine teilbare Leistung voraus.

II. <u>Unechte Unmöglichkeit (Leistungshindernisse), § 275 II, III BGB:</u>

1. Faktische Unmöglichkeit, § 275 II BGB

2. Moralische Unmöglichkeit, § 275 II BGB

hemmer-Methode: Die vorübergehende Unmöglichkeit wurde nicht gesetzlich geregelt, sodass die rechtliche Einordnung der vorübergehenden Unmöglichkeit der Rechtsprechung überlassen bleibt.

Begriff der Unmöglichkeit

Objektive Unmöglichkeit liegt vor, wenn die Leistung von niemandem erbracht werden kann, weil ein dauerndes Leistungshindernis besteht. Dabei ist Leistung i.S.d. § 275 I BGB der Leistungserfolg (soweit ein Erfolg geschuldet ist), nicht die Leistungshandlung. Demnach genügt es nicht, dass die Leistungshandlung noch vorgenommen werden kann, wenn der geschuldete Erfolg nicht mehr eintreten kann.

Auf welchen Gründen kann die Unmöglichkeit i.S.d. § 275 I BGB beruhen?

1. Unmöglichkeit kann **aus tatsächlichen Gründen** resultieren. *Bsp.: Die zu übereignende Sache existiert nicht.*

2. Die Unmöglichkeit kann **auf rechtlichen Gründen** beruhen. *Bsp.: Abtretung eines nicht übertragbaren Rechts, Übereignung einer Sache an den Eigentümer.*

3. Der Unmöglichkeit **aus tatsächlichen Gründen steht es im Grundsatz gleich, wenn die Leistung nur rein theoretisch, nach der Lebenserfahrung aber praktisch nicht erbracht werden kann**, z.B. die Übereignung eines Rings, der auf dem Meeresboden liegt. Diese Fallgruppe der „faktischen" Unmöglichkeit ist nunmehr in **§ 275 II BGB** mit der Besonderheit geregelt, dass es sich hierbei um ein dauerhaftes **Leistungsverweigerungsrecht** handelt, auf das sich der Schuldner berufen muss (Einrede bzw. nach im Vordringen befindlicher Ansicht Gestaltungsrecht). Entscheidend ist hier das Vorliegen eines groben, nach Treu und Glauben untragbaren Missverhältnisses zu dem Leistungsinteresse des Gläubigers. § 275 II S. 2 BGB bestimmt zudem, dass bei der Konkretisierung des Missverhältnisses zu berücksichtigen ist, ob der Schuldner das Leistungshindernis zu vertreten hat.

***Davon zu unterscheiden ist die sog. wirtschaftliche Unmöglichkeit**. Bei dieser ist die Leistung noch möglich, aber für den Schuldner mit **unverhältnismäßigen Opfern** verbunden, sodass ihm die Leistung nach Treu und Glauben **unzumutbar** ist, sog. „übermäßige Leistungserschwerung". Diese Fälle sind über die **Störung der Geschäftsgrundlage (§ 313 BGB)** zu lösen. Über die Grundsätze der Störung der Geschäftsgrundlage kommt man zu einer flexibleren Handhabung der Opfergrenze unter Berücksichtigung der vertraglichen Risikoverteilung. Auch die starren Rechtsfolgen der Unmöglichkeit werden so vermieden, in Betracht kommt in erster Linie eine Anpassung des Vertrags an die veränderten Umstände (§ 313 I BGB).*

4. Ist die **Leistungserbringung aus immateriellen Gründen unzumutbar, liegt ebenfalls keine echte Unmöglichkeit vor** (Bsp.: Die Sängerin weigert sich aufgrund des Todes ihres Kindes, den geplanten Auftritt durchzuführen). **Diese Fälle sind § 275 III BGB zuzuordnen, der wie § 275 II BGB als Einrede** bzw. nach im Vordringen befindlicher Ansicht als Gestaltungsrecht **ausgestaltet ist.** Auf ein Vertretenmüssen kommt es im Gegensatz zu § 275 II S. 2 BGB nicht an. Anders als bei § 275 II BGB ist im Rahmen der Verhältnismäßigkeitsprüfung auf das Schuldnerinteresse Rücksicht zu nehmen.

hemmer-Methode: Die Abgrenzung von Unmöglichkeit und Störung der Geschäftsgrundlage bei der „wirtschaftlichen Unmöglichkeit" ist schwierig. Merken Sie sich dabei nicht nur die h.M., sondern auch die dahinter liegende Wertung einer flexibleren Handhabung der Opfergrenze. Nur so kommt man in der Praxis zu für beide Seiten interessengerechten Ergebnissen. Ähnliche Wertungen stecken hinter der Annahme eines Leistungsverweigerungsrechts bei der „psychischen" Unmöglichkeit.

Unmöglichkeit ist gegeben, wenn der Leistungserfolg durch Leistungshandlungen des Schuldners nicht mehr herbeigeführt werden kann, weil ein dauerndes Leistungshindernis besteht. Fraglich ist, ob die Voraussetzungen der Unmöglichkeit auch im Falle der Zweckerreichung, Zweckstörung und des Zweckfortfalls vorliegen.

Erläutern Sie die Begriffe! Wann ist Unmöglichkeit anzunehmen?

1. Zweckerreichung

Zweckerreichung liegt vor, wenn der vertraglich vereinbarte Leistungserfolg ohne Zutun des Schuldners eingetreten ist und deshalb durch eine Leistungshandlung des Schuldners nicht mehr herbeigeführt werden kann.

Bsp.: Das freizuschleppende Schiff kommt von selbst frei; Selbstvornahme der Mängelbeseitigung durch den Käufer.

Der vertragliche Zweck bzw. der geschuldete Leistungserfolg ist bereits erreicht. Daher liegt Unmöglichkeit vor, auch wenn die Leistungshandlung selbst noch vorgenommen werden könnte.

2. Zweckfortfall

Zweckfortfall ist gegeben, wenn das **Leistungssubstrat wegfällt oder untauglich** wird.

Bsp.: Das freizuschleppende Schiff sinkt.

Der geschuldete Erfolg kann hier ebenfalls endgültig nicht mehr herbeigeführt werden, Unmöglichkeit ist zu bejahen. Es liegt hier insbesondere entgegen der früher teilweise vertretenen Ansicht kein Annahmeverzug vor, da ein dauerndes und nicht nur ein vorübergehendes Leistungshindernis besteht.

3. Zweckstörung

Bei der Zweckstörung ist der Leistungserfolg noch möglich, der Gläubiger hat an der Leistung aber kein Interesse mehr, weil er sie nicht mehr zweckentsprechend verwenden kann.

Bsp.: Der gekaufte Hochzeitsring ist überflüssig, weil die Hochzeit platzt.

Da der Leistungserfolg noch möglich ist, liegt keine Unmöglichkeit vor. Eine Ausnahme ist nur dann zu machen, wenn die geplante Verwendung ausnahmsweise Vertragsinhalt geworden ist. Für die übrigen Fälle bleibt nur die Möglichkeit einer Lösung über die Grundsätze der Störung der Geschäftsgrundlage. Hier ist dann zu diskutieren, in wessen Risikosphäre die Störung liegt.

hemmer-Methode: Auch ein Fall der Störung der Geschäftsgrundlage wird in diesen Fällen nur ausnahmsweise zu bejahen sein. In der Regel fehlt das normative Element, denn nach der vertraglichen Risikoverteilung trägt bei mangelfreier Leistung grundsätzlich der Gläubiger das Risiko ihrer Verwendbarkeit. Bei der geplatzten Hochzeit liegt die Störung alleine in der Risikosphäre des Käufers der Eheringe, sodass auch § 313 BGB im Beispielsfall nicht weiterhilft.

Rechtsfolgen bei Zweckfortfall und Zweckerreichung

Liegt ein Fall des Zweckfortfalls oder der Zweckerreichung vor, kann der Schuldner den geschuldeten Leistungserfolg nicht mehr erbringen (objektive Unmöglichkeit). Fraglich ist dann, ob der Schuldner trotzdem seinen Vergütungsanspruch (teilweise) behält.

Unternehmer U wird vom Besteller B damit beauftragt, das Dach seines Hauses zu erneuern. Kurz vor Fertigstellung brennt das Haus ohne Verschulden des B ab.

Kann U die vereinbarte Vergütung verlangen?

1. Der Vergütungsanspruch des U aus Werkvertrag (§ 631 I HS 2 BGB) könnte nach § 326 I S. 1 HS 1 BGB untergegangen sein.

Grundsätzlich ist **§ 326 I S. 1 HS 1 BGB auch im Werkvertragsrecht anwendbar, die §§ 644, 645 BGB gehen aber in ihrem Anwendungsbereich vor.** Diese regeln die Frage, inwieweit der Unternehmer für bisher geleistete vergebliche Arbeit Vergütung verlangen kann. Infolge des Brandes kann U den geschuldeten Leistungserfolg nicht mehr herbeiführen, es **liegt objektive nachträgliche Unmöglichkeit in Form des Zweckfortfalls vor, § 275 I BGB**. Es liegt insbesondere auch kein Annahmeverzug vor, da die zur Herbeiführung des Leistungserfolgs erforderliche Mitwirkungshandlung des Gläubigers (= Zur-Verfügung-stellen des Hauses) dauerhaft ausgeschlossen ist.

2. Nach §§ 326 I S. 1 HS 1, 644 I S. 1 BGB trägt der Unternehmer die Vergütungsgefahr bei zufälligem Untergang des Werkes vor Abnahme, d.h. der Vergütungsanspruch des Unternehmers erlischt. Beruht die Unmöglichkeit auf einem Verschulden des Bestellers, bleibt dagegen der Vergütungsanspruch gem. § 326 II S. 1 Alt. 1 BGB bestehen. Der Brand wurde jedoch gerade **nicht von B verschuldet**. § 326 II BGB ist aber auch dann anwendbar, wenn der Gläubiger nach der vertraglichen Risikoverteilung die Gefahr für dieses Leistungshindernis übernommen hat. Eine stillschweigende Risikoübernahme kann aber nur bei besonderen Anhaltspunkten angenommen werden, ist also nicht ohne weiteres bei Zweckfortfall oder Zweckerreichung gegeben. **§ 326 II BGB führt daher im vorliegenden Fall nicht zur Erhaltung des Anspruchs, sodass dieser an sich nach § 326 I S. 1 HS 1 BGB bzw. § 644 I S. 1 BGB erloschen sein müsste.**

3. U könnte aber nach § 645 I BGB einen Teilvergütungsanspruch für die bereits geleisteten Arbeiten haben. Direkt ist § 645 I BGB nicht anwendbar, die Unmöglichkeit beruht weder auf einem Mangel des Stoffes noch einer Anweisung des B.

Nach h.M. ist **§ 645 I BGB auch nicht analog anzuwenden,** wenn die zufällige Leistungsstörung aus der Sphäre des Bestellers stammt. **Demnach kann U keine Vergütung verlangen**.

hemmer-Methode: Der BGH bejaht allerdings die Analogie zu § 645 I BGB, wenn die Verschlechterung auf einem gefahrerhöhenden Verhalten des Bestellers beruht oder der „Mangel“ in der Person des Bestellers liegt. Eine generelles Einstehenmüssen des Bestellers für Leistungshindernisse aus seinem Gefahrenbereich („Sphärentheorie“) widerspräche der grundsätzlichen Regelung der Vergütungsgefahr in § 644 I BGB.

Schwierigkeiten bereitet die Abgrenzung zwischen Verzug und Unmöglichkeit, wenn die Leistungserbringung zeitlich verzögert wird. Verzug setzt voraus, dass der Schuldner die Leistung noch erbringen kann und ist daher bei dauernder Unmöglichkeit ausgeschlossen. Vorübergehende Leistungshindernisse begründen dagegen grundsätzlich nur eine Leistungsverspätung bzw. Verzug, sofern sie vom Schuldner zu vertreten sind.

Schuhfabrikant S schuldet Großhändler G die Lieferung von Gummistiefeln. Infolge eines von einem Angestellten des S fahrlässig verursachten Unfalls werden große Teile des Betriebes zerstört. Die Wiederaufnahme der Produktion ist für lange Zeit ausgeschlossen. G verlangt von S Schadensersatz statt der Leistung.

Welche Anspruchsgrundlage ist einschlägig?

Der Schadensersatzanspruch des G könnte auf §§ 280 I, III, 283 BGB oder §§ 280 I, III, 281 BGB zu stützen sein, je nachdem, ob nachträgliche Unmöglichkeit oder lediglich eine Leistungsverspätung vorliegt.

Unmöglichkeit läge vor, wenn die Herbeiführung des Leistungserfolgs auf Dauer ausgeschlossen wäre. Vorübergehende Leistungshindernisse begründen dagegen grundsätzlich keine Unmöglichkeit im Rechtssinne. Die **vorübergehende Unmöglichkeit ist aber dann der dauernden Unmöglichkeit gleichzustellen, wenn** dem anderen Teil die Einhaltung des Vertrages bis zum Wegfall des Leistungshindernisses **nach Treu und Glauben (§ 242 BGB) nicht zumutbar ist**. Maßgeblicher Zeitpunkt für die Beurteilung, ob ein Abwarten unzumutbar und daher Unmöglichkeit gegeben ist, ist der Eintritt des Leistungshindernisses.

Dabei gilt: Wird aufgrund einer unvorhergesehenen Entwicklung die Leistung doch wieder (früher als erwartet) möglich, lebt der einmal nach § 275 BGB erloschene Erfüllungsanspruch nicht wieder auf, denn zwischen den Parteien müssen klare Verhältnisse herrschen.

Im vorliegenden Fall kommt es demnach darauf an, ob dem G ein Abwarten bis zur Wiederaufnahme der Produktion zugemutet werden kann. Dies richtet sich nach Treu und Glauben unter Berücksichtigung aller Umstände des Einzelfalls, insbesondere der Belange beider Parteien.

Der G ist bei diesem Warenhandelsgeschäft auf rasche Lieferung angewiesen. Ein Abwarten auf unbestimmte Zeit kann dem G nicht zugemutet werden. Die vorübergehende Unmöglichkeit steht daher der dauernden Unmöglichkeit gleich. **Richtige Anspruchsgrundlage sind daher §§ 280 I, III, 283 BGB, nicht §§ 280 I, III, 281 BGB** (a.A. vertretbar).

hemmer-Methode: Bei Dauerschuldverhältnissen (insbesondere Dienstvertrag, Mietvertrag) gilt Folgendes: Da die Leistung i.d.R. für die zurückliegende Zeit nicht nachholbar ist, also Fixschuldcharakter hat, führen vorübergehende Hindernisse und Leistungsverzögerungen nicht zum Verzug, sondern zu einer Teilunmöglichkeit hinsichtlich des betreffenden Zeitraums. Für diesen Zeitraum gelten grds. die Rechtsfolgen der § 275, §§ 280 I, III, 283, § 326 V BGB. Einen etwas anderen Weg geht die h.M. im Arbeitsrecht, wo für den AN die Abgrenzung von Unmöglichkeit und Annahmeverzug (§ 615 BGB) von Bedeutung ist. Würde man hier allein den Fixschuldcharakter in den Vordergrund stellen, wäre § 615 BGB im Arbeitsrecht praktisch unanwendbar. Daher ist hier allein die tatsächliche Nachholbarkeit der Arbeitsleistung entscheidend, vgl. Hemmer/Wüst, ArbeitsR, Rn. 436 ff.

Absolutes Fixgeschäft

Die Verspätung der Leistungserbringung führt grundsätzlich nur zum Eingreifen der Verzugsregeln, nicht zur Unmöglichkeit. Etwas anderes gilt aber dann, wenn die verspätete Leistung nicht mehr als die vertraglich geschuldete Leistung anzusehen ist. Dann tritt durch den Zeitablauf Unmöglichkeit ein, die Leistung nach Ablauf des Erfüllungszeitraums ist nicht mehr erfüllungstauglich. In diesem Fall spricht man von einem absoluten Fixgeschäft.

1. Wann liegt ein absolutes Fixgeschäft vor?
2. Grenzen Sie dieses vom relativen Fixgeschäft ab!
3. Welche Unterschiede bestehen hinsichtlich der Rechtsfolgen?

1. Ein absolutes Fixgeschäft liegt vor, wenn die Einhaltung der Leistungszeit nach dem Vertragszweck und der jeweiligen Interessenlage so wesentlich ist, dass eine **verspätete Leistung keine Erfüllung mehr darstellt**.

Bsp.: Die Braut bestellt ein Brautkleid beim Schneider. Das Kleid wird erst nach der Hochzeit fertiggestellt. In diesem Fall hat die Leistung nach Ablauf des Erfüllungszeitraums jeglichen Sinn verloren, die verspätete Leistung ist nicht mehr erfüllungstauglich.

2. Beim relativen Fixgeschäft ist die verspätete Leistung noch sinnvoll und daher nachholbar, die Einhaltung der **Leistungszeit ist aber nach der Parteivereinbarung so wesentlich, dass das Geschäft mit der Einhaltung der Leistungszeit „stehen und fallen" soll.** Das relative Fixgeschäft ist insbesondere von der bloßen Terminbestimmung (vgl. § 286 II Nr. 1 BGB) abzugrenzen.

Bsp.: Der vom Bräutigam bestellte Anzug ist nicht rechtzeitig zur Hochzeit fertig. Der Anzug ist zwar auch später noch sinnvoll zu gebrauchen, dem Besteller kommt es aber entscheidend auf die Einhaltung des Termins an.

3. Ob ein absolutes oder ein relatives Fixgeschäft vorliegt, ist durch **Auslegung (§§ 133, 157 BGB)** zu ermitteln. Die Abgrenzung ist von Bedeutung wegen der **unterschiedlichen Rechtsfolgen bei Verspätung der Leistung: Liegt ein absolutes Fixgeschäft vor**, tritt mit Ablauf des Erfüllungszeitraums dauernde Unmöglichkeit ein, es **gelten die §§ 275; 280 I, III, 283, 326 V BGB**.
Beim relativen Fixgeschäft gelten die normalen Verzugsregeln mit der Besonderheit, dass im Zweifel ein erleichtertes Rücktrittsrecht nach **§ 323 I BGB** besteht (erleichtert deshalb, weil eine sonst erforderliche Fristsetzung zur Erbringung der Leistung entbehrlich ist, § 323 II Nr. 2 BGB). Beim *handelsrechtlichen Fixhandelskauf* besteht darüber hinaus ein Schadensersatzanspruch des Gläubigers unter den Voraussetzungen des *§ 376 HGB* (dazu Hemmer/Wüst, HandelsR, Rn. 326 ff.).

hemmer-Methode: Machen Sie sich möglichen Folgen der Nichteinhaltung der Leistungszeit noch einmal bewusst! Beim absoluten Fixgeschäft führt die Überschreitung zur Unmöglichkeit, beim relativen Fixgeschäft besteht eine erleichterte Rücktrittsmöglichkeit; die Verspätung kann aber auch lediglich Verzug ohne Mahnung (im Falle des § 286 II Nr. 1 BGB) oder nach vorangegangener Mahnung (§ 286 I BGB) auslösen. In der Klausur ist eine saubere Abgrenzung zwischen diesen Alternativen durch Auslegung der Parteienvereinbarung notwendig.

Abgrenzung Unmöglichkeit und Annahmeverzug

Problematisch kann auch die Abgrenzung zwischen Unmöglichkeit und Annahmeverzug sein, nämlich dann, wenn der Schuldner die Leistung nicht erbringen kann, weil der Gläubiger die erforderliche Mitwirkungshandlung nicht vornimmt. Nach § 297 BGB liegt nämlich kein Annahmeverzug vor, wenn zugleich der Schuldner die Leistung nicht erbringen kann. In diesen Fällen beruht die Unmöglichkeit aber gerade darauf, dass der Gläubiger die Mitwirkungshandlung unterlässt.

A bestellt den Bergführer B für eine Bergtour. Am vereinbarten Termin erscheint A nicht.

Kann B trotzdem Vergütung verlangen?

Abwandlung: Die Besteigung des Berges kann nur an wenigen Tagen im Jahr durchgeführt werden, die Bergtour kann deshalb nicht nachgeholt werden.

Ändert sich die Rechtslage?

1. **Grundfall:**

Ein **Anspruch auf die Vergütung könnte sich aus §§ 611, 615 S. 1 BGB ergeben**. Ein Dienstvertrag liegt vor. A müsste sich ferner im Annahmeverzug befunden haben. A hat die erforderliche Mitwirkungshandlung (Erscheinen) nicht vorgenommen. Deshalb lag aber zugleich für diesen Zeitraum vorübergehend Unmöglichkeit vor, weil B die Leistung ohne Mitwirkung des A nicht erbringen konnte. Fraglich ist, wie in solchen Fällen abzugrenzen ist. Die h.M. unterscheidet danach, ob die Leistung nachholbar ist. Hier ist die vereinbarte Leistung **ohne weiteres nachholbar**, etwa am nächsten Tag. Daher liegt keine dauernde Unmöglichkeit, d.h. keine Unmöglichkeit im Rechtssinne vor. Nach einhelliger Ansicht ist **deshalb hier Annahmeverzug, nicht Unmöglichkeit** gegeben. **B kann nach §§ 611, 615 S. 1 BGB Vergütung verlangen** (anders aber dann, wenn die Unmöglichkeit nicht nur auf der fehlenden Mitwirkung beruhte, also z.B. bei gleichzeitiger Erkrankung des Führers: dann gilt Unmöglichkeitsrecht).

2. **Abwandlung:**

Es ist erneut **zwischen Annahmeverzug und Unmöglichkeit abzugrenzen**. Ist die Leistung wie in der Abwandlung nicht nachholbar, ist die Lösung streitig.

Bei Anwendung der älteren sog. Abstrahierungsformel liegt Annahmeverzug vor, wenn die Leistung bei unterstellter Mitwirkung des Gläubigers möglich gewesen wäre. Danach läge Annahmeverzug vor, weil B die Bergtour hätte führen können, wenn A gekommen wäre.

Nach h.M. ist dagegen allein entscheidend, ob die Leistung tatsächlich noch erbracht werden kann. Annahmeverzug setzt nämlich voraus, dass die Leistung noch möglich ist. Demnach liegt **hier Unmöglichkeit vor, die Bergtour kann nicht mehr durchgeführt werden. Für den Vergütungsanspruch des B kommt es deshalb darauf an, ob A für die Unmöglichkeit verantwortlich (§ 326 II S. 1 BGB)**.

hemmer-Methode: Im Arbeitsrecht gilt für die Abgrenzung der § 326 I S. 1 HS 1 BGB zu § 615 BGB aber Folgendes: Eine Dienstleistung wird trotz des Fixschuldcharakters dadurch, dass sie für eine bestimmte Zeit nicht erbracht wird, nur unter der Voraussetzung unmöglich, dass sie nicht nachgeholt werden kann.

Unvermögen bei der Gattungsschuld

Bei der Stückschuld lassen sich objektive und subjektive Unmöglichkeit i.d.R. unproblematisch feststellen. Bei der Gattungsschuld ergeben sich gegenüber der Stückschuld dadurch Besonderheiten, dass der Schuldner regelmäßig auch zur Beschaffung auf dem Markt verpflichtet ist (Ausnahme: Vorratsschuld).

Wann liegt bei einer Gattungsschuld objektive Unmöglichkeit, wann Unvermögen vor?

1. Objektive Unmöglichkeit:

Objektive Unmöglichkeit i.S.d. § 275 I BGB liegt **bei der unbeschränkten Gattungsschuld** („Marktschuld") **nur dann vor, wenn niemand zur Leistung aus der Gattung imstande ist**, d.h. wenn die gesamte Gattung untergegangen ist (praktisch nicht denkbar).

Bei der beschränkten Gattungsschuld (oder „Vorratsschuld") ist die Leistungspflicht des Schuldners **auf einen festen Vorrat begrenzt,** d.h. er verpflichtet sich nicht zur Beschaffung auf dem Markt. **Daher liegt objektive Unmöglichkeit schon dann vor, wenn dieser Vorrat untergegangen ist.**

2. Unvermögen:

Bei **Gattungsschulden liegt Unvermögen des Schuldners vor, wenn die Leistung aus der Gattung an sich noch möglich ist, aber von dem Schuldner nicht erbracht werden kann**. Dabei ist zu berücksichtigen, dass den Schuldner *bei der unbeschränkten Gattungsschuld eine Beschaffungspflicht trifft*.

Unvermögen liegt daher nur dann vor, wenn der Schuldner nicht in der Lage ist, sich die geschuldete Gattungssache zu beschaffen. Dabei wird in aller Regel nicht auf § 275 I BGB abzustellen sein, weil Unvermögen i.S.d. Vorschrift zur Voraussetzung hat, dass der Schuldner die geschuldete Leistung nicht erbringen kann, weil er tatsächlich keine Beschaffungs- bzw. Wiederbeschaffungsmöglichkeit hat. Existiert dagegen eine Beschaffungsmöglichkeit, ist § 275 II BGB zu prüfen. *Als Gründe für die „praktische Unmöglichkeit" i.S.d. § 275 II BGB* kommen in Betracht: kein Zugang zu Bezugsquellen, sonstige persönliche Leistungshindernisse, z.B. Krankheit.

Sein Unvermögen hat der Schuldner bei der Gattungsschuld *jedenfalls zu vertreten. § 276 I S. 1 BGB* statuiert eine verschuldensunabhängige Einstandspflicht im Falle der Übernahme eines Beschaffungsrisikos.

> **hemmer-Methode: Auch bei der Stückschuld kann der Schuldner sich zur Beschaffung des geschuldeten Gegenstandes verpflichten, (z.B. Verkauf eines noch zu verschaffenden bestimmten Gemäldes). In diesem Fall liegt Unvermögen nur dann vor, wenn er die Leistung auch durch Beschaffung oder Wiederbeschaffung nicht erbringen kann. Ist er dagegen nicht leistungsfähig, könnte er seine Leistungsfähigkeit aber durch Wiederbeschaffung wiederherstellen, liegt kein Unvermögen i.S.d. § 275 I BGB vor. Ist in diesen Fällen dem Schuldner die Wiederbeschaffung der Leistung zwar theoretisch möglich, aber nur mit völlig indiskutablem Aufwand, liegt kein Fall des § 275 I BGB, sondern § 275 II BGB bzw. subsidiär § 313 BGB vor.**

Anfängliche Unmöglichkeit

Je nachdem, zu welchem Zeitpunkt die Unmöglichkeit eintritt, unterscheidet man zwischen anfänglicher und nachträglicher Unmöglichkeit.

1. **Welcher Zeitpunkt ist für die Abgrenzung zwischen anfänglicher und nachträglicher Unmöglichkeit maßgeblich?**
2. **Was gilt bei bedingten, befristeten und genehmigungsbedürftigen Verträgen?**
3. **Welche Konsequenzen hat die anfängliche Unmöglichkeit für das Schuldverhältnis?**

1. Für die Abgrenzung zwischen anfänglicher und nachträglicher Unmöglichkeit ist nach **h.M. der Zeitpunkt der Entstehung des Schuldverhältnisses, bei Verträgen also der Zeitpunkt des Vertragsschlusses maßgebend**.

2. Auch bei bedingten oder befristeten Verträgen ist der Zeitpunkt des Vertragsschlusses entscheidend. Wird die Leistung zwischen Vertragsschluss und Bedingungseintritt unmöglich, liegt daher ein Fall der nachträglichen Unmöglichkeit vor.

Bei genehmigungsbedürftigen Rechtsgeschäften ist zunächst zu differenzieren, ob das Verpflichtungsgeschäft selbst genehmigungsbedürftig ist oder lediglich das Erfüllungsgeschäft.

- Ist das **Verpflichtungsgeschäft genehmigungsbedürftig, ist der Vertrag bis zur Genehmigung schwebend unwirksam**. Wird die Genehmigung endgültig versagt, ist der Vertrag nichtig.
- Ist das **Erfüllungsgeschäft genehmigungsbedürftig** und wird die **Genehmigung nach Vertragsschluss versagt**, liegt **nachträgliche Unmöglichkeit** vor. Steht jedoch bereits **bei Vertragsschluss fest, dass eine Genehmigung ausgeschlossen ist, handelt es sich um einen Fall anfänglicher Unmöglichkeit.**

3. Ein auf eine anfänglich unmögliche Leistung gerichteter Vertrag ist nach § 311a I BGB wirksam.

Jedoch besteht dann nach § 275 BGB kein Anspruch auf die Primärleistung und wegen § 326 I S. 1 HS 1 BGB kein Anspruch auf die Gegenleistung. Der geschlossene Vertrag kommt also ohne Primäransprüche wirksam zum Entstehen. Auch im Falle der anfänglichen objektiven Unmöglichkeit oder sonstiger, vor Vertragsschluss liegender Leistungshindernisse nach § 275 II, III BGB kommt es zur Rechtsfolge des Schadensersatzes statt der Leistung, es sei denn der Schuldner kannte das Leistungshindernis bei Vertragsschluss nicht und hat seine Unkenntnis auch nicht zu vertreten, § 311a II S. 1 BGB (Beweislastumkehr).

hemmer-Methode: Bei § 311a I BGB müssen Sie beachten, dass der Vertrag natürlich aus anderen Gründen (z.B. §§ 134, 138 BGB) unwirksam sein kann. Oftmals ist dann an Ansprüche aus c.i.c. (§§ 280 I, 311 II, 241 II BGB) zu denken. In Bezug auf die Schadensersatzpflicht nach § 311a II BGB müssen Sie sich klarmachen, dass der Anknüpfungspunkt für das Vertretenmüssen nicht eine Leistungspflichtverletzung sein kann, weil diese ein bereits existentes Schuldverhältnis voraussetzt. Vielmehr nimmt § 311a II BGB Bezug auf die Unkenntnis vom Leistungshindernis. Hat der Schuldner danach den „Irrtum" über die Leistungsmöglichkeit nicht zu vertreten, entfällt ein Anspruch auf Schadensersatz statt der Leistung nach § 311a II BGB.

Subjektive Unmöglichkeit oder Unvermögen liegt vor, wenn der Schuldner zur Leistung außerstande ist, diese aber von einem anderen oder unter Mitwirkung eines anderen erbracht werden könnte.

§ 275 I BGB erfasst auch den Fall des anfänglichen Unvermögens.

Was gilt bei anfänglicher subjektiver Unmöglichkeit (Unvermögen)?

§ 275 I BGB erfasst das anfängliche Unvermögen, also die Fälle, denen der Schuldner die Leistung auch durch Beschaffung oder Wiederbeschaffung nicht erbringen kann.

Ist er nicht leistungsfähig, könnte er seine Leistungsfähigkeit aber durch Wiederbeschaffung wiederherstellen, so liegt kein Unvermögen i.S.d. § 275 I BGB vor, jedoch kann der Schuldner dann auf die einredeabhängige faktische Unmöglichkeit nach § 275 II BGB oder die Störung der Geschäftsgrundlage (§ 313 BGB) ausweichen.

Die sekundärrechtlichen Folgen des anfänglichen Unvermögens bestimmen sich nach **§ 311a II BGB**. Der Gesetzgeber hat sich dabei für eine **vom Vertretenmüssen des Schuldners abhängige Schadensersatzpflicht** entschieden. Nur wenn der Schuldner darlegt und im Bestreitensfall beweist, dass er das anfängliche Leistungshindernis nicht kannte und seine Unkenntnis auch nicht zu vertreten hat, ist er nicht zum Schadensersatz statt der Leistung oder zum Ersatz vergeblicher Aufwendungen verpflichtet, vgl. § 311a II BGB.

Sofern jedoch der Schuldner für das Nichtbestehen eines Leistungshindernisses eine Garantie übernommen hat (vgl. § 276 I S. 1 BGB), greift eine rechtsgeschäftlich begründete Garantiehaftung ein. An eine konkludente Garantie sind aber angesichts der Wertung des § 311a II BGB strenge Anforderungen zu stellen (vgl. **TYROLLER, *„Der Verkauf gestohlener Sachen: Gedanken zur anfänglichen subjektiven Unmöglichkeit beim Kaufvertrag!“*, in Life&Law 03/2008, 197 ff.**).

hemmer-Methode: Können Ansprüche auf die Erbringung höchstpersönlicher Leistungen vom Schuldner von Anfang an nicht erfüllt werden, zieht das anfängliche Unvermögen die anfängliche Unmöglichkeit nach sich. Wegen der Gleichschaltung der sekundärrechtlichen Folgen kommen dann Ansprüche aus § 311a II BGB in Betracht.

Nachträgliche Unmöglichkeit

Bei der nachträglichen Unmöglichkeit gilt es im Wesentlichen, drei Problembereiche auseinander zu halten:

1. Was geschieht mit dem Leistungsanspruch?
2. Bestehen Sekundäransprüche?
3. Welche Auswirkungen hat die Unmöglichkeit im Falle eines gegenseitigen Vertrages auf die Gegenleistung?

Wo sind diese Fragenkomplexe im Gesetz geregelt?

1. Die Auswirkungen der nachträglichen Unmöglichkeit auf den Leistungsanspruch sind in § 275 I bis III BGB geregelt.

Wird die Leistung nachträglich unmöglich, so wird der Schuldner gem. § 275 I BGB von seiner Leistungspflicht befreit, der Erfüllungsanspruch erlischt. Das Gleiche gilt im Falle des nachträglichen Unvermögens. Auf ein Vertretenmüssen des Schuldners kommt es nicht an, da Unmögliches von niemandem verlangt werden kann (allgemeiner Rechtsgedanke). Ausführungen zum Verschulden sind also an dieser Stelle verfehlt. Im Falle sonstiger Leistungshindernisse nach § 275 II BGB (faktische Unmöglichkeit) und § 275 III BGB (moralisch-psychologische Unmöglichkeit) bedarf es neben dem Vorliegen der Tatbestandsvoraussetzungen noch der Erhebung der Einrede, um den Leistungsanspruch des Gläubigers dauerhaft zu hemmen.

2. Sekundäransprüche sind im Gesetz in den §§ 280 I, III, 283; 284; 285 BGB geregelt.

In Bezug auf Schadensersatzansprüche muss nicht zwischen gegenseitigen Verträgen und sonstigen Schuldverhältnissen getrennt werden. Im Falle nachträglicher Leistungshindernisse nach § 275 I-III BGB ist es im Übrigen unsinnig, dem Gläubiger die Obliegenheit einer Fristsetzung abzuverlangen, wenn der Schuldner gerade nicht leisten kann oder die Leistung aus anderen Gründen unzumutbar ist. Gemäß §§ 275 IV, 280 I, III, 283 BGB kann der Gläubiger deshalb Schadensersatz statt der Leistung ohne Fristsetzung verlangen. Anstelle des Schadensersatzes statt der Leistung kann der Gläubiger auch Ersatz seiner vergeblichen Aufwendungen unter den Voraussetzungen des § 284 BGB verlangen.

Der Gläubiger kann auch unter den Voraussetzungen des § 285 I BGB vom Schuldner das stellvertretende commodum herausverlangen.

3. Auswirkungen auf die im Synallagma stehende Gegenleistung sind in § 326 I-IV BGB geregelt.

hemmer-Methode: Zeigen Sie dem Korrektor, dass Sie die Systematik des Gesetzes begriffen haben! Ist nach Schadensersatzansprüchen des Gläubigers der unmöglich gewordenen Leistung gefragt, dürfen Sie nicht erst prüfen, ob der Erfüllungsanspruch erloschen ist, dies würde anfängerhaft wirken. Beginnen Sie gleich mit der Anspruchsgrundlage, die zur begehrten Rechtsfolge führt, die ihrerseits vom Tatbestand her Unmöglichkeit der Leistung des Schuldners oder das Vorliegen eines sonstigen Leistungshindernisses voraussetzt.

Nachträgliche Teilunmöglichkeit

Wird die Leistung gänzlich unmöglich, so wird der Schuldner von seiner Leistung befreit (§ 275 I BGB). Bei Vertretenmüssen richtet sich der Schadensersatzanspruch auf das volle Erfüllungsinteresse des Gläubigers. Auch der Anspruch auf die Gegenleistung entfällt nach § 326 I S. 1 HS 1 BGB in diesem Fall vollständig. Wird dagegen nur ein Teil der Leistung unmöglich, muss geprüft werden, ob dies Auswirkungen nur auf diesen Teil oder auch auf die restliche Leistung (und die volle Gegenleistung) hat.

Welche Rechtsfolgen gelten bei teilweiser Unmöglichkeit?

Lösen Sie zur Kontrolle die folgenden kurzen Fälle:

1. **A verkauft B ein Lexikon in drei Bänden. Nach Vertragsschluss wird einer der Bände zerstört. Welche Ansprüche hat B?**
2. **Fabrikant A verkauft dem B vier Maschinen. Infolge eines Fabrikbrandes können die letzten zwei Maschinen nicht mehr hergestellt werden. Für B wäre es günstiger, den gesamten Auftrag an C zu vergeben. Ansprüche des B?**

1. Bei teilweiser Unmöglichkeit wird der Schuldner grundsätzlich **nur im Hinblick auf diesen Teil von seiner Leistungspflicht befreit. Die Gegenleistungspflicht entfällt demgemäß auch nur anteilig gem. §§ 326 I S. 1 HS 2, 441 III BGB. Schadensersatzansprüche beziehen sich ebenfalls nur auf das Erfüllungsinteresse dieses Teils** (§§ 280 I, III, 283 BGB). Hat der *Gläubiger an der Teilerfüllung kein Interesse*, kann er jedoch *gem. §§ 280 I, III, 283 S. 2, 281 I S. 2 BGB Schadensersatz statt der ganzen Leistung („großer" Schadensersatz)* verlangen.

Die **Teilunmöglichkeit ist zugleich Vollunmöglichkeit, wenn die Leistung unteilbar** ist. Dann beziehen sich die Rechtsfolgen auf den ganzen Erfüllungsanspruch bzw. die volle Gegenleistung. Eine Leistung ist *teilbar, wenn* sie *ohne Wertminderung* und *ohne Beeinträchtigung des Leistungszwecks in Teilleistungen zerlegt werden kann.*

2. Beispielsfälle:

(1) A könnte infolge der Teilunmöglichkeit von seiner Leistungspflicht ganz oder teilweise befreit worden sein. Entscheidend ist, ob die Leistung teilbar ist. Ein Lexikon ist **nur vollständig sinnvoll, daher steht die Teilunmöglichkeit der Vollunmöglichkeit** gleich. A wird auch hinsichtlich der übrigen Bände befreit. Der **Anspruch auf den Kaufpreis entfällt** nach **§ 326 I S. 1 HS 1 BGB** vollständig.

(2) In diesem Fall ist die Lieferung der vorhandenen Maschinen noch sinnvoll. Es liegt nur **Teilunmöglichkeit** vor. Bei Teilunmöglichkeit gilt im Hinblick auf die Gegenleistung **§ 326 I S. 1 HS 2 BGB, d.h. der Kaufpreis reduziert sich unter Zugrundlegung der Berechnungsweise des § 441 III BGB**.
Hat A die Unmöglichkeit zu vertreten, kann B, weil er an der restlichen Erfüllung kein Interesse mehr hat (für B wäre es günstiger, den gesamten „Auftrag" an C zu vergeben), gem. §§ 280 I, III, 281 I S. 2 BGB Schadensersatz statt der ganzen Leistung (also hinsichtlich des gesamten Vertrages) verlangen bzw. auch ohne Verschulden des B gemäß § 323 I, V S. 1 BGB vom ganzen Vertrag zurücktreten.

hemmer-Methode: Beachten Sie, dass bei Vorliegen einer mangelhaften Leistung keine „qualitative" *Teil*unmöglichkeit i.S.d. § 326 I S. 1 HS 2 BGB eintritt, mit der Folge, dass sich der Anspruch auf die Gegenleistung kraft Gesetzes mindern würde. Vielmehr entfällt der Anspruch auf die Gegenleistung auch dann nicht, wenn im Falle der nicht vertragsgemäßen Leistung die Nacherfüllung nach § 275 I-III BGB nicht erbracht zu werden braucht, vgl. § 326 I S. 2 BGB. Der Gesetzgeber wollte damit ein Wahlrecht des Käufers nicht unterlaufen. Er muss sich entscheiden, ob er zurücktreten oder „nur" mindern will.

Schadensersatzanspruch aus §§ 280 I, III, 283 BGB

Wird die Leistung in einem Schuldverhältnis nachträglich unmöglich, erlischt gem. § 275 I BGB der Erfüllungsanspruch des Gläubigers (sowohl bei subjektiver als auch bei objektiver Unmöglichkeit). Macht der Schuldner in den Fällen des § 275 II BGB (faktische Unmöglichkeit) oder § 275 III BGB (moralisch-psychologische Unmöglichkeit) sein Leistungsverweigerungsrecht geltend, wird er ebenfalls von seiner Leistungspflicht befreit.

Hat der Schuldner das Leistungshindernis, weswegen er nicht zu leisten braucht, zu vertreten, so tritt an die Stelle des Erfüllungsanspruchs ein Anspruch auf Schadensersatz statt der Leistung gemäß §§ 280 I, III, 283 BGB. Unabhängig von einem Vertretenmüssen kann der Gläubiger auch gemäß § 326 V i.V.m. § 323 I BGB vom Vertrag zurücktreten.

Nennen Sie die Anspruchsvoraussetzungen der §§ 280 I, III, 283 BGB!

1. Schuldverhältnis

§ 280 BGB gilt für Schuldverhältnisse jeder Art, erfasst also neben vertraglichen Schuldverhältnissen auch gesetzliche Schuldverhältnisse.

Bsp.: Herausgabeanspruch aus § 667 BGB bzw. §§ 681 S. 2, 667 BGB; schuldrechtlicher Anspruch des Vermächtnisnehmers aus § 2174 BGB.

2. Leistungsverpflichtung

Hierbei ist nicht zwischen einseitigen Leistungspflichten, die nicht im Gegenseitigkeitsverhältnis stehen, und synallagmatischen Leistungspflichten zu differenzieren. §§ 280 I, III, 283 BGB erfassen jegliche Formen von Leistungsansprüchen (vgl. § 241 I BGB).

Von den Leistungspflichten zu unterscheiden sind jedoch die in § 241 II BGB genannten leistungsunabhängigen Integritätspflichten, auf die sich § 282 BGB bezieht.

3. Nachträgliches Leistungshindernis als Pflichtverletzung

Es muss sich um einen Fall dauernder nachträglicher Unmöglichkeit bzw. nachträglichen Unvermögens oder um ein sonstiges, nachträglich eintretendes Leistungshindernis handeln. Beim Eingreifen eines Leistungshindernisses i.S.d. § 275 I-III BGB handelt es sich um eine Pflichtverletzung i.S.d. § 280 I S. 1 BGB.

4. Keine Widerlegung des vermuteten Vertretenmüssens, § 280 I S. 2 BGB

Bzgl. des Vertretenmüssens (§§ 276, 278 BGB) kommt dem Gläubiger die Darlegungs- und Beweislastumkehr des § 280 I S. 2 BGB zugute.

hemmer-Methode: Beachten Sie, dass nach h.M. § 280 I BGB die eigentliche Anspruchsgrundlage darstellt und § 283 BGB nur weitere Voraussetzungen aufstellt (vgl. § 280 III BGB), die eine über § 280 I BGB hinausgehende Rechtsfolge ermöglicht, nämlich statt des „bloßen“ Schadensersatzes in § 280 I BGB den Schadensersatz statt der Leistung (Erfüllungsinteresse oder positives Interesse).

Vertretenmüssen im Rahmen des § 280 I BGB

Im Rahmen des § 280 I BGB kann das Vertretenmüssen durch den Schuldner besondere Bedeutung erlangen. Grds. hat der Schuldner Vorsatz und (jede) Fahrlässigkeit gem. § 276 I BGB zu vertreten sowie gem. § 278 S. 1 BGB in gleichem Umfang das Verschulden seiner gesetzl. Vertreter oder Erfüllungsgehilfen. Der Schuldner kann aber in gewissem Umfang diese Haftung ausschließen, vgl. §§ 276 III, 278 S. 2 BGB (bei AGBen Grenze des § 309 Nr. 7 BGB). Daneben bestehen vielfach gesetzliche Haftungserleichterungen, z.T. aber auch Haftungsverschärfungen. Darauf nimmt § 276 I BGB Bezug, wenn er bestimmt, dass der Schuldner für Vorsatz und Fahrlässigkeit einzustehen hat, wenn eine strengere oder mildere Haftung weder bestimmt noch aus dem Inhalt des Schuldverhältnisses, insb. aus der Übernahme einer Garantie oder eines Beschaffungsrisikos, zu entnehmen ist.

1. **A will in Urlaub fahren. Er vereinbart mit B, dass dieser den Hund des A während des Urlaubs unentgeltlich in Pflege nimmt. Aufgrund leichter Fahrlässigkeit des B stirbt der Hund. A verlangt Schadensersatz. Mit Erfolg?**
2. **Welcher Verschuldensmaßstab gilt bei Annahme-, welcher bei Schuldnerverzug?**

1. Ein Anspruch des A gegen B könnte sich aus §§ 280 I, III, 283, 695 BGB ergeben. Ein wirksamer **Verwahrungsvertrag** wurde geschlossen. Insbesondere kann auch aufgrund des persönlichen Wertes des Verwahrungsgegenstandes nicht von einem bloßen Gefälligkeitsverhältnis ausgegangen werden. Die **Rückgabe des Hundes als einseitige Leistungsverpflichtung ist unmöglich** geworden.

B müsste die **Unmöglichkeit zu vertreten haben, § 280 I S. 2 BGB**. Dabei gilt grds. der objektive Verschuldensmaßstab des **§ 276 I S. 1 BGB**. B würde danach auch für leichte Fahrlässigkeit haften. Etwas anderes gilt jedoch im Falle einer gesetzlichen Haftungserleichterung. Beim unentgeltlichen Verwahrungsvertrag besteht für den Verwahrer nach § 690 BGB nur der subjektive Haftungsmaßstab der Sorgfaltspflicht in eigenen Angelegenheiten, **§ 277 BGB**. **Aufgrund der bloß leichten Fahrlässigkeit des B entfällt daher die Haftung aus §§ 280 I, III, 283, 695 BGB**, wenn man davon ausgeht, dass B in seinen Angelegenheiten ähnlich sorglos zu handeln pflegt.

Auch ein Schadensersatzanspruch aus **§ 823 I BGB** scheitert am **mangelnden Verschulden** des B. Die vertragliche Haftungsmilderung des § 690 BGB erstreckt sich nämlich auch auf konkurrierende deliktische Ansprüche. Die gesetzliche Haftungsmilderung würde leer laufen, wenn sie nicht auch deliktische Ansprüche erfassen würde, denn die deliktischen Anspruchsvoraussetzungen sind beim Verwahrungsvertrag (Eigentumsverletzung durch Beschädigung der verwahrten Sache) regelmäßig neben vertraglichen Ansprüchen erfüllt.

2. Während des Annahmeverzugs des Gläubigers gilt für den Schuldner der mildere Haftungsmaßstab des § 300 I BGB: Er hat nur Vorsatz und grobe Fahrlässigkeit zu vertreten.

Während des Schuldnerverzugs hat der Schuldner auch den zufälligen Untergang der Sache zu vertreten, § 287 S. 2 BGB. Ist die Unmöglichkeit eine adäquate Folge des Verzugs, ergibt sich die Haftung des Schuldners aber bereits unmittelbar aus dem Umstand, dass der Schuldner schuldhaft nicht rechtzeitig geleistet hat. § 287 S. 2 BGB erlangt daher nur dann Bedeutung, wenn der Untergang nicht adäquat kausal durch den Verzug verursacht wurde.

hemmer-Methode: Die Übertragung von vertraglichen Haftungserleichterungen auf deliktische Ansprüche hat vor allem bei Gefälligkeitsverhältnissen besondere Bedeutung, da sich hier die Frage stellt, ob es gerechtfertigt ist, den „Gefälligen" nach Deliktsrecht strenger haften zu lassen, als er bei Abschluss eines Gefälligkeitsvertrages haften würde. Die Rspr. (a.A. Teile der Lit.) lehnt eine Übertragung der Haftungsprivilegien ab. Zu denken ist aber an einen stillschweigenden Haftungsausschluss.

Arbeiten Sie zur Wiederholung Hemmer/Wüst, BGB-AT I, Rn. 77 ff. nach!

Unmöglichkeit bei Gattungsschulden

Bei Gattungsschulden bestimmt § 276 I S. 1 BGB a.E., dass der Schuldner über Vorsatz und Fahrlässigkeit eine Leistungsstörung auch dann zu vertreten hat, wenn sich aus dem Inhalt des Schuldverhältnisses, insbesondere aus der Übernahme einer Garantie oder eines *Beschaffungsrisikos,* eine schärfere Haftung ergibt.

Kann der Gläubiger im Falle des nachträglichen Unvermögens i.R. einer Gattungsschuld weiterhin Erfüllung verlangen, oder ist er auf Schadensersatzansprüche (§§ 280 I, III, 283 BGB) beschränkt?

Welche Auswirkungen sich im Falle des nachträglichen Unvermögens in Bezug auf die Gattungsschuld ergeben, bestimmt sich allein nach den allgemeinen Vorschriften (§ 275 BGB). Im Falle einer Gattungsschuld nach § 243 BGB kann sich der Schuldner nur dann auf § 275 I BGB berufen, wenn sich die Schuld auf einen Gegenstand konkretisiert hat (§ 243 II BGB), der Gläubiger sich in Annahmeverzug befindet (§ 300 II BGB) oder die Gattung als solche nicht mehr besteht.

Soweit noch eine Beschaffungsmöglichkeit besteht, können aber §§ 275 II oder 313 BGB eingreifen.

hemmer-Methode: Begehrt der Gläubiger Schadensersatz statt der Leistung gemäß §§ 280 I, III, 283 BGB, ist im Rahmen des Vertretenmüssens nach § 280 I S. 2 BGB der Frage nachzugehen, ob der Schuldner innerhalb des Schuldverhältnisses ein Beschaffungsrisiko übernommen hat und deshalb sein Leistungshindernis zu vertreten hat. Liegt nach diesen Kriterien tatsächlich ein nachträgliches Unvermögen hinsichtlich der Beschaffung vor, ist der Gläubiger auf Sekundäransprüche beschränkt. Soweit die Beschaffung aber noch möglich ist, kann er weiterhin Erfüllung verlangen.

Bei Gattungsschulden verpflichtet sich der Schuldner zur Beschaffung der Gattungssache. Er übernimmt die Gewähr für die Beschaffungsmöglichkeit und damit auch das Beschaffungsrisiko. Ist er zur Beschaffung außerstande, hat er hierfür verschuldensunabhängig einzustehen, § 276 I S. 1 BGB a.E.

Die in § 276 I S. 1 BGB a.E. angeordnete, verschuldensunabhängige Haftung geht aber in den Fällen untypischer Beschaffungshindernisse zu weit.

Bestimmen Sie die Reichweite der Übernahme eines Beschaffungsrisikos in § 276 I S. 1 BGB.

Wie aus dem Wortlaut des § 276 I S. 1 BGB deutlich wird, findet die Reichweite des vom Schuldner übernommenen Beschaffungsrisikos seine Grundlage im Inhalt des Schuldverhältnisses. Maßgeblich ist demnach die entsprechende vertragliche Vereinbarung. **Aus diesem Grund ist die Reichweite der Risikoübernahme nach den allgemeinen Grundsätzen der Rechtsgeschäftslehre durch Auslegung der konkreten vertraglichen Vereinbarung unter Berücksichtigung aller Umstände des Einzelfalles zu ermitteln.**

Regelmäßig wird sich dabei folgende **Differenzierung** ergeben: Bei marktbezogenen Geschäften wird der Schuldner seine Fähigkeit zur Überwindung typischer Beschaffungshindernisse garantieren, also v.a. das Vorhandensein der notwendiger Kenntnisse, geschäftlicher Verbindungen und finanzieller Mittel.

Nicht von der Risikoübernahme abgedeckt werden jedoch solche Risiken, die nicht mit der Eigenart der Beschaffungsschuld zusammenhängen, wie etwa eine unvorhergesehene Krankheit des Schuldners. Klauseln, in denen der Schuldner seine Selbstbelieferung zur Voraussetzung der Übernahme eines Beschaffungsrisikos macht, dürften auch im Rahmen des § 276 I S. 1 BGB ihre Bedeutung behalten und dann zu einer Freistellung führen, wenn der Lieferant den Schuldner im Stich lässt, obwohl zwischen beiden ein kongruentes Deckungsgeschäft abgeschlossen wurde.

hemmer-Methode: Ob die Rechtsprechung dazu übergehen wird, § 276 I S. 1 BGB auch dahin auszulegen, dass die Übernahme eines Beschaffungsrisikos im Rahmen einer Gattungsschuld auch eine Garantie für die ordnungsgemäße Beschaffenheit einschließt (so eine M.M.), kann gegenwärtig noch nicht abschließend gesagt werden. Es deutet einiges darauf hin, dass dieser Weg nicht eingeschlagen werden wird. Die Folge wäre nämlich, dass der Verkäufer verschuldensunabhängig für die Beschaffung eines mangelfreien Gutes im Rahmen des Schadensersatzes nach §§ 437 Nr. 3, 280 I, III, 281 BGB einzustehen hätte.

M.a.W.: Beschaffungsgarantie ja, Qualitätsgarantie nein!

§ 285 BGB, schuldrechtliche Surrogation

Ein weiterer Sekundäranspruch, der an die Stelle der unmöglich gewordenen Leistung treten kann, ist der Anspruch aus § 285 I BGB. Danach kann der Gläubiger vom Schuldner die Herausgabe dessen, was dieser als Ersatz für den geschuldeten Gegenstand erlangt hat, bzw. die Abtretung des Ersatzanspruchs verlangen. Bei § 285 BGB handelt es sich um einen Fall der schuldrechtlichen Surrogation, d.h. der Anspruch auf das Surrogat tritt an die Stelle des ursprünglich geschuldeten Gegenstandes.

1. **Nennen Sie die Voraussetzungen des § 285 I BGB!**
2. **Wie ist das Verhältnis von § 285 BGB zu §§ 280 I, III, 283 BGB und zur Verpflichtung, im Rahmen eines gegenseitigen Vertrags die Gegenleistung zu erbringen?**

1. **<u>Voraussetzungen des § 285 BGB</u>:**

- **Schuldverhältnis** (auf § 985 BGB ist § 285 BGB nach h.M. - auch analog - nicht anwendbar !)
- **Leistung eines bestimmten Gegenstandes geschuldet (**auf *Gattungsschulden* ist § 285 BGB nur anwendbar, soweit diese *durch Konkretisierung (§ 243 II BGB) zur Stückschuld* geworden sind. Ansonsten besteht ja nach wie vor ein Erfüllungsanspruch.
- **Leistungshindernis nach § 275 BGB**
- Der Schuldner hat **infolge des Umstandes, der zum Leistungshindernis nach § 275 BGB geführt hat, einen Ersatz oder einen Ersatzanspruch erlangt** (sog. stellvertretendes commodum).
- Zwischen dem Gegenstand, dessen Leistung unmöglich geworden ist, und dem Gegenstand, für den der Schuldner Ersatz erlangt hat, muss **wirtschaftliche Identität** bestehen.

  Bsp.: Ersatzansprüche wegen Zerstörung, Beschädigung der Sache

Sonderfall: V schließt mit K einen Kaufvertrag über einen bestimmten Gegenstand. Nach Abschluss des Kaufvertrages veräußert V den Gegenstand an D. Bei der Veräußerung des geschuldeten Gegenstandes an D ergibt sich der Kaufpreisanspruch gegen D genau genommen aus dem Kaufvertrag und nicht aus der Übereignung, die zur Unmöglichkeit der Leistung gegenüber K führt. Da aber beide eine wirtschaftliche Einheit bilden, wird nach h.M. auch dieser rechtsgeschäftliche Erlös von § 285 BGB erfasst (sog. *„commodum ex negotiatione“*), sodass der K gegen V wegen des Kaufpreisanspruchs K-D aus §§ 280 I, III, 283, 285 BGB vorgehen kann.

2. Verhältnis des § 285 BGB zu Schadensersatzansprüchen:

Ein Schadensersatzanspruch aus **§§ 280 I, III, 283 BGB steht dem Gläubiger nur zu, wenn der Schuldner das Leistungshindernis zu vertreten hat, während der Anspruch auf das Surrogat nach § 285 BGB stets gegeben ist**. Im Fall des Verschuldens hat der Gläubiger bzgl. der Geltendmachung der Rechte die freie Wahl. Verlangt er das stellvertretende „commodum“, wird dessen Wert auf den Schadensersatzanspruch angerechnet, § 285 II BGB. Der Gläubiger erhält über § 285 I BGB aber auch den vollständigen Ersatzanspruch, wenn dessen Wert seinen Nichterfüllungsschaden übersteigt. § 285 BGB ist daher unabhängig sowohl von einem Vertretenmüssen des Schuldners als auch von einem Schaden des Gläubigers.

3. In Bezug auf die **Gegenleistung** regelt § 326 III BGB, dass der Gläubiger der Leistung verpflichtet bleibt, soweit er nach § 285 BGB vorgeht. Die Gegenleistung mindert sich jedoch entsprechend § 441 III BGB insoweit, als der Wert des Ersatzes oder des Ersatzanspruchs hinter dem Wert der geschuldeten Leistung zurückbleibt.

Die allgemeinen Vorschriften werden von den Sachmängelvorschriften verdrängt, soweit deren Anwendungsbereich reicht. Dies betrifft auch den Anspruch aus § 285 BGB. Im Kaufrecht bedeutet das, dass die allgemeinen Regelungen zur Unmöglichkeit bereits ab Vertragsschluss bei Verschlechterungen ausgeschlossen sind (vgl. dazu ausführlich Karte 118), wenn es später zur Übergabe kommt. Demnach ist § 285 BGB auf Verschlechterungen nach Vertragsschluss grundsätzlich nicht anwendbar, sondern nur bei völliger Zerstörung.

Lösen Sie folgenden Fall (nach BGH, Life&Law 06/2003, 398 ff.):

A kauft von B ein mit einem Haus bebautes Grundstück unter Ausschluss der Gewährleistung. Noch vor der Übergabe kam es im Haus zu einem Wassereinbruch. Nach Übergabe und erfolgloser Aufforderung zur Beseitigung innerhalb einer angemessenen Frist lässt A die entstandenen Schäden auf eigene Kosten beseitigen.

Kann A Kosten von B ersetzt verlangen?

A könnte gegen B einen Anspruch auf Schadensersatz gem. §§ 437 Nr. 3, 280 I, III, 281 I S. 1 BGB haben.

Das Grundstück war zum Zeitpunkt der Übergabe mit einem Mangel i.S.d. § 434 I BGB behaftet.

Ebenfalls hat A dem B erfolglos eine Frist zur Nacherfüllung bestimmt, sodass die Voraussetzungen der Anspruchsgrundlage gegeben sind. Die Verschuldensvermutung des § 280 I S. 2 BGB kann B nicht widerlegen.

Die Mängelhaftung wurde jedoch **vertraglich ausgeschlossen.** Dies könnte dazu führen, dass B für die entstandenen Schäden nicht einzustehen hat.

Fraglich ist daher der Umfang des Haftungsausschlusses. Nach Ansicht des BGH ist die Interessenlage der Parteien maßgeblich für die Auslegung und damit für die Reichweite des Haftungsausschlusses.
Bei einem Grundstückskauf dient der Ausschluss dazu, den Verkäufer vor der Haftung für ihn unbekannter Mängel zu schützen. Der Käufer wird über § 444 BGB geschützt, der die Wirksamkeit des Haftungsausschlusses bei Kenntnis des Mangels auf Verkäuferseite negiert. Bei Kenntnis auf Käuferseite besteht wiederum keine Schutzwürdigkeit, da der Mangel in die Verhandlung über den Kaufpreis einfließen kann. Bei Mängeln, die erst nach Vertragsschluss auftreten, entfällt diese Möglichkeit für den Käufer. Das Risiko für den Käufer, der sich auf einen Haftungsausschluss einlässt, ist daher ungleich größer, wenn von dem Ausschluss auch Mängel erfasst werden, die erst nach Vertragsschluss auftreten.
Dieses Risiko ist für den Verkäufer zwar genauso groß. Solange die Gefahr jedoch noch nicht auf den Käufer übergegangen ist (§ 446 BGB), kann der Verkäufer dieses Risiko besser beherrschen.
Nach Ansicht des BGH müssen die Parteien eine ausdrückliche Regelung treffen, wenn sie von dieser Auslegung der Interessenlage abweichen wollen. Anderenfalls bezieht sich der Haftungsausschluss nicht auf Mängel, die erst nach Vertragsschluss auftreten.

Ergebnis: Der Ausschluss der Mängelhaftung greift im vorliegenden Fall nicht ein, sodass A gegen B ein Anspruch auf Schadensersatz gem. §§ 437 Nr. 3, 280 I, III, 281 I S. 1 BGB zusteht.

hemmer-Methode: Mit der hier besprochenen Entscheidung hat der BGH seine Rechtsprechung geändert. Bislang war er davon ausgegangen, dass der Haftungsausschluss den Verkäufer auch vor Mängeln schütze, die nach Vertragsschluss, aber vor Übergabe des Grundstücks eintreten.

Erlöschen des Primärleistungsanspruchs gemäß § 281 IV BGB

Will der Gläubiger auf Schadensersatz statt der Leistung wegen Bestehens eines Leistungshindernisses aus §§ 280 I, III, 283 BGB klagen, muss er den oft schwierigen Beweis führen, dass sein Anspruch infolge Unmöglichkeit nach § 275 I BGB untergegangen oder wegen Erhebung der Einrede nach § 275 II, III BGB dauerhaft gehemmt ist. Andererseits nützt ihm ein rechtskräftig festgestellter Leistungsanspruch wenig, wenn sich herausstellt, dass Unmöglichkeit vorliegt. § 281 IV BGB erleichtert daher dem Gläubiger den Übergang vom Leistungs- zum Schadensersatzanspruch.

Auf welche Weise lassen sich Ansprüche auf Schadensersatz statt der Leistung gemäß §§ 280 I, III, 281 BGB von denen nach §§ 280 I, III, 283 BGB abgrenzen? Welchen praktischen Vorteil kann der Gläubiger daraus ziehen?

1. Die Abgrenzung zwischen §§ 280 I, III, 281 BGB und §§ 280 I, III, 283 BGB erfolgt nach § 281 IV BGB. Solange der Schuldner nicht leistet, obwohl keine Unmöglichkeit nach § 275 I BGB besteht oder er eine Einrede nach § 275 II, III BGB nicht erhebt, kann der Gläubiger Schadensersatz statt der Leistung nur unter den Voraussetzungen des § 281 I BGB geltend machen. Notwendig ist also der erfolglose Ablauf einer angemessenen Frist nach § 281 I S. 1 BGB, außer in den Fällen des § 281 II BGB. Nach Fristablauf hat es der Gläubiger in der Hand, durch Ausübung seines Schadensersatzbegehrens den Primäranspruch nach § 281 IV BGB zum Erlöschen zu bringen. Wird der Primäranspruch vor der Geltendmachung des Schadensersatzanspruchs nach §§ 280 I, III, 281 BGB aus anderen Gründen unmöglich oder erhebt der Schuldner erfolgreich eine Einrede nach § 275 II, III BGB, müsste sich der Schadensersatzanspruch konsequenterweise aus §§ 280 I, III, 283 BGB ergeben. Dagegen spricht aber, dass es Fälle gibt, in denen die Unmöglichkeit nicht kausal für den Eintritt des Schadens war. Daher ist es überzeugend, weiterhin den Rückgriff auf §§ 280 I, III, 281 I BGB zumindest zuzulassen, falls ein Schaden nicht durch die Unmöglichkeit verursacht wurde.

Mit anderen Worten: Ein einmal begründeter Anspruch aus §§ 280 I, III, 281 I BGB geht bei danach eintretender Unmöglichkeit der Leistung nicht nachträglich wieder unter!

2. Der Gläubiger der Leistung hat die Möglichkeit, unabhängig davon, ob tatsächlich ein Leistungshindernis nach § 275 BGB vorliegt, durch **Setzen einer angemessenen Frist** die Voraussetzungen des Schadenersatzanspruchs statt der Leistung gemäß §§ 280 I, III, 281 BGB herbeizuführen. Übt er sein Schadensersatzverlangen gegenüber dem Schuldner aus (§ 281 IV BGB), ist es im Ergebnis egal, ob der Schuldner ein Leistungshindernis nach § 275 BGB einwendet, das eventuell schon von Anfang an bestand. In diesem Fall wäre die Fristsetzung nichts anderes als eine überflüssige Handlung des Gläubigers gewesen, die ihm jedenfalls aber die Gewissheit verschafft hätte, dass er nicht mehr auf Leistung klagen muss.

hemmer-Methode: Klagt der Gläubiger dagegen auf Leistung und stellt sich während des Prozesses das Vorliegen eines Leistungshindernisses nach § 275 BGB heraus, kann er seine Klage auf Schadensersatz umstellen (§ 264 Nr. 3 ZPO). Für die Anwendung der §§ 280 I, III, 281 BGB ist dann kein Raum, der Gläubiger kann Schadensersatz statt der Leistung nur unter den Voraussetzungen der §§ 280 I, III, 283 BGB verlangen.

Unmöglichkeit im gegenseitigen Vertrag

Wird bei einem gegenseitigen Vertrag die Leistung unmöglich, stellt sich die Frage, welche Auswirkungen dies auf die Gegenleistung hat. Gegenseitige Verträge beruhen auf einem Abhängigkeitsverhältnis von Leistung und Gegenleistung: Jeder erbringt seine Leistung, um die Gegenleistung zu erhalten („do ut des").

Ist die Erfüllung einer der Leistungspflichten unmöglich (geworden), kann dies nicht ohne Folgen auf die davon abhängige Gegenleistung sein. Die Rechtsfolgen für die Gegenleistung sind in § 326 I-IV BGB geregelt.

Erläutern Sie die Systematik des § 326 BGB!

§ 326 I S. 1 HS 1 BGB stellt den Grundsatz auf, dass immer dann, wenn der Schuldner wegen eines Leistungshindernisses nach § 275 BGB nicht zu leisten braucht, er seinen Anspruch gegen den Leistungsgläubiger auf die Gegenleistung verliert. Diese Rechtsfolge tritt unabhängig davon ein, ob der Schuldner oder keiner von beiden das Leistungshindernis zu vertreten hat.

1. Ist der **Gläubiger** für das Leistungshindernis **allein oder weit überwiegend verantwortlich** oder trat das Leistungshindernis, welches der Schuldner nicht zu vertreten hat, zu einer Zeit ein, in der sich der **Gläubiger im Verzug der Annahme** befand, bleibt der Anspruch des Schuldners auf die Gegenleistung gemäß § 326 II S. 1 BGB erhalten. Es handelt sich dabei nicht um eine eigene Anspruchsgrundlage, sondern um eine anspruchserhaltende Norm.

2. Hat der **Schuldner die Unmöglichkeit zu vertreten, gelten die §§ 280 I, III, 283 BGB oder - unabhängig vom Vertretenmüssen - § 326 V BGB. Der Anspruch auf die Gegenleistung entfällt, wenn der Gläubiger sich für den Rücktritt vom Vertrag entscheidet**. Wählt er **dagegen Schadensersatz statt der Leistung**, bleibt der **Anspruch auf die Gegenleistung** nach der Differenztheorie immerhin **als Rechnungsposten erhalten**.

3. Hat weder der Schuldner noch der Gläubiger das Leistungshindernis nach § 275 BGB zu vertreten, trägt der Schuldner die *Gegenleistungs- oder Preisgefahr.* Trotz des zufälligen Eintritts eines Leistungshindernisses gilt § 326 I S. 1 HS 1 BGB *aber* nicht, wenn aufgrund von **spezielleren Vorschriften** die Preisgefahr auf den Gläubiger übergegangen ist. Dann bleibt der Vergütungsanspruch bestehen. Wichtige Regelungen zur Gegenleistungsgefahr finden sich in *§§ 326 II S. 1, 446, 447, 644, 645 I, 2380 BGB.*

4. Gesetzlich **nicht geregelt** sind die Rechtsfolgen bei **beiderseitig zu vertretender Unmöglichkeit** (vgl. hierzu die Karten 112, 113).

hemmer-Methode: Die Preisgefahr betrifft das Risiko einer Partei, die Gegenleistung erbringen zu müssen, obwohl sie die Leistung nicht erhalten hat. Davon zu unterscheiden ist die Leistungsgefahr, also die Frage, ob der Schuldner weiterhin zur Leistung verpflichtet ist. Aus § 275 I BGB ergibt sich, dass der Schuldner durch Unmöglichkeit befreit wird, d.h. der Gläubiger trägt die Leistungsgefahr. Da bei Gattungsschulden der Untergang eines Teils der Gattung die Leistung regelmäßig nicht unmöglich macht, bleibt der Schuldner - bis zur Konkretisierung - zur Leistung verpflichtet. Hier trägt also er die Leistungsgefahr. Außer durch Konkretisierung kann die Leistungsgefahr bei Gattungsschulden nur nach § 300 II BGB übergehen.

Verhältnis zu §§ 434 ff. BGB

Nach § 433 I S. 2 BGB ist der Verkäufer verpflichtet, eine mangelfreie Sache zu liefern, sodass im Falle der Mangelhaftigkeit ein Nacherfüllungsanspruch nach §§ 437 Nr. 1, 439 I BGB eingreift. Insgesamt enthält das Kaufrecht nur noch begrenzt eigenständige kaufrechtliche Regelungen (z.B. Minderung, §§ 437 Nr. 2 Alt. 2, 441 BGB bzw. § 440 BGB), während im Übrigen über § 437 Nr. 2 Alt. 1 und Nr. 3 BGB das Allgemeine Schuldrecht zur Anwendung kommt.

Welche Berührungspunkte gibt es zwischen Unmöglichkeits- und Mängelrecht?

1. Eine wichtige Fallgruppe der Unmöglichkeit ist die sog. qualitative Unmöglichkeit. Damit bezeichnet man Fälle, in denen es dem Verkäufer unmöglich ist, einen vorhandenen Mangel zu beseitigen bzw. eine neue Sache nachzuliefern. In diesen Fällen stehen dem Käufer unmittelbar die Rechte aus § 437 Nr. 2 (i.V.m. § 326 V) und Nr. 3 (i.V.m. §§ 280 I, III, 283 bzw. 311a II BGB) zu, je nachdem, ob der Mangel bereits bei Vertragsschluss unbehebbar war oder erst nachträglich die Nacherfüllung unmöglich wurde.

Hier gewinnt auch § 326 V BGB seine eigentliche Bedeutung, denn außerhalb des Mängelrechts (vgl. § 326 I S. 2 BGB) ergeben sich im Falle der Unmöglichkeit die Rücktrittsfolgen bereits aus dem Gesetz, vgl. § 326 I S. 1, IV BGB.

2. Beim Gattungskauf ist die **mangelhafte Sache nicht mittlerer Art und Güte i.S.d. § 243 I BGB**, d.h. sie kann nicht zur Konkretisierung (vgl. § 243 II BGB) führen und ist damit **nicht erfüllungstauglich**.

Auch die Abnahme der Sache durch den Käufer allein führt **keine Konkretisierung** herbei.

Diese erfolgt nach h.M. erst dann, wenn der Käufer seine Mängelrechte geltend macht. Es konkretisiert dann ausnahmsweise der Käufer! **Solange dies nicht geschehen ist, kann daher grundsätzlich auch keine (Teil)Unmöglichkeit vorliegen**, der Schuldner schuldet weiterhin Leistung einer Sache mittlerer Art und Güte.

hemmer-Methode: Zwischen Gattungsschuld und Stückschuld wird zwar nach wie vor unterschieden. Allerdings hat sich dieser Unterschied mit der Gesetz gewordenen Erfüllungstheorie in § 433 I S. 2 BGB stark relativiert, da weder eine mangelhafte Gattungssache noch eine mangelhafte Stücksache erfüllungstauglich sind.

Der Unterschied zwischen Gattungs- und Stückschuld zeigt sich vor allem bei der Frage, ob eine Nacherfüllung in Form der Nachlieferung auch bei Stückschulden geschuldet ist.

Lesen Sie hierzu ergänzend BGH, Life&Law 11/2006, 725 ff.

Verhältnis zur Gewährleistung im Miet-, Werk- und Reisevertrag

Auch bei den anderen Vertragstypen ergeben sich Abgrenzungsschwierigkeiten zwischen den Vorschriften des allgemeinen Teils und den Gewährleistungsregelungen.

Wie ist das Verhältnis der allgemeinen Vorschriften des Leistungsstörungsrechts zur Gewährleistung im Mietrecht, Werk- und Reisevertragsrecht?

1. Mietvertrag:

Beim Mietvertrag **verdrängen die spezielleren Sachmängelgewährleistungsvorschriften der §§ 536, 536a BGB die allgemeinen Regelungen grundsätzlich ab Übergabe der Sache** (Arg.: Wortlaut des § 536 BGB). **Etwas anderes gilt nur dann, wenn die Mietsache völlig zerstört wurde oder dem Vermieter die Beseitigung des Mangels nicht zugemutet werden kann**. Ist der Mangel dagegen **vom Mieter zu vertreten, gilt § 326 II S. 1 BGB analog**. § 536 BGB ist dann ausgeschlossen. Zu beachten ist außerdem, dass *§ 326 I, II BGB im Mietrecht durch § 537 BGB modifiziert* wird.

2. Werkvertrag:

Vor der Abnahme (vgl. § 640 BGB) sind die **§§ 280 I, III, 283; 326 I, II BGB anwendbar, soweit** sich die Unmöglichkeit auf die **Herstellung des Werkes als solches** bezieht. Die §§ 644, 645 BGB gehen § 326 I, II BGB jedoch als speziellere Regeln zur Vergütungsgefahr vor.

Kann das Werk **lediglich nicht mangelfrei hergestellt werden,** so werden die **allgemeinen Vorschriften des Leistungsstörungsrechts nicht durch die spezielleren §§ 633 ff. BGB verdrängt**.

Nach der Abnahme gelten die §§ 633 ff. BGB (vgl. dazu auch **BGH, Life&Law 04/2017, 235 (237 f.)** = **juris**byhemmer; in dieser Entscheidung ging es um die Frage, ob bzw. unter welchen Voraussetzungen die Mängelrechte schon vor der Abnahme zur Anwendung kommen können).

3. Reisevertrag:

Nach **h.M. sind die allgemeinen Vorschriften beim Vorliegen eines Reisemangels niemals anwendbar. Die §§ 651i ff. BGB sind abschließende leges speciales**. Die allgemeinen Vorschriften werden hier also grundsätzlich ab Vertragsschluss verdrängt. Dies folgt letztlich aus § 651i II S. 3 BGB, der auch Verzug und Unmöglichkeit einem Reisemangel gleichstellt.

hemmer-Methode: Im Einzelfall kann die Abgrenzung schwierig sein. Vermeiden Sie es daher, die allgemeine Abgrenzung einfach abzuspulen, sondern prüfen Sie, ob die allgemeine Formel auch im Einzelfall interessengerecht ist. So verdrängt § 536 III BGB (Rechtsmängelhaftung bei teilweisem oder vollständigem Gebrauchsentzug) etwa den Anspruch aus §§ 280 I, III, 283 BGB, denn der Entzug des Gebrauchs, der die „Unmöglichkeit" begründet, ist ja Tatbestandsvoraussetzung des § 536 III BGB. Ließe man hier §§ 280 I, III, 283 BGB zu, liefe § 536 BGB weitgehend leer.

Zum Konkurrenzverhältnis zwischen Mängelrecht und der c.i.c. (§§ 280 I, 311 II, 249 BGB) vgl. Tyroller, *„Die Konkurrenzen im Zivilrecht – Teil II"*, in Life&Law 06/2010, 413 (419 f.). Zu den Neuerungen im Reisevertragsrecht zum 01.07.2018 vgl. Tyroller, Life&Law 06/2018, 409 ff.

Die §§ 320-322, 326 I-IV BGB sind nur anwendbar, wenn sich das Leistungshindernis auf eine Leistungspflicht bezieht, die im Synallagma steht. Synallagmatisch sind i.d.R. bei gegenseitigen Verträgen die Hauptleistungspflichten, also die Pflichten, die den Vertragstyp prägen. Entscheidend ist aber die Parteivereinbarung. Daher können auch Nebenleistungspflichten in das Gegenseitigkeitsverhältnis mit eingestellt werden mit der Folge, dass die §§ 320-322, 326 I-IV BGB Anwendung finden. Beachten Sie aber, dass sowohl für Schadensersatzansprüche nach §§ 280 I, III, 281, 283 BGB als auch für den Rücktritt nach § 323 BGB das Bestehen einer synallagmatischen Hauptleistungspflicht keine Voraussetzung ist.

V vermietet eine Wohnung an M. M hat sich wirksam vertraglich verpflichtet, vor dem Auszug die „Schönheitsreparaturen“ durchzuführen. Als das Mietverhältnis beendet wird, verweigert M jedoch die Reparatur und zieht aus. V lässt deshalb die Arbeiten vom Maler X durchführen. V verlangt von M Schadensersatz in Höhe der Malerkosten.

Zu Recht?

V könnte gegen M einen Anspruch auf **Schadensersatz aus §§ 280 I, III, 283 BGB** haben, und zwar **unabhängig** von der Frage, wie man die Verpflichtung zur Erbringung der Schönheitsreparaturen qualifizieren möchte, ob als synallagmatische Hauptleistungspflicht oder nicht. Denn §§ 280 I, III, 283 BGB setzen lediglich voraus, dass im Rahmen eines Schuldverhältnisses (Mietvertrag) einer Leistungspflicht (Erbringung der Schönheitsreparaturen) ein Leistungshindernis nach § 275 BGB (Zweckerreichung) entgegensteht und der Schuldner (Mieter) das Leistungshindernis zu vertreten hat (vgl. § 280 I S. 2 BGB).

***Exkurs*: Nach Ansicht des BGH steht die Übernahme der Schönheitsreparaturen im Gegenseitigkeitsverhältnis**. *Er begründet dies damit, dass der Vermieter ansonsten den Mietzins erhöhen würde, um diese zusätzlichen Kosten einzuholen, d.h., die Verpflichtung zu Schönheitsreparaturen tritt an die Stelle eines Teils des Mietzinses und steht daher im Gegenseitigkeitsverhältnis.*

Aus diesem Grund ist die Überwälzung der Instandhaltungspflicht aus § 535 I BGB auf den Mieter auch zulässig. Zudem hat der Vermieter ein schutzwürdiges Interesse an einem pfleglichen Umgang mit der Mietsache durch den Mieter.

Die Erfüllung dieser Pflicht ist dem M infolge Zweckerreichung unmöglich geworden (der geschuldete Leistungserfolg ist bereits auf andere Weise eingetreten). Da sich M aufgrund seiner endgültigen Leistungsverweigerung in Verzug befand, hat er die **Unmöglichkeit auch nach § 287 S. 2 BGB zu vertreten. Somit kann V nach** §§ 280 I, III, 283 BGB **Schadensersatz statt der Leistung in Höhe der Malerkosten verlangen**.

hemmer-Methode: Zieht der Mieter aus, ohne die geschuldeten Schönheitsreparaturen durchzuführen, so kann darin u.U. eine ernsthafte und endgültige Erfüllungsverweigerung zu sehen sein, die die Setzung einer Nachfrist gemäß § 281 I BGB entbehrlich macht. Mit Geltendmachung des Schadensersatzanspruchs erlischt der Erfüllungsanspruch des Vermieters, § 281 IV BGB. Ab diesem Zeitpunkt kann demnach auch keine Unmöglichkeit mehr eintreten, sodass sich der Anspruch auf Schadensersatz statt der Leistung dann aus §§ 280 I, III, 281 I BGB ergibt.

Zur Entwicklung der BGH-Rechtsprechung bzgl. der formularvertraglichen Abwälzung der Vornahme von „Schönheitsreparaturen“ auf den Mieter vgl. Tyroller, Life&Law 01/2019, 56 ff.

§ 326 I S. 1 HS 1 BGB lässt bei Eintritt eines Leistungshindernisses nach § 275 BGB den Anspruch auf die Gegenleistung entfallen. § 326 I S. 1 HS 1 BGB gilt jedoch nur, soweit der Gläubiger nicht infolge von Sonderregelungen die Gegenleistungsgefahr trägt. Eine solche Sonderregelung ergibt sich aus § 326 II S. 1 BGB.

B kauft von A am 01.04. einen Gebrauchtwagen. Zahlung des Kaufpreises und Übergabe des PKW sollen am 10.04. erfolgen. A bringt den Wagen zum vereinbarten Termin zum Haus des B. Dieser ist jedoch nicht zuhause, weil er den Termin vergessen hatte.

A nimmt den Wagen wieder mit. Auf der Rückfahrt gerät er infolge leichter Fahrlässigkeit in einen Unfall, der PKW erleidet Totalschaden. Kann A von B dennoch den vereinbarten Kaufpreis verlangen?

Abwandlung: Was gilt, wenn der Wagen durch den Unfall lediglich beschädigt wird? Kann sich der B nach der Übergabe des beschädigten PKWs auf seine Mängelrechte berufen?

1. Grundfall:

Der **Anspruch des A gegen B auf Kaufpreiszahlung aus § 433 II BGB** ist mit Vertragsschluss entstanden, **könnte aber zwischenzeitlich nach § 326 I S. 1 HS 1 BGB entfallen sein**.

Die **Übereignung** des geschuldeten PKW als synallagmatische Hauptleistungspflicht ist nach Vertragsschluss **unmöglich geworden**.

Fraglich ist, ob die Unmöglichkeit **von A oder B zu vertreten i**st. Den Käufer B **trifft eigentlich kein Verschulden.** Es könnte aber die Gefahr des zufälligen Untergangs **gem. § 326 II S. 1 BGB auf B übergegangen** sein, wenn er sich im **Annahmeverzug** befand. Annahmeverzug liegt vor, wenn der Gläubiger das ordnungsgemäße Leistungsangebot des Schuldners nicht annimmt, § 293 BGB. A hat die geschuldete Leistung zum vereinbarten Ort und zur richtigen Zeit tatsächlich angeboten, B hat dieses Angebot nicht angenommen. Die vorübergehende Annahmeverhinderung des B ist auch nicht nach § 299 BGB unbeachtlich, da hier ein fester Termin bestimmt worden war.

Problematisch ist, dass die Unmöglichkeit nicht auf Zufall beruhte, sondern auf ein **Verschulden des A** zurückzuführen ist. § 326 II BGB verlangt nämlich zusätzlich, dass der Schuldner die Unmöglichkeit nicht zu vertreten hat. **A wird aber durch § 300 I BGB geschützt**: Während des Annahmeverzugs des B hat er nur Vorsatz und grobe Fahrlässigkeit zu vertreten. Da ihm **nur leichte Fahrlässigkeit** vorzuwerfen ist, hat er die Unmöglichkeit nicht zu vertreten. **Er kann weiterhin gem. §§ 433 II, 326 II S. 1 BGB von B den Kaufpreis verlangen.**

2. Abwandlung:

Dem B könnten **Mängelrechte zustehen**, **wenn der PKW zum Zeitpunkt des Gefahrübergangs mangelhaft gewesen wäre**. Der Gefahrübergang bestimmt sich im Kaufrecht nach den §§ 446, 447 BGB. Eine Übergabe i.S.d. § 446 S. 1 BGB ist aber bislang nicht erfolgt.
Das hätte aber zur Folge, dass der Verkäufer bei zufälliger Unmöglichkeit den vollen Kaufpreisanspruch behielte, bei Verschlechterung dagegen nach den §§ 434 ff. BGB haften würde. Eine solche unterschiedliche Behandlung erscheint aber nicht gerechtfertigt. Daher normiert **§ 446 S. 3 BGB** im Falle des Annahmeverzugs eine Vorverlegung des Gefahrübergangs auf diesen Zeitpunkt. Bei Eintritt des Annahmeverzugs – und damit bei Gefahrübergang – hat ein Mangel noch nicht vorgelegen.
Ergebnis: A kann daher volle Zahlung verlangen, ohne dass sich B auf die Mängelrechte berufen kann.

Annahmeverzug und § 300 II BGB

V verkauft der K am 01.06. einen Heimtrainer. Er soll diesen am 03.06. ins Haus der K liefern und aufstellen. K erhält am nächsten Abend aber einen Heimtrainer von ihrem Onkel geschenkt. Sie ruft daher V am 03.06. an und erklärt, sie brauche den Heimtrainer nicht mehr und trete hiermit vom Vertrag zurück. V besteht auf die Durchführung des Kaufvertrages und erwidert, er wolle am Nachmittag vorbeikommen. K bleibt jedoch der Ansicht, der Vertrag sei gegenstandslos. V liefert den Heimtrainer deshalb nicht an. In der darauffolgenden Nacht wird der für K vorgesehene Heimtrainer bei einem unverschuldeten Lagerbrand zerstört.

Kann V von K die Bezahlung des Kaufpreises verlangen?

1. Der **Zahlungsanspruch des V gegen K aus § 433 II BGB** ist mit Abschluss des Kaufvertrags am 01.06. entstanden. Er ist durch die einseitige Vertragsaufsage der K nicht entfallen, da **kein Rücktrittsrecht** bestand.

2. Der Anspruch **könnte nach § 326 I S. 1 HS 1 BGB erloschen sein**. Voraussetzung ist, dass die Pflicht des V zur Lieferung des Heimtrainers nachträglich unmöglich geworden ist oder ihr ein Leistungshindernis nach § 275 II, III BGB entgegenstand.

Es war eine **Gattungsschuld** vereinbart. Unmöglichkeit wäre demnach grds. nur eingetreten, wenn die gesamte Gattung untergegangen wäre. Das ist aber nicht der Fall. Unmöglichkeit wäre aber auch dann eingetreten, wenn die **Gattungsschuld sich durch Konkretisierung in eine Stückschuld umgewandelt hätte, § 243 II BGB**. Dazu müsste V alles zur Leistung seinerseits Erforderliche getan haben. Hier lag eine Bringschuld vor, denn V schuldete auch die Anlieferung. Bei der Bringschuld tritt Konkretisierung erst ein, wenn der Schuldner die Sache in Annahmeverzug begründender Weise *tatsächlich* am Ort des Gläubigers anbietet. V hat der K aber **lediglich ein wörtliches Angebot am Telefon gemacht. Dies genügt zur Konkretisierung nach § 243 II BGB nicht.**

V könnte jedoch nach **§§ 275 I, 300 II BGB von seiner Lieferpflicht frei** geworden sein. § 300 II BGB ist eine Gefahrtragungsregel: Mit Beginn des Annahmeverzugs geht die Leistungsgefahr bei der Gattungsschuld auf den Gläubiger über.

§ 300 II BGB setzt voraus, dass sich K im Annahmeverzug befand. Der Gläubiger gerät gem. § 293 BGB in Annahmeverzug, wenn er die ihm angebotene Leistung nicht annimmt. Grundsätzlich ist dabei ein tatsächliches Angebot erforderlich. Da K aber eindeutig zu erkennen gegeben hat, dass sie den Heimtrainer nicht annehmen werde, genügt hier **gem. § 295 BGB ein wörtliches Angebot**. Ein solches **hat V abgegeben. Damit befand sich K im Annahmeverzug**. Zum Gefahrübergang nach § 300 II BGB ist des Weiteren erforderlich, dass der Schuldner die zur Erfüllung vorgesehene **Sache ausgesondert** hat. Auch dies ist mit der Bereitstellung des Heimtrainers **erfolgt. K trägt daher die Gefahr des zufälligen Untergangs, die Leistungspflicht des V ist nach §§ 275 I, 300 II BGB erloschen.** Daher wäre auch gem. § 326 I S. 1 BGB der Anspruch auf die Gegenleistung entfallen.

K befand sich jedoch im Annahmeverzug und V hat die Unmöglichkeit nicht zu vertreten. Daher bleibt der **Anspruch des V auf Kaufpreiszahlung gem. § 326 II S. 1 Alt. 2 BGB erhalten**.

hemmer-Methode: Der Anwendungsbereich des § 300 II BGB ist gering, da die Leistungsgefahr i.d.R. nach § 243 II BGB übergeht. Bedeutung erlangt § 300 II BGB (analog) für Geldschulden, auf die nach h.M. § 243 II BGB nicht anwendbar ist.

Antiquitätenhändler K aus Würzburg kauft bei V in Passau einen wertvollen alten Bauernschrank für 5.000,- €. Es wird vereinbart, dass V den Schrank zu K nach Würzburg verschicken soll. V beauftragt mit dem Versand den Spediteur S. Auf der Fahrt zu K wird der Schrank bei einem vom Fahrer F verschuldeten Unfall zerstört.

Wie ist die Rechtslage (§§ 407 ff. HGB bleiben unberücksichtigt)?

1. **Abwandlung: Der Transport wurde von A, dem Angestellten des V, durchgeführt. Der Unfall war unverschuldet.**
2. **Abwandlung: A hat den Unfall verschuldet.**

Ausgangsfall: Der **Lieferanspruch** des K gegen V gem. § 433 I S. 1 BGB ist aufgrund der Zerstörung des Schrankes **nach § 275 I BGB erloschen.**

Der **Kaufpreisanspruch des V gegen K gem. § 433 II BGB könnte** wegen nachträglicher Unmöglichkeit der Leistung **nach § 326 I S. 1 HS 1 BGB erloschen sein**. Die Unmöglichkeit war weder von V noch von K zu vertreten, denn das Verschulden des F kann V nicht nach § 278 S. 1 BGB zugerechnet werden: Die Umstände des Vertragsschlusses ergeben, dass eine Schickschuld gewollt war. Damit schuldete V nur die Übergabe an die Transportperson, nicht den Transport selbst. **F war** daher nicht im Pflichtenkreis des V tätig und damit **nicht Erfüllungsgehilfe i.S.d. § 278 S. 1 Alt. 1 BGB**. Die **Gefahr des zufälligen Untergangs könnte jedoch nach § 447 I BGB auf K übergegangen sein**, mit der Folge, dass der Kaufpreisanspruch nicht nach § 326 I S. 1 HS 1 BGB erloschen wäre. Die Voraussetzungen des **§ 447 BGB liegen auch vor.** Obwohl es sich um den Kauf einer beweglichen Sache handelt, findet § 447 I BGB Anwendung, weil K hier nicht als Verbraucher im Rahmen eines Verbrauchsgüterkaufs handelte (vgl. § 475 II BGB).

Der Kaufpreisanspruch ist daher nicht erloschen. K kann aber von V die Abtretung von Schadensersatzansprüchen gegen die Speditionsfirma nach § 285 BGB analog verlangen, sog. Drittschadensliquidation.

1. **Abwandlung:** Der Kaufpreisanspruch gem. § 433 II BGB wäre nach § 326 I S. 1 HS 1 BGB erloschen, wenn nicht § 447 I BGB als Sonderregelung vorginge. Ob § 447 I BGB beim Transport durch eigene Leute anwendbar ist, ist strittig. **Nach h.M. ist § 447 I BGB auch hier anwendbar**, da der Pflichtenkreis des Verkäufers sich durch die Verwendung eigener Leute nicht erweitert. Daher soll der Verkäufer auch nicht das Risiko des Transportes tragen. Folge: **Der Kaufpreisanspruch bleibt bestehen.** Nach *Ansicht von Medicus/Petersen* soll § 447 BGB dagegen nur eingreifen, wenn die Sache den Machtbereich des Verkäufers verlässt. Folge: Kaufpreisanspruch des V erlischt nach § 326 I S. 1 HS 1 BGB.

2. **Abwandlung:** In dieser Konstellation **rechnet auch die h.M. dem Schuldner das Verschulden des Fahrers nach § 278 S. 1 BGB zu**. Der Verkäufer hat, solange sich die Ware in seinem Machtbereich befindet, Schutzpflichten (§ 241 II BGB) gegenüber dem Käufer, und in diesem Pflichtenkreis wird der firmeneigene Fahrer auch tätig. Für die h.M. spricht zudem, dass das Gesetz selbst im vergleichbaren Fall der Einschaltung von Gehilfen im Rahmen eines Auftrages in § 664 I S. 3 BGB eine Verschuldenszurechnung anordnet.

Begriff der Verantwortlichkeit in § 326 II S. 1 BGB

Der Schuldner der untergegangenen oder dauerhaft gehemmten Leistung behält den Anspruch auf die Gegenleistung, wenn der Gläubiger für das Leistungshindernis nach § 275 BGB allein oder weit überwiegend verantwortlich ist, § 326 II S. 1 BGB.

§ 326 II S. 1 BGB ist also eine Anspruchserhaltungsnorm. Der Schuldner muss sich auf seinen Anspruch lediglich die durch den Wegfall der Leistungspflicht entstandenen Vorteile gem. § 326 II S. 2 BGB anrechnen lassen. § 326 II S. 1 BGB regelt jedoch nicht, was der Gläubiger zu verantworten hat. Auch die §§ 276, 278 BGB regeln nur das Vertretenmüssen des Schuldners, nicht das des Gläubigers.

Erklären Sie den Begriff der „Verantwortlichkeit" in § 326 II S. 1 BGB!

1. Der Gläubiger ist für die Unmöglichkeit verantwortlich, wenn er eine **vertragliche Verhaltenspflicht verletzt** hat. Hier ist ein Verschulden im technischen Sinn, d.h. eine echte Pflichtverletzung, gegeben. Die **§§ 276, 278 BGB sind anwendbar.** Es geht vielmehr um ein **„Verschulden gegen sich selbst“**.

Bsp.: Der Mieter zerstört die Mietsache.

2. Der Gläubiger ist für die Unmöglichkeit auch verantwortlich, wenn sie **Folge einer von ihm begangenen schuldhaften unerlaubten Handlung ist** (allerdings wird die unerlaubte Handlung regelmäßig zugleich eine Vertragsverletzung darstellen).

3. Der Gläubiger ist für die Unmöglichkeit ferner verantwortlich, **wenn er eine Obliegenheit verletzt**.

Hierbei kann es sich nur um ein **untechnisches Verschulden** handeln, da keine Pflicht besteht, die verletzt werden könnte. Obliegenheiten sind nämlich nur Gebote des eigenen Interesses. Der **Umfang der Obliegenheiten** des Gläubigers ergibt sich aus **§ 242 BGB**. Die **§§ 276, 278 BGB gelten entsprechend**.

So besteht für den Gläubiger insbesondere die allgemeine Obliegenheit, alles zu unterlassen, was die Durchführung des Vertrages gefährden könnte.

Bsp.: Gläubiger führt Leistungserfolg selbst herbei.

4. Der Gläubiger ist für die Unmöglichkeit schließlich auch dann verantwortlich, wenn er **nach der vertraglichen Risikoverteilung die Gefahr für ein bestimmtes Leistungshindernis übernommen hat.**

Eine allgemeine Risikoverantwortlichkeit des Gläubigers für die Leistungseignung seiner Sphäre kann jedoch nicht angenommen werden. Es müssen *besondere Anhaltspunkte für eine Risikoübernahme* vorliegen.

hemmer-Methode: Denken Sie in Zusammenhängen! Das Problem des Verschuldens gegen sich selbst stellt sich auch bei § 254 I, II S. 1 BGB und § 323 VI BGB. Hier besteht jeweils die Besonderheit, dass regelmäßig keine Rechtspflicht besteht, auf die sich das Verschulden beziehen könnte. Die §§ 276 ff. BGB sind daher auf diese Fälle wenn überhaupt, dann nur analog anwendbar.

Denken Sie immer auch daran, dass Vorschriften aus dem BT die allgemeinen Regeln modifizieren können. Die speziellen Regelungen der §§ 537, 644, 645 BGB gehen § 326 I, II BGB nach h.M. vor.

Zusammentreffen von Gläubiger- und Schuldnerverzug

Der Anspruch aus §§ 280 I, III, 283 BGB setzt voraus, dass der Schuldner das Leistungshindernis i.S.d. § 275 BGB zu vertreten hat. Maßstab ist dabei § 276 BGB.

Verschulden von gesetzlichen Vertretern oder Erfüllungsgehilfen wird nach § 278 S. 1 BGB zugerechnet. Für Gattungsschulden ist in besonderem Maße die Übernahme eines Beschaffungsrisikos zu berücksichtigen. In der Klausur spielen oft aber auch Haftungsverschärfungen, z.B. § 287 S. 2 BGB, und Haftungserleichterungen, z.B. § 300 I BGB, eine wichtige Rolle.

V verkauft dem K eine bestimmte Maschine und verpflichtet sich, diese dem K am 10.10. zu liefern. Aufgrund von Arbeitsüberlastung kann V aber erst am 15.10. liefern. K verweigert am 15.10. wegen der Verzögerung die Annahme. Auf der Heimfahrt wird die Maschine aufgrund eines Unfalls, an dem keinen der Beteiligten ein Verschulden trifft, völlig zerstört. K verlangt von V Schadensersatz statt der Leistung.

Zu Recht?

1. Für einen Anspruch auf Schadensersatz statt der Leistung aus §§ 280 I, III, 281 BGB fehlt es schon an einer Fristsetzung. Auch die Voraussetzungen des **§ 281 II BGB** liegen **nicht** vor.

2. Ein Anspruch des K könnte sich aber aus §§ 280 I, III, 283 BGB ergeben:

Die aufgrund wirksamen Kaufvertrags bestehende Leistungsverpflichtung des V, dem K die Maschine zu übereignen, ist unmöglich geworden, da von einer Stückschuld auszugehen ist und die Maschine völlig zerstört wurde.

Fraglich ist, ob V die Unmöglichkeit zu vertreten hat. Ein **eigenes Verschulden des V** besteht nach dem Sachverhalt jedoch **nicht**. Etwas **anderes** würde aber dann gelten, wenn sich V im **Schuldnerverzug** befand, weil er dann gem. **§ 287 S. 2 BGB** auch für den zufälligen Untergang der Maschine haften würde.

V war am 15.10. mit seiner Leistungspflicht im Verzug, da ein genauer Termin vereinbart war, zu dem V nicht geliefert hat, § 286 II Nr. 1 BGB. Der **Verzug war auch von V zu vertreten (§ 286 IV BGB)**, denn er hätte die Arbeitsüberlastung durch Ablehnen weiterer Aufträge verhindern können.

Die Haftung aus **§ 287 S. 2 BGB** setzt jedoch voraus, dass der **Verzug** noch im Zeitpunkt des Untergangs **fortdauert** (vgl. Wortlaut „während des Verzugs"). Der Verzug könnte aber durch das Angebot am 15.10. beendet worden sein. Der Verzug endet für die Zukunft, wenn eine seiner Voraussetzungen entfällt. Häufigster Beendigungstatbestand ist die nachträgliche Leistungserbringung. **Hier hat K jedoch die Annahme verweigert, daher ist keine Erfüllung eingetreten.**

Der Verzug endet auch dann, wenn der Schuldner die Leistung in Annahmeverzug begründender Weise anbietet. Zu prüfen ist deshalb, ob K sich infolge der Ablehnung des Angebots im Annahmeverzug gem. §§ 293 ff. BGB befand. V hat ein ordnungsgemäßes Leistungsangebot tatsächlich abgegeben. Die verspätete Lieferung allein stellt keinen Ablehnungsgrund dar und auch ein Interessenfortfall bei K ist nicht ersichtlich. Der **Schuldnerverzug des V endete daher mit seinem Angebot. Ab diesem Zeitpunkt scheidet eine Haftung nach § 287 S. 2 BGB aus. V haftet wegen des Annahmeverzugs des K sogar nur für Vorsatz und grobe Fahrlässigkeit, § 300 I BGB.**

Da hier **kein Verschulden des V vorliegt, besteht im Ergebnis kein Schadensersatzanspruch des K aus §§ 280 I, III, 283 BGB.** Vielmehr besteht der **Kaufpreisanspruch des V trotz der eingetretenen Unmöglichkeit nach § 326 II S. 1 BGB fort. Dagegen ist K selbstverständlich nicht gehindert, einen etwaigen Verzögerungsschaden aus §§ 280 I, II, 286 BGB geltend zu machen.**

hemmer-Methode: Beachten Sie: Die Beweislast für das Bestehen der Unmöglichkeit als solcher trägt der Gläubiger, der Schuldner muss dagegen gem. § 280 I S. 2 BGB beweisen, dass er die Unmöglichkeit nicht zu vertreten hat.

Beiderseits zu vertretende Unmöglichkeit

Besondere Examensrelevanz besitzt der gesetzlich nicht geregelte Sonderfall, in der der Schuldner das Leistungshindernis i.S.d. §§ 275, 280 I S. 2 BGB zu vertreten hat und der Gläubiger i.S.d. § 326 II S. 1 BGB für diesen Umstand ebenfalls verantwortlich ist. Das Problem lässt sich auch nicht unter Hinweis auf § 326 II S. 1 BGB („weit überwiegend verantwortlich") lösen, weil die weit überwiegende Verantwortlichkeit des Gläubigers so zu verstehen ist, dass diese bei einer wertenden Betrachtung i.R.d. § 254 BGB der Alleinverantwortung gleichgestellt ist.

Welche Lösungsansätze werden zur beiderseitigen Unmöglichkeit vertreten?

1. Alternative Anwendung der §§ 280 I, III, 283 oder § 326 II S. 1 BGB (Ausgleich über § 254 BGB)

Eine Ansicht wendet die §§ 280 I, III, 283 BGB bzw. § 326 II S. 1 BGB unter Berücksichtigung des Gedankens des § 254 BGB alternativ an: **bei überwiegendem Verschulden des Gläubigers § 326 II S. 1 BGB, bei überwiegendem Verschulden des Schuldners §§ 280 I, III, 283 BGB**. Der so ermittelte Anspruch wird dann nach § 254 BGB analog um den eigenen Mitverschuldensanteil gekürzt. Der Gedanke des § 254 BGB wird also zweimal herangezogen. **Schwierigkeiten** bereitet die Lösung **dann, wenn sich ein überwiegendes Verschulden nicht feststellen lässt**.

2. Kumulative Anwendung der §§ 280 I, III, 283 BGB und § 326 II S. 1 BGB

Eine andere Ansicht wendet die §§ 280 I, III, 283 BGB sowie § 326 II S. 1 BGB stattdessen kumulativ an. Das Mitverschulden des anderen Teils wird über § 254 I BGB berücksichtigt. Nach dieser Ansicht hat also **sowohl der Gläubiger einen Anspruch gegen den Schuldner aus §§ 280 I, III, 283 BGB als auch der Schuldner gegen den Gläubiger, § 326 II S. 1 BGB i.V.m. der Anspruchsgrundlage für die Gegenleistung** (z.B. § 433 II BGB).

3. Nach **heute h.L.** ist der Verlust des Anspruches auf den Kaufpreis gem. § 326 I S. 1 BGB der Schaden, den der Verkäufer erleidet.

Gemäß **§§ 280 I, 241 II BGB** schuldet der Käufer daher Schadensersatz, der gem. § 254 I BGB um den Verschuldensanteil zu kürzen ist. Der Schaden des Verkäufers (= Verlust des Anspruches auf den Kaufpreis gem. § 326 I S. 1 BGB) beruht damit auf der Verletzung einer nicht leistungsbezogenen Pflicht seitens des Käufers, auf die Vermögensinteressen des Verkäufers angemessen Rücksicht zu nehmen, insbesondere alles zu unterlassen, was zu einem Erlöschen des Kaufpreisanspruches führen könnte, § 241 II BGB. Gemäß §§ 280 I, 241 II BGB schuldet der Käufer daher Schadensersatz, der gem. § 254 I BGB um den Verschuldensanteil des Verkäufers zu kürzen ist.

Dem Käufer steht aber ein aufrechenbarer Gegenanspruch auf Schadensersatz statt der Leistung gegen den Verkäufer gem. **§§ 280 I, III, 283 BGB** zu, der um den Verschuldensanteil des Käufers zu kürzen ist, § 254 I BGB.

hemmer-Methode: Der BGH hat diese Frage zuletzt offen gelassen, weil sie im konkreten Fall nicht entscheidungserheblich war (BGH, Life&Law 07/2015, 475 ff.). Der Umstand, dass der BGH diesen Anspruch in seiner letzten Entscheidung zu der beiderseits zu vertretenden Unmöglichkeit aber andiskutiert, spricht dafür, dass er diesem Ansatz nicht abgeneigt ist.

Fall zur beiderseits zu vertretender Unmöglichkeit

V verkauft dem K ein Bild zum Kaufpreis von 3.000,- € (Wert: 3.300,- €). Es wird ein Termin vereinbart, an dem K das Bild abholen und den Kaufpreis zahlen soll. Er gerät unerwartet in finanzielle Schwierigkeiten und möchte daher den Kauf rückgängig machen. Davon will V nichts hören. K erscheint dennoch nicht zum vereinbarten Termin. In der darauf folgenden Woche wird das Bild bei einem von V grob fahrlässig ausgelösten Brand zerstört.

Kann V von K Kaufpreiszahlung verlangen?

I. Der **Anspruch des V gegen K gem. § 433 II BGB** in Höhe von 3.000,- €, der mit Abschluss des Kaufvertrags entstanden ist, **wäre nach § 326 I S. 1 HS 1 BGB erloschen, wenn** die Verpflichtung des V aus § 433 I S. 1 BGB nachträglich unmöglich geworden ist.

1. Nachträgliche Unmöglichkeit ist gegeben, da das Bild nach Vertragsschluss zerstört worden ist, § 275 I BGB.

2. Die Gefahr des zufälligen Untergangs könnte **aber** nach **§ 326 II BGB** auf K übergegangen sein. **K befand sich seit dem Abholtermin im Annahmeverzug, §§ 293, 296 BGB.** Damit bliebe der Kaufpreisanspruch bestehen, wenn die Unmöglichkeit auf Zufall beruhte.

3. Die **Unmöglichkeit könnte jedoch von V zu vertreten sein.** Zwar hat er während des Annahmeverzugs des K gem. **§ 300 I BGB** nur Vorsatz und grobe Fahrlässigkeit zu vertreten. Nach dem Sachverhalt lag aber **grobe Fahrlässigkeit** vor. **Damit hat V die Unmöglichkeit zu vertreten.**

Damit bleibt es beim Erlöschen des Kaufpreisanspruches gem. § 326 I BGB. Der Anspruch könnte auch durch eine Rücktrittserklärung des K (§ 349 BGB) erlöschen, weil als Rücktrittsgrund vorliegend die Unmöglichkeit der Leistungserbringung in Betracht kommt, §§ 326 V, 323 BGB.

II. Fraglich ist, ob dieses Ergebnis tatsächlich gerecht ist. Zu berücksichtigen ist nämlich auch, dass ohne den Annahmeverzug des K dem O die Erfüllung auch nicht unmöglich geworden wäre.

Die h.M. nimmt an, dass beim Zusammentreffen von Annahmeverzug des Käufers und grober Fahrlässigkeit des Verkäufers ein Fall der beiderseits zu vertretenden Unmöglichkeit vorliegt. Jedenfalls eine wertungsmäßige Betrachtung des Falles führt dazu, dass entgegen dem Wortlaut des § 326 II S. 1 Alt. 2 BGB die besseren Gründe dafür sprechen, der h.M. zu folgen.

Nach der im Vordringen befindlichen Ansicht schuldet der Käufer wegen einer Schutzpflichtverletzung Schadensersatz nach §§ 280 I, 241 II BGB (siehe KK 112). Aufgrund der groben Fahrlässigkeit des V erscheint eine Quotelung der beiden Verantwortlichkeiten im Verhältnis 2/3 zu 1/3 überzeugend, sodass K Schadensersatz in Höhe von 1.000,- € schuldet.

Gegen diesen Anspruch kann K mit seinem Schadensersatz aus §§ 280 I, III, 283 BGB aufrechnen. Der Schaden des K beträgt 300,- €, da K bei ordnungsgemäßer Erfüllung für 3.000,- € ein Bild im Wert von 3.300,- € erhalten hätte. Dieser ist gem. § 254 I BGB um ein Drittel zu kürzen, sodass K von V 200,- € verlangen kann.

Ergebnis: Nach der Aufrechnung schuldet K dem V Schadensersatz in Höhe von 800,- €

hemmer-Methode: Es handelt sich vorliegend um eine rein wertungsmäßige Gerechtigkeitsentscheidung, sodass eine andere Lösung auch vertretbar ist.

Schadensermittlung bei §§ 280 I, III, 283 BGB

Bei Unmöglichkeit und Verzug einer im Gegenseitigkeitsverhältnis stehenden Leistungspflicht muss der Auswirkung der Leistungsstörung auf die Gegenleistung Rechnung getragen werden. Dies gilt auch für die Ermittlung des Schadens.

Bauer B vereinbart eines Abends am Stammtisch mit seinem Nachbarn N, seinen alten Traktor gegen dessen Motorrad zu tauschen. Der Wert des Traktors beträgt 4.000,- €, der des Motorrads 4.300,- €. Die Übergabe soll am nächsten Wochenende stattfinden. Am nächsten Morgen beschließt N, einen letzten Motorradausflug zu unternehmen. Dabei verursacht er fahrlässig einen Unfall, bei dem das Motorrad Totalschaden erleidet.

B verlangt von N Schadensersatz.

B hat gegen N einen Anspruch auf Schadensersatzanspruch statt der Leistung aus §§ 280 I, III, 283 BGB. Fraglich ist, wie bei der Schadensermittlung vorzugehen ist:

1. Nach der **Surrogations- bzw. Austauschmethode** bliebe B weiterhin zur Leistung (Übergabe und Übereignung des Traktors) verpflichtet. Anstelle der unmöglich gewordenen Gegenleistung (Übergabe und Übereignung des Motorrads) tritt der Schadensersatzanspruch aus §§ 280 I, III, 283 BGB als Surrogat. **B könnte also 4.300,- € Schadensersatz verlangen, wäre aber zur Übereignung des Traktors verpflichtet.**

2. Nach der **Differenzmethode entfällt** die **Verpflichtung des B zur noch möglichen Gegenleistung**. Der Schaden des B bestünde danach in der Wertdifferenz zwischen Leistung (einschließlich eventueller Folgeschäden) und Gegenleistung. Wert von Leistung und Gegenleistung sind also bloße Rechnungsposten dieses einseitigen Schadensersatzanspruchs. **Danach könnte B also Schadensersatz i.H.v. 300,- € verlangen**.

3. Nach ganz h.M. **kann der Gläubiger grds. zwischen der Differenz- und der Surrogationsmethode wählen**, weil es für den Gläubiger durchaus von Interesse sein kann, seine Gegenleistung weiterhin zu erbringen (z.B. weil die Sache verderblich ist oder er den Lagerraum benötigt).

B hat also im Fall die Wahl zwischen den beiden Möglichkeiten.

Hat der Gläubiger die *Gegenleistung noch nicht erbracht*, steht § 326 I S. 1 HS 1 BGB, der auch eingreift, wenn der Schuldner das Leistungshindernis zu vertreten hat, der Surrogationsmethode nicht entgegen. Hat der Gläubiger die *Gegenleistung bereits erbracht*, so kann aus § 326 IV BGB gleichfalls nicht abgeleitet werden, dass die Surrogationsmethode nicht anwendbar sei. Denn § 326 IV BGB berechtigt den Gläubiger nur, die bereits erbrachte Gegenleistung zurückzufordern, verpflichtet ihn jedoch nicht dazu.

hemmer-Methode: Surrogations- und Differenzmethode spielen außer beim Tauschvertrag keine große Rolle. Bei Geld als Gegenleistung hat diese Frage keine Auswirkungen, da dann wegen der Möglichkeit der Aufrechnung von Schadensersatz und Gegenleistung alle Ansichten zum gleichen Ergebnis gelangen.

Methoden der Schadensberechnung

Neben der Frage der Schadensermittlung (d.h. ob überhaupt ein Schaden besteht) spielt das Problem der Schadensberechnung (Höhe des Schadens) i.R.d. §§ 280 I, III, 283 BGB eine bedeutende Rolle. Hierbei gilt grds. die Differenzhypothese, d.h. der Schaden des Gläubigers liegt in der Differenz zwischen der tatsächlichen Vermögenslage und der, die im Fall der ordnungsgemäßen Erfüllung bestehen würde (hypothetische Gegenwart).

Grundsätzlich ist der Schaden konkret zu berechnen, nur ausnahmsweise ist eine abstrakte Schadensberechnung möglich. Erläutern Sie die unterschiedlichen Arten der Schadensberechnung!

Wann ist eine abstrakte Berechnung zulässig?

1. Bei der **konkreten Schadensberechnung ist nach der Differenzhypothese die gegenwärtige Vermögenslage des Gläubigers mit der zu vergleichen, die bei ordnungsgemäßer Erfüllung bestünde**. Der **Umfang** des zu ersetzenden Schadens bestimmt sich dabei nach den **§§ 249-252 BGB**.

Hauptschaden wird i.d.R. der entgangene Gewinn (§ 252 BGB) sein. Der Gläubiger muss dann konkret darlegen, dass z.B. wegen der Nichtlieferung ein ansonsten sicher erfolgter Weiterverkauf nicht durchgeführt werden konnte. Der nicht belieferte Käufer muss konkret darlegen, inwieweit ein erfolgter Deckungskauf höhere Kosten verursacht hat.

2. Bei der **abstrakten Schadensberechnung gilt zwar ebenfalls die Differenzhypothese, es tritt jedoch zugunsten des Gläubigers eine Beweiserleichterung ein**.

Die abstrakte Schadensberechnung gilt nur für Kaufleute und Gewerbetreibende, nicht aber für Private. Der Kaufmann soll so vor der Notwendigkeit der Offenlegung von Geschäftsgeheimnissen i.R.d. konkreten Schadensberechnung geschützt werden. Der kaufmännische Gläubiger hat daher die Wahl zwischen den beiden Berechnungsmethoden. *Grundlage* der abstrakten Schadensberechnung ist *§ 252 S. 2 BGB*. In *§ 376 II HGB (Fixhandelskauf)* ist die abstrakte Schadensberechnung ausdrücklich vorgesehen.

Zugunsten des Gläubigers wird vermutet, dass dieser aus dem nicht durchgeführten Vertrag den in seiner Branche üblichen Gewinn gemacht hätte. Der nicht belieferte Käufer kann daher als Schaden die Differenz zwischen dem Vertragspreis und dem Marktpreis bzw. zwischen Vertrags- und Weiterverkaufspreis verlangen. Der Verkäufer kann als Schaden die Differenz zwischen Herstellungskosten bzw. Anschaffungspreis und Vertragspreis oder die Differenz zwischen Marktpreis und Vertragspreis verlangen. Dabei kommt es nicht darauf an, ob der Verkäufer die Sache behalten oder weiterverkauft hat. Eine Vorteilsanrechnung aus dem Weiterverkauf kommt nicht in Betracht, da bei Kaufleuten anzunehmen ist, dass dieses Geschäft auch mit anderer Ware genauso getätigt worden wäre.

hemmer-Methode: Da der kaufmännische Gläubiger ein Wahlrecht hinsichtlich der Schadensberechnung hat, kann in einer Klausur die Frage nach der für ihn günstigeren Alternative gestellt werden. Dann müssen Sie beide Berechnungswege gegenüberstellen und beurteilen!

Maßgeblicher Zeitpunkt der Schadensberechnung

Je nachdem, ob der kaufmännische Gläubiger die konkrete oder die abstrakte Schadensberechnung wählt, kann er die Differenz zwischen dem Vertragspreis und dem konkreten Deckungsgeschäft oder zwischen Vertragspreis und dem Marktpreis geltend machen.

Auf welchen Zeitpunkt ist dabei jeweils abzustellen?

1. **Konkrete Schadensberechnung:**

Bei der konkreten Schadensberechnung ist auf den **Zeitpunkt der Vornahme des konkreten Deckungsgeschäfts abzustellen**. Macht der *Gläubiger die Differenz* zwischen Selbstkosten und Vertragspreis *geltend*, so ist der *Zeitpunkt des Entstehens der Selbstkosten maßgeblich*, also Zeitpunkt der Herstellung oder Anschaffung der Ware.

2. **Abstrakte Schadensberechnung:**

Hier ist auf den **Zeitpunkt des Eintritts der Unmöglichkeit abzustellen**. Befand sich der Schuldner bereits vor Eintritt der Unmöglichkeit im Verzug, so kann der Gläubiger auch wahlweise auf den Zeitpunkt des Verzugseintritts abstellen. *Sind §§ 280 I, III, 281 BGB Anspruchsgrundlage, kann der Gläubiger zwischen Verzugseintritt und Ablauf der Nachfrist wählen.*

hemmer-Methode: Soweit der Gläubiger nach § 252 S. 2 BGB als Schaden den entgangenen Gewinn, der nach dem gewöhnlichen Verlauf der Dinge erwartet werden konnte, verlangen kann, ist zu beachten, dass der Schuldner den Gegenbeweis erbringen kann. § 252 S. 2 BGB ist also lediglich eine widerlegliche Vermutung zum Zweck der Beweiserleichterung. Allerdings wird dem Schuldner der Gegenbeweis, dass der Verlauf in diesem Einzelfall anders gewesen wäre, i.d.R. nicht gelingen.

Vereinbarungen über den zu leistenden Schadensersatz sind zulässig. Die §§ 249 ff. BGB sind insofern dispositiv.

Bei der Pauschalisierung von Schadensersatzansprüchen, die im Gegensatz zur Vertragsstrafe ausschließlich der Beweiserleichterung dient, ist bei AGBen allerdings § 309 Nr. 5 BGB zu beachten: Die Pauschale darf die Höhe des gewöhnlich zu erwartenden Schadens nicht übersteigen, und der Gegenbeweis eines geringeren Schadens darf dem Vertragspartner nicht abgeschnitten werden.

Wahlmöglichkeiten des Gläubigers bei Leistungshindernissen

Bei anfänglicher/nachträglicher vom Schuldner zu vertretender Unmöglichkeit hat der Gläubiger neben dem Schadensersatzanspruch mehrere andere Wahlmöglichkeiten. In der Klausur kann deshalb die Aufgabenstellung auftauchen, das für den Gläubiger günstigste Vorgehen zu bestimmen.

Welche Wahlmöglichkeiten hat der Gläubiger?

Der Gläubiger kann:

- **Schadensersatz statt der Leistung verlangen, §§ 280 I, III, 283 BGB bzw. § 311a II BGB**
  a) nach der *Surrogationstheorie* (wahlweise kombiniert mit § 285 II BGB)
  b) nach der *Differenztheorie* (wahlweise kombiniert mit § 285 II BGB)
- **stattdessen Ersatz der vergeblichen Aufwendungen nach § 284 BGB verlangen**
- **vom Vertrag zurücktreten, § 326 V BGB (neben SE möglich, § 325 BGB, siehe unten)**
- **allein das Surrogat verlangen, § 285 I BGB (dann bleibt Gegenleistungspflicht des Gläubigers bestehen, § 326 III BGB)**

hemmer-Methode: Von besonderer Bedeutung ist § 325 BGB. Danach ist es dem Gläubiger möglich, nach Erklärung des Rücktritts auch noch Schadensersatz zu verlangen.

Unmöglichkeit beim Sukzessivlieferungsvertrag

Ein klausurrelevantes Sonderproblem stellen Leistungsstörungen beim Sukzessivlieferungsvertrag dar. Zu unterscheiden sind der sog. „echte" Sukzessivlieferungsvertrag, bei dem eine von vornherein fest bestimmte Menge geschuldet wird, die in Teilmengen zu liefern ist (auch Ratenlieferungsvertrag genannt), und der Bezugs- oder Dauerlieferungsvertrag, der auf unbestimmte, zumindest aber auf längere Zeit ohne Festlegung einer bestimmten Liefermenge geschlossen wird, vgl. hierzu bereits Karte 7.

1. **Welche Rechte hat der Gläubiger eines Ratenlieferungsvertrags, wenn Unmöglichkeit hinsichtlich einer Teilleistung eintritt?**
2. **Was gilt beim Bezugs- oder Dauerlieferungsvertrag?**

1. Rechte des Gläubigers eines *Ratenlieferungsvertrages* bei Unmöglichkeit einer Teilleistung:

Der Gläubiger kann die Rechte der §§ 280 I, III, 283 und § 326 V BGB bezüglich der unmöglich gewordenen Teilleistung geltend machen.

Darüber hinaus kann der Gläubiger die Rechte *auf alle noch ausstehenden Teilleistungen ausdehnen*, wenn sein Interesse an der weiteren Durchführung des Vertrages entfallen ist. Ist die Lieferung einer einzelnen Rate unmöglich geworden, so kann der Gläubiger nur unter den besonderen Voraussetzungen der §§ 283 S. 2, 281 I S. 2 BGB Schadensersatz statt der ganzen Leistung, also hinsichtlich des gesamten Vertrages verlangen. Erforderlich ist, dass der Gläubiger an der Teillieferung kein Interesse hat. Dies ist bereits dann zu bejahen, wenn es für den Gläubiger finanziell günstiger ist, den Vertrag komplett neu abzuschließen.

2. Rechte des Gläubigers eines *Bezugs- oder Dauerlieferungsvertrages* bei Unmöglichkeit einer Teilleistung:

Auch hier beschränken sich die Rechte des Gläubigers grds. auf die unmöglich gewordene Teilleistung, sodass er hinsichtlich dieser die Rechte aus §§ 280 I, III, 283 bzw. § 326 V BGB geltend machen kann (vgl. oben) und sich keine Unterschiede zum „echten" Sukzessivlieferungsvertrag ergeben.

Unterschiede ergeben sich jedoch, wenn der Gläubiger diese Rechte auf künftige Leistungen ausdehnen will: Nachdem der Bezugs- oder Dauerlieferungsvertrag ein Dauerschuldverhältnis ist (vgl. hierzu bereits ausführlich Karte 7), treten an die Stelle der Totalrechte der §§ 280 I, III, 283, 281 I S. 2, V BGB das *Kündigungsrecht aus wichtigem Grund (§ 314 BGB) und der Schadensersatzanspruch aus § 280 I BGB* wegen schuldhafter Herbeiführung der Kündigung.

hemmer-Methode: Ähnliche Fragen stellen sich, wenn der Schuldner einer Ratenlieferung mit einer Teilleistung in Verzug gerät. Zwar ist eine Ablehnungsandrohung für den Anspruch aus § 281 BGB nicht erforderlich ist. Dennoch genügt es nicht, wenn der Gläubiger dem Schuldner die Frist für die Erbringung der verspäteten Rate setzt. Es ist vielmehr eine besondere, für die gesamten noch ausstehenden Lieferungen formulierte Fristsetzung erforderlich, die dem Schuldner klarmacht, dass bei fruchtlosem Fristablauf evtl. Schadensersatz statt der *gesamten* Leistung verlangt wird.